MICHAEL COLLINS PIPER

SECRETOS de ESTADO

CRIMEN, CONSPIRACIÓN Y ENCUBRIMIENTO EN EL SIGLO XX

Recopilación de escritos de Michael Collins Piper
Entrevista con el autor y reseñas de sus obras

OMNIAVERITAS.

MICHAEL COLLINS PIPER

Michael Collins Piper fue un escritor político y presentador de radio estadounidense. Nació en 1960 en Pensilvania, Estados Unidos. Fue colaborador habitual de *The Spotlight* y su sucesor, *American Free Press*, periódicos apoyados por Willis Carto. Falleció en 2015 en Coeur d'Alene, Idaho, Estados Unidos.

Secretos de Estado
Crimen, conspiración y encubrimiento en el siglo XX

Dirty Secrets
Crime, Conspiracy & Cover-Up During the 20th Century

Primera edición en Estados Unidos: junio de 2005 American Free Press

Traducido y publicado por
Omnia Veritas Limited

OMNIA VERITAS.
www.omnia-veritas.com

INTRODUCCIÓN 11

Un profeta sin honor..11

SECCIÓN 1 17

PRUEBAS 17

CAPÍTULO I 19

La conexión Monica-Gate/Israel 19

CAPÍTULO II 25

Un amigo de Roosevelt dijo: "FDR sabía lo de Pearl Harbor de antemano"..25

CAPÍTULO III 33

Ataque israelí al USS Liberty..33

CAPÍTULO IV 39

Un estadounidense de origen indio habla claro: Se acabó el Holocausto; ya es suficiente..39

CAPÍTULO V..56

El sionismo ataca a las Naciones Unidas 56

CAPÍTULO VI 66

Israel y el fundamentalismo islámico..............................66

CAPÍTULO VII...74

Jerry Voorhis tenía razón: la Reserva Federal no es "federal"..........74

CAPÍTULO VIII 79

El atentado de Oklahoma City...79

CAPÍTULO IX 83

Un autor populista habla en Malasia 83

Este es el relato personal de Piper sobre su histórico viaje a Malasia:.......86

SEGUNDA SECCIÓN 91

ASESINATOS 91

CAPÍTULO X 93

LAS AMBICIONES NUCLEARES DE ISRAEL VINCULADAS AL ASESINATO DE JFK . 93

Lo que sigue es la revisión completa de Piper de sus hallazgos, tal como se publicó en Final Judgment. 93

CAPÍTULO XI 110

POLÉMICA EN TORNO AL AUTOR DEL *JUICIO* FINAL 110

CAPÍTULO XII 114

PETER JENNINGS Y EL ASESINATO DE KENNEDY - MÁS ALLÁ DE LA CONSPIRACIÓN 114

CAPÍTULO XIII 122

¿ESTUVO REALMENTE IMPLICADA LA MAFIA DE CHICAGO EN EL ASESINATO DE JFK? 122

CAPÍTULO XIV 128

EL MOSSAD VINCULADO AL ASESINATO DE MARTIN LUTHER KING 128

SECCIÓN TRES 135

ENTREVISTAS 135

CAPÍTULO XV 137

REALITY RADIO NETWORK EL *JUICIO FINAL* DE "LOST" ENTREVISTA 9 DE JUNIO DE 2003 137

CAPÍTULO XVI 154

WING TV LOS SUMOS SACERDOTES DE LA GUERRA ENTREVISTA 24 DE MAYO DE 2004 154

CAPÍTULO XVII 165

ENTREVISTA DE WING TV CON LA AMERICAN FREE PRESS 29 DE OCTUBRE DE 2004 165

CAPÍTULO XVIII 175

WING TV LA NUEVA JERUSALÉN ENTREVISTA 17 DE JUNIO DE 2005 175

CAPÍTULO XIX 187

RADIO FREE AMERICA ENTREVISTA CON TOM VALENTINE SOBRE EL ATENTADO DE OKLAHOMA CITY 6 DE JULIO DE 1997 187

SECCIÓN CUARTA **201**

RESEÑAS 201

CAPÍTULO XX **203**

VISTA PREVIA DEL LIBRO *JUICIO FINAL* DE MICHAEL COLLINS PIPER: *EL ESLABÓN PERDIDO EN LA CONSPIRACIÓN DEL ASESINATO DE JFK* 10 DE ENERO DE 2003...203

JFK, la bomba atómica y la maquinaria de guerra israelí 204

EL PAPEL DE LA CIA EN EL ASESINATO DE JFK 213

LA CIA Y LA DELINCUENCIA ORGANIZADA: DOS CARAS DE LA MISMA MONEDA 218

VIETNAM Y EL NARCOTRÁFICO DE LA CIA 225

LOS MEDIOS DE COMUNICACIÓN CÓMPLICES EN EL ASESINATO DE KENNEDY 228

CAPÍTULO XXI **234**

LOS SUMOS SACERDOTES DE LA GUERRA POR MICHAEL COLLINS PIPER 17 MAYO 2004 234

CAPÍTULO XXII **236**

LA NUEVA JERUSALÉN POR MICHAEL COLLINS PIPER 31 DE AGOSTO DE 2005...236

BIOGRAFÍA DEL AUTOR **241**

MICHAEL COLLINS PIPER 241

CONTEXTO PERSONAL Y EDUCATIVO 242

PROFESIONAL 242

JUICIO FINAL - MUY CONTROVERTIDO 245

LOS SUMOS SACERDOTES DE LA GUERRA LOS BELICISTAS NEOCONSERVADORES 247

LA NUEVA JERUSALÉN: EL PODER SIONISTA EN AMÉRICA 247

OTROS TITULOS **251**

INTRODUCCIÓN

Un profeta sin honor

Por Mark Glenn

"Si quiere saber lo que pasa en este país, aquí lo encontrará", me dijo un hombre detrás de una mesa en una feria de armas. Pude ver que su mesa estaba llena de todo tipo de documentos similares a los del papel que acababa de entregarme, así como de muchos otros libros y periódicos. Eché un vistazo a las publicaciones que vendía y recuerdo haber visto un libro titulado *Behind Communism (Detrás del comunismo)*, y tomé nota para volver a este libro. *La controversia de Sión* era otro, que parecía demasiado para digerir en aquel momento. También había revistas, una llamada *Criminal Politics, y* otra que realmente me llamó la atención por su aire profesional. Se llamaba simplemente *The Spotlight.*

Empecé a hojear *The Spotlight* y me di cuenta de que gran parte de la información sobre bancos, la ONU e Israel me resultaba muy ajena, pero no tanto. Me topé con un artículo sobre el asesinato de JFK, que ya habría sido interesante de por sí, pero lo que me llamó la atención fue el nombre del autor, que mencionaba con orgullo su segundo nombre. Y esto en un país donde la gente rara vez lo hace. No había guión entre los dos nombres y, por la razón que fuera, este segundo nombre se consideraba parte integrante e indivisible de su identidad, y así quería que le conocieran. Lo que esto me decía era que su segundo nombre, que llevaba con tanto orgullo, era probablemente el de alguien importante de su familia, y que estaba orgulloso de que se le asociara con esa persona. Se llamaba Michael Collins Piper.

Aparte del hecho de que utilizaba su segundo nombre, también había algo en su nombre de pila que me atrajo hacia su artículo. Miguel era el nombre del arcángel cuya imagen siempre había visto de niño en la iglesia. Siempre me había gustado esa imagen de un ángel blandiendo una espada, listo para abatir a su enemigo mortal, el diablo, que estaba postrado bajo los pies de este guerrero celestial, sin poder hacer nada. Siempre me ha gustado este nombre y había planeado que mi primer hijo, si tenía la suerte de tener uno, también llevaría este nombre.

No importaba si el hombre detrás de la mesa sabía que yo era un pez gordo o no. Yo estaba interesado y él me había enganchado. Volví a meterme el fajo de billetes en el bolsillo y me quedé leyendo sobre JFK, sin importarme quién estuviera a mi alrededor. Si el hombre sentado en la mesa de armas detrás de mí hizo o dijo algo que indicara su decepción, no lo oí.

El artículo sobre JFK se parecía a una hermosa joven que había visto en clase de italiano hacía unos años; y como ella, no podía apartar los ojos de él. Devoré cada palabra del artículo tan rápido como pude, sin pensar en la indigestión intelectual que podría resultar después. Estaba abrumada por lo que Michael Collins Piper estaba diciendo: que un gobierno extranjero -supuestamente aliado de Estados Unidos- era responsable del asesinato de nuestro Presidente. Lo expuso todo de forma muy sucinta y profesional, y no hubo nada en su presentación que oliera a chapuza académica. No habló de ovnis, de Bigfoot ni del monstruo del lago Ness. Su tesis (y su presentación) no se parecía a nada de lo que había visto en mis clases de historia en la universidad, aunque estaba claro que no era la teoría dominante. Me volví hacia el hombre de detrás de la mesa que me había atraído.

"¿Estás diciendo que *fue Israel* quien mató a John F. Kennedy?", pregunté, sorprendido. Debía de estar mirándome mientras leía el artículo, porque sus ojos y los míos se encontraron en cuanto levanté la vista hacia él. El rostro del hombre estaba serio y movió lentamente la cabeza arriba y abajo varias veces sin pestañear. "Hay mucho más que eso, hijo mío", añadió.

Engullí todos los periódicos *de The Spotlight* que pude. También eché un vistazo a los libros que tenía a la venta, pero decidí que los periódicos serían suficientes por el momento. Aunque en aquel momento no me di cuenta, fue uno de esos momentos que cambian la vida y que la gente recuerda y puede ver todos los efectos secundarios.

En el punto de mira, empecé a leer la obra de un escritor llamado Michael Collins Piper. Sin que el Sr. Piper se diera cuenta, en los años siguientes me convertiría en su suplente y él en mi mentor. A muchos kilómetros de distancia, me enseñó como un maestro Jedi enseña a un aprendiz Padwan. Mientras otros escritores "de vanguardia" hablaban de ovnis y reptilianos, él elaboraba metódica y meticulosamente la imagen de una bestia que se había apoderado de la nación más poderosa del mundo. Como un fiscal especial, catalogó los nombres, acontecimientos, fechas y detalles de la conspiración criminal más peligrosa de la historia, y recibió muy poco reconocimiento por ello. El resto del movimiento de resistencia estaba más interesado en helicópteros negros y tropas de la ONU estacionadas en bosques nacionales que en comprender el funcionamiento de la agenda sionista. Después de años de escuchar lo que decía mi abuelo, por fin algo encajó y empecé a entenderlo todo. Esto se debió en gran parte a lo que había aprendido de Michael Collins Piper en un semanario populista llamado *The Spotlight*, que más tarde fue sustituido por *American Free Press*.

Sin saberlo, Piper me había enseñado a leer entre bastidores lo que ocurría en el mundo político y, en particular, la implicación de esa entidad conocida como sionismo. Gracias a su análisis, fue como si me hubieran dado unas gafas especiales, algo así como las que se necesitan para ver una película en tres dimensiones, sin las cuales la imagen queda borrosa y bidimensional. Hace mucho tiempo que dejé de frecuentar a gente como Rush Limbaugh y G. Gordon Liddy, porque la información que estos hombres (que se han hecho extremadamente populares en los últimos años) intentaban vender al pueblo estadounidense era un juego de niños, comparativamente hablando. Eran pesos ligeros, por no decir otra cosa, pues quedó claro que lo que estaban haciendo en realidad era proteger a la bestia desviando la atención hacia otros asuntos.

Por fin ha llegado el día de poner a prueba todos estos años de estudio. Como cualquier estudiante de posgrado que desee obtener un título de posgrado, hay que presentar una tesis al tribunal examinador. Asistir a clases durante muchos años no es suficiente para obtener un título de postgrado. Hay que poner en práctica lo aprendido. Estaba a punto de desprenderme de mi mentor y enviar a la guerra, utilizando las técnicas que él me había enseñado, pero con mi propio estilo y estilo.

Mi tesis comenzó en una fecha que cambió América para siempre -el 11 de septiembre de 2001- y aún está por ver si ese cambio será para bien o para mal. Para ser sincero, lo que ocurrió aquel día no me sorprendió tanto como a la mayoría de los estadounidenses. Como muchos otros que han vivido con la certeza de que una agenda maligna se abría camino hasta la cima de este país, había llegado a reconocer la mano de esa agenda en muchas cosas... Ruby Ridge, Waco, el atentado contra el World Trade Center en 1993, y el mayor de todos hasta ese momento, Oklahoma City.

El hecho de que no me sorprendiera no me impidió seguir la cobertura mediática a lo largo del día. Había aprendido leyendo los libros de Piper que la agenda puede ser muy descuidada en las primeras horas después de este tipo de operaciones, y que es durante este periodo cuando la información más importante se cuela por las rendijas de la censura. Piper lleva años mostrando en sus artículos cómo, en las primeras horas después de una operación, quedan elementos cruciales para descubrir la verdad sobre lo que realmente ocurrió. Aprendí esta lección después de lo de Oklahoma City, cuando a las pocas horas de la explosión aparecieron informes de que todavía había varias bombas *en el interior* del edificio Alfred P. Murrah. Sin embargo, al final del día, no se hizo mención alguna de esos objetos, a pesar de que había imágenes de vídeo sin editar, vistas por millones de personas en las primeras horas, que mostraban a los equipos de desactivación de bombas manipulando cuidadosamente los artefactos explosivos.

El 11 de septiembre, seguí con fanática concentración los informes iniciales para asegurarme de que no se trataba de ningún tipo de accidente. Cuando supe que un segundo avión había impactado contra las Torres Gemelas, supe que había una operación en marcha. Por lo que había leído antes y después de la elección de Bush, todo indicaba que Estados Unidos iba a entrar de nuevo en guerra en Oriente Próximo, pero esta vez a una escala mucho mayor que en la década anterior. Dos meses antes del 11 de septiembre, había leído en los periódicos noticias sobre operaciones planeadas en Afganistán. George Bush hijo, hijo del hombre que en 1991 llevó por primera vez a Estados Unidos a la guerra en nombre del Estado judío, se había rodeado (bajo la dirección de su padre, sin duda) de personas vinculadas a los grandes intereses petroleros. Contaba con el respaldo del grupo de presión "Israel primero" y disponía de una cantidad de dinero sin precedentes para su campaña.

Lo que todo esto significaba era obvio para mí: era sólo cuestión de minutos antes de que los medios de comunicación estadounidenses de propiedad sionista culparan a una organización musulmana morena, maloliente y asesina para justificar una guerra a gran escala en Oriente Medio. Resultó ser sólo cuestión de minutos.

Unas horas más tarde, mi teléfono no paraba de sonar. Todos mis amigos que conocían mi origen en Oriente Medio querían saber qué pensaba de todo esto. Fue una experiencia enloquecedora, la verdad. Incluso aquellos que habían llegado a desconfiar del complejo gobierno/medios de comunicación en los últimos años tendían a "volver a casa con mamá" en momentos como éste y se negaban a dar crédito a lo que yo tenía que decir.

Cuando les explicaba cosas como el sionismo y su objetivo de apoderarse de toda la tierra y el petróleo de Oriente Próximo, sólo recibía miradas indiferentes y silencios incómodos. Como el resto de Estados Unidos, preferían una versión de la verdad "para llevar", preparada rápidamente y fácil de digerir.

Es más, el fundamentalismo islámico parecía mucho más atractivo para personas como ellos, cuyas vidas políticas no tenían incidentes. Eran, en su mayoría, cristianos conservadores hartos de ver cómo se atacaba su fe y sus valores, así que descargaron su rabia contenida contra lo que en aquel momento era un blanco muy conveniente, a saber, los miembros del mundo musulmán. A pesar de toda mi argumentación, no logré convencerles de que estaban siendo engañados por los mismos responsables del abandono de la cultura cristiana en las cloacas.

Y fue entonces, muy modestamente, cuando me di cuenta de lo agotador que era intentar llevar la verdad a un pueblo que no quería oírla... intentar hacerles ver un elefante en una habitación que era imposible pasar por alto, pero que se negaban a reconocer. Me rasgaba las vestiduras y sólo duró unos meses. Fue entonces cuando empecé a admirar a las personas que llevaban años haciendo lo mismo y seguían adelante. Eran, en palabras de Jesús, los primeros en oponerse a la agenda supremacista judía, *profetas sin honor en su propia casa;* y para mí, el que encabezaba esa lista era Michael Collins Piper.

En ese momento, reconocí mi responsabilidad en este asunto, la de no quedarme de brazos cruzados viendo cómo estos hombres, los Michael Collins Pipers del mundo, hacían todo el trabajo por nuestro bien. Eran los guardianes que intentaban sacar a la luz la naturaleza de esta bestia que amenazaba con devorarnos a todos. Si no hubieran arriesgado, literalmente, sus vidas, su libertad y su búsqueda de la felicidad por el resto de nosotros, hoy no seríamos más que estadísticas. Los mafiosos a los que intentaban desenmascarar eran como vampiros que temían la luz del día más que a nada, y en este caso la luz del día era la verdad que hombres como Michael Collins Piper arrojaban sobre sus acciones. Él y otros como él no eran superhombres, sólo podían hacer hasta cierto punto y sólo podían llegar hasta cierto punto, y si no había individuos dispuestos a tomar la antorcha, entonces el fuego estaba seguro de morir... y fue entonces cuando decidí tomar la antorcha yo mismo.

Mark Glenn

11 de septiembre de 2005

Mark Glenn es autor de *No Beauty in the Beast: Israel sin máscara de pestañas*

SECCIÓN 1

PRUEBAS

CAPÍTULO I

La conexión Monica-Gate/Israel

Hillary Clinton puede tener razón: hay una "conspiración de la derecha" para destruir a su marido. Pero no espere que Hillary le diga qué "derecha" está detrás de esta conspiración y cómo se está utilizando el escándalo para manipular la política estadounidense en Oriente Medio.

El argumento de Hillary Clinton de que una "conspiración de derechas" en Estados Unidos está detrás del actual escándalo sexual y de perjurio que podría derribar a su marido es muy erróneo: después de todo, fueron los principales medios de comunicación estadounidenses -encabezados por *The Washington Post* y *Newsweek*, a los que se unieron *The New York Times* y *la revista* Time- y las principales cadenas de televisión los que exageraron el escándalo y sugirieron que podría ser la perdición de Bill Clinton. El propio *Newsweek* recurrió a George Stephanopoulos, viejo confidente de Clinton, para que escribiera sobre la "traición" de Clinton, y el joven Stephanopoulos, ahora comentarista en ABC, llegó incluso a plantear en antena la posibilidad de una dimisión y una destitución.

Y nadie ha acusado nunca a ninguno de estos grandes medios de ser el portavoz de la "derecha", o de la "derecha" estadounidense, al menos.

Sin embargo, la Primera Dama puede haber puesto el dedo en la llaga al afirmar que una "conspiración de la derecha" está impulsando el escándalo Monica-gate. Pero no cuenten con que la Primera Dama se atreva a plantear la sospecha de que no fueron sólo ciertos elementos de la derecha estadounidense los que ayudaron a sacar el escándalo a la luz pública.

De hecho, si escarbas lo suficiente, encontrarás un vínculo que llega hasta la "derecha" dura de Israel, y que se remonta hasta el "Monica-gate" aquí mismo, en Washington.

Así que quizás no sea una coincidencia que, en el mismo momento en que los partidarios estadounidenses de la derecha israelí -el bloque Likud- estaban lanzando una importante (y amarga) campaña de relaciones públicas contra la Presidenta Clinton, los principales medios de comunicación estadounidenses recogieran el testigo y comenzaran de repente a pregonar las acusaciones de un nuevo "escándalo sexual" de Clinton.

Veamos algunos hechos básicos (publicados por los propios medios de comunicación) que de alguna manera se han pasado por alto en medio de todo el frenesí por las acusaciones que se han hecho.

En primer lugar, aunque los medios de comunicación se centraron en la ex ayudante de la Casa Blanca Linda Tripp y su novia Lucianne Goldberg como principales instigadoras del "Monica-gate", *el Washington Post* señaló de forma bastante tortuosa, en un artículo enterrado al final del periódico el 28 de enero de 1998, que los abogados de Paula Jones "recibieron primero varios informes anónimos de que Lewinsky podría haber mantenido una relación sexual con el presidente". Al parecer, sólo después de que los abogados de Paula Jones se pusieran en contacto con la señorita Lewinsky se informó al Presidente de que se había revelado su (supuesta) relación con Lewinsky.

A estas alturas, parece claro que ni Tripp ni Goldberg eran la fuente, ya que tenían otros intereses que explotar en el asunto Clinton-Lewinsky. De hecho, Tripp habló directamente con el fiscal especial Kenneth Starr.

Así que la gran pregunta es: ¿quién informó a los abogados de Paula Jones de que podría haber una "pistola humeante" en la relación del Presidente con Monica Lewinsky

Monica Lewinsky -al menos hasta hace poco, según parece- era leal a Clinton, y desde luego no fue ella quien filtró la historia a los abogados. Por lo tanto, alguien cercano -o que espiaba- al círculo íntimo del Presidente debe haber filtrado la relación del Presidente con la Sra. Lewinsky (tanto si era inocente como si no) a los abogados de Jones.

¿Podría tratarse de un miembro del bando de Al Gore, próximo a la Casa Blanca, deseoso de llevar al Vicepresidente al Despacho Oval? Se trata de una especulación, por supuesto, pero no deja de ser posible .

Pero vayamos más lejos. Aunque Michael Isikoff, de *Newsweek* (publicado por el imperio Meyer-Graham, propietario también *del Washington Post*) fue el primer periodista en "indagar" oficialmente en la historia, ahora resulta que, según el *Post*, informaba de pasada el 28 de enero de 1998 de que un tal William Kristol -descrito habitualmente como "editor del conservador *Weekly Standard*"- había sido uno de los primeros en "mencionar públicamente" las acusaciones.

El papel de Kristol, que fue uno de los "primeros" en publicar la historia, es clave para entender el panorama general. Kristol no sólo es el testaferro del multimillonario magnate de los medios de comunicación Rupert Murdoch -un importante aliado del partido israelí de línea dura Likud-, sino que el propio Kristol es hijo del periodista Irving Kristol y de la historiadora Gertrude Himmelfarb, dos autoproclamados "antiguos marxistas" que se han convertido en figuras "neoconservadoras" con estrechos vínculos desde hace mucho tiempo con la "derecha anticomunista" de Israel.

Al igual que sus padres, el joven Kristol es un "Likudnik" y ha criticado duramente la decisión del Presidente Clinton de "dar la espalda" a Israel.

También es importante señalar que Kristol, al igual que Clinton, se inició en el Grupo Bilderberg, el cónclave de alto nivel de la élite de la política exterior dominada por las familias Rockefeller y Rothschild, aunque Kristol se identifica (obviamente) con el ala "republicana" del Grupo Bilderberg.

El 26 de enero de 1998, cuando el asunto Lewinsky empezaba a crecer y a envolver a Clinton, Kristol publicó una carta dirigida a Clinton en la que instaba al Presidente a lanzar un ataque militar contra el odiado enemigo de Israel, Irak.

La carta estaba firmada por Kristol y otros destacados partidarios estadounidenses de la "derecha" israelí, entre ellos el ex diputado Vin Weber, un estrecho y antiguo aliado del presidente de la Cámara de Representantes, Newt Gingrich, y Richard Perle, ex vicesecretario de

Defensa, ahora consultor muy bien pagado de los intereses armamentísticos israelíes.

Además, a la luz de la conexión de Kristol con Murdoch, es interesante observar que la cadena de televisión Fox de Murdoch está esencialmente a la cabeza de los medios del establishment al obligar a otras cadenas a competir.

Fox News emitió la historia casi sin parar, 24 horas al día, incluso cuando se emitían otros programas. Incluso cuando se emitían otros programas, eran interrumpidos por los últimos acontecimientos del escándalo Clinton, por triviales que fueran.

Un tabloide de la Fox incluso llamó a un supuesto experto en "lenguaje corporal" para que viera un vídeo de Clinton y la señorita Lewinsky en una cola, tras lo cual el supuesto experto afirmó que Clinton trataba a la chica como si fuera "la primera dama".

Además, algunas de las historias más escabrosas publicadas como parte de este creciente escándalo fueron publicadas por el *New York Post*, así como por otras publicaciones de noticias propiedad del Sr. Murdoch.

También cabe señalar que, en los últimos días, Starr ha "ralentizado" la persecución del escándalo que, examinado en todas sus facetas, podría amainar. Al fin y al cabo, aún no se ha demostrado nada.

Incluso el defensor de los consumidores Ralph Nader ha señalado públicamente que, a pesar del frenesí mediático y las denuncias, la prensa ha informado de meras alegaciones como si fueran hechos probados.

¿Podría ser que un poderoso grupo de presión esté esperando a ver cómo reacciona Clinton ante Irak

En una reciente reunión pública en Charlotte (Carolina del Norte), el presidente de la Cámara de Representantes, Newt Gingrich (republicano de Georgia), firme partidario del régimen de Netanyahu, provocó abucheos entre la multitud mayoritariamente republicana cuando dijo que el trato del Presidente al Primer Ministro israelí estaba "por debajo de la dignidad de Estados Unidos".

El Sr. Gingrich se refería a los esfuerzos del Sr. Clinton por persuadir al dirigente israelí de que adopte una actitud más conciliadora con vistas a alcanzar un acuerdo de paz en Oriente Medio.

Mientras tanto, en un nuevo intento de apuntalar a su hombre, la Primera Dama ha nombrado al predicador Jerry Falwell y a su amigo, el senador Jesse Helms (republicano de Carolina del Norte), como parte de la "conspiración de la derecha" para atacar a su presidente.

Lo que Hillary no mencionó es que Falwell y Helms son particularmente cercanos -una vez más- a la "derecha" dura del Likud en Israel, y que se oponen categóricamente al apoyo que el presidente Clinton parece estar dando a los rivales del Likud en el Partido Laborista israelí, que ha apoyado mucho más el proceso de paz.

Clinton no apoyó a Netanyahu en las elecciones israelíes que llevaron al poder a la actual coalición extremista del Likud, y se sintió políticamente avergonzada cuando Netanyahu ganó al derrotar a los liberales liderados por el más moderado Shimon Peres. Peres predicaba la paz; Netanyahu, ningún compromiso.

Como informó *The Spotlight* el 2 de febrero de 1998, incluso antes de su reunión oficial con el Presidente Clinton, el Primer Ministro israelí ya se había reunido (y había asistido) a un mitin pro-Likud con el Reverendo Jerry Falwell, uno de los críticos más abiertos del Sr. Clinton.

Spotlight señaló que incluso *el Washington Post* reveló el 22 de enero de 1998 que "un alto funcionario de Netanyahu dijo que el líder israelí estaba preparado para responder a la oposición de la Casa Blanca mostrando su 'propia munición' en los círculos políticos estadounidenses" - a saber, Falwell y la bulliciosa "derecha cristiana" pro sionista.

En el propio Israel, según el *Post* del 24 de enero de 1998, la prensa "se ha apoderado de las acusaciones de Clinton". El *Post* señala que "el interés parece especialmente vivo porque Monica Lewinsky es judía".

En el número del 22 de enero de 1998 del diario israelí *Yedioth Aharonoth*, Nahum Barnea hacía un comentario irónico: "Pensábamos inocentemente que el destino del proceso de paz estaba en manos de una judía , nacida en Praga, llamada Madeleine Albright. Al parecer, el destino del proceso de paz está, en no menor medida, en manos de otra judía, Monica Lewinsky, de 24 años, de Beverly Hills, que pasó un divertido verano hace tres años como becaria en la Casa Blanca".

Lo interesante es que cuando los comentarios de Barnea se repitieron en el número del 2 de febrero de 1998 de *Newsweek*, que dedicó un número especial al escándalo, *Newsweek* había editado cuidadosamente las palabras de Barnea para que ahora dijeran: "Resulta que el destino del proceso de paz depende de otra mujer.

De hecho, el escándalo Lewinsky obligó al Presidente a retirarse de la promoción de Israel, para regocijo del partido israelí Likud.

El 27 de enero, *el Washington Post* volvió a soltar prenda: "La semana pasada, Clinton demostró que no podía obligar a los israelíes a cumplir con sus responsabilidades en la retirada militar. Esta semana [tras el escándalo], es aún menos capaz, aunque sólo sea porque los miembros de su propio partido, por no mencionar a los republicanos, no apoyarán una política de mayor presión sobre Israel".

Quienes siguen la evolución del escándalo Clinton seguramente se preguntan por qué los medios de comunicación establecidos se precipitan a juzgar en muchos casos, mientras intentan en vano proyectar una imagen de imparcialidad.

Es un poco como si hubiera un gran interruptor en la pared que dijera "Get Clinton", y alguien lo hubiera encendido.

CAPÍTULO II

Un amigo de Roosevelt dice: "FDR sabía lo de Pearl Harbor de antemano".

Se han escrito docenas de libros y cientos de monografías para demostrar que FDR sabía con mucha antelación que los japoneses estaban preparando su ataque a Pearl Harbor el 7 de diciembre de 1941. Sin embargo, sólo uno de los colaboradores de FDR lo admitió.

Un periodista estadounidense, Joseph Leib, antiguo ayudante del Presidente Franklin D. Roosevelt, se enteró una semana antes del ataque de que los japoneses estaban a punto de atacar Pearl Harbor. Y para su horror, también se enteró de que el propio FDR sabía del inminente ataque y tenía la intención de permitir que sucediera.

Leib, fundador del primer club Roosevelt for President, se enteró del inminente ataque el sábado 28 de noviembre de 1941. Esto es lo que ocurrió. Ese día, Leib recibió una llamada urgente del Secretario de Estado Cordell Hull. Hull pidió a Leib que se reuniera con él cerca de la Casa Blanca y ambos se dirigieron al parque Lafayette, frente a la residencia del Jefe de Estado. El miembro de más alto rango del gabinete le cuenta a Leib una historia que deja boquiabierto al joven periodista.

Hull rompe a llorar y luego explica las razones de su angustia. Hull explicó a Leib que los japoneses planeaban atacar Pearl Harbor en los próximos días. Como prueba, el Secretario de Estado entregó a Leib una transcripción de mensajes de radio japoneses interceptados por la inteligencia estadounidense.

Hull explica a Leib que ha decidido contarle esta historia por una razón: en el pasado, Leib ha sido un confidente fiable. "Eres el único en quien puedo confiar", le dice Hull al agitado Leib.

Leib pidió entonces más detalles a Hull. Fue entonces cuando Hull admitió que el conocimiento previo de la inminencia del ataque japonés llegaba hasta la propia Casa Blanca.

Roosevelt quiere que vayamos a la guerra", dice Hull, "y está dispuesto a arriesgarse a un ataque a Hawai para darle la oportunidad de meternos en la guerra. El Presidente está al corriente de los planes, al igual que [J. Edgar] Hoover en el FBI.

"Por eso no puedo dar una rueda de prensa y exponerlo públicamente", dijo Hull. "El presidente me denunciaría y nadie me creería.

Tras prometer al Secretario de Estado que no revelaría su fuente, Leib se apresuró a ir a las oficinas de *United Press*, llevando consigo una copia de la transcripción de las interceptaciones de radio japonesas.

En *United Press*, Leib presentó la historia al jefe de la oficina, Lyle Wilson. Wilson se negó a creerla y Leib se vio obligado a buscar en otra parte.

Harry Frantz, antiguo editor de cable de *United Press*, accedió a transmitir la sensacional historia de Leib, pero la versión final estaba incompleta. Sólo un periódico en todo el mundo publicó la historia.

El número *del* 20 de noviembre del *Honolulu Advertiser* titulaba "Los japoneses podrían atacar durante el fin de semana", señalando que las fuerzas estadounidenses en Hawai estaban en alerta máxima. Sin embargo, el artículo no mencionaba, como había escrito Leib, que el objetivo del ataque japonés sería Hawai, y más concretamente Pearl Harbor en Honolulu.

Las especulaciones de los militares, que esperaban un ataque japonés pero desconocían el mensaje secreto descifrado, se centraron en otras instalaciones estadounidenses del Pacífico, más cercanas a Japón.

Los periodistas eran conscientes de estas especulaciones. Si el *Advertiser* hubiera recibido una noticia con la fecha de un atentado previsto, pero lo suficientemente confusa como para ocultar el objetivo previsto, el titular y la noticia que publicó habrían sido una respuesta razonable.

En noviembre de 1941, Honolulu era una "ciudad militar" y las operaciones militares japonesas en el Pacífico interesaban mucho más a los lectores *del Advertiser* que a los del continente.

Si los japoneses hubieran atacado una instalación estadounidense en el Pacífico Occidental, sin duda habría precipitado un desplazamiento masivo de personal y equipo naval de la zona de Honolulú, lo que habría hecho a los redactores de este periódico mucho más sensibles a cualquier noticia de este tipo, por turbia que fuera.

En una entrevista con el autor en febrero de 1984, Leib subrayó que "si hubiera podido publicar mi historia en aquel momento -la semana anterior a Pearl Harbor- Pearl Harbor nunca habría ocurrido".

De hecho, un mes después del ataque a Pearl Harbor, la acusación de Cordell Hull de que el FBI sabía del inminente ataque se hizo en un breve artículo en el *Washington Times-Herald*. Sin embargo, ediciones posteriores del mismo periódico suprimieron este importante artículo bajo la presión del director del FBI, Hoover. "No teníamos una prensa libre entonces", dijo Leib, "y no tenemos una prensa libre hoy".

El ataque a Pearl Harbor no sorprendió a Leib más de lo que lo hizo a Roosevelt. Pero un incidente poco después del ataque cogió a Leib por sorpresa: Wilson, de *United Press*, citó a Leib en su despacho y le entregó el comunicado de prensa editado personalmente por Roosevelt que contenía la transcripción del discurso del "Día de la Infamia" de FDR, en el que pedía al Congreso que declarara la guerra a Japón.

Leib preguntó a Wilson por qué le entregaba este valioso documento. "Me lo dio Steve Early", respondió Wilson, refiriéndose a su íntimo amigo que era el jefe de prensa de FDR. "Le dije que me habías traído la historia sobre el inminente ataque, pero que no la había utilizado. Fue su forma de darme las gracias".

"Si hubiera utilizado esta historia", lamentó el Sr. Wilson, "podríamos haber salvado miles de vidas".

Sin embargo, como Leib señaló más tarde, Roosevelt ya había involucrado a EEUU en conflictos europeos, allanando el camino para la guerra. "Teníamos gente en el extranjero ocho meses antes de la guerra". En cuanto a los resultados de la guerra, Leib sigue siendo cínico en retrospectiva. "Nosotros, , no ganamos la Segunda Guerra Mundial. La perdimos. Fueron los soviéticos quienes ganaron la Segunda Guerra Mundial.

Le dimos todo a la URSS. Se lo dimos todo a los rojos. "E incluso antes de Pearl, cuando Hitler empujaba hacia Moscú, gastamos 1.500 millones de dólares para salvar a la URSS. ¿Tiene sentido? Eso es lo que pasó: le dimos todo a la URSS. Leib concluye que no cree que fuera un accidente. "Fue deliberado.

Leib recuerda que durante la campaña presidencial de 1932 preguntó a FDR qué haría si salía elegido. "Le respondió que una de las primeras cosas que haría sería reconocer a la URSS. Leib preguntó a FDR por qué quería hacer eso, y el candidato presidencial respondió: 'Bueno, los soviéticos tienen un gran mercado para nuestros productos.

Leib se quedó perplejo. Sabía que la economía soviética iba retrasada y preguntó a FDR: "¿Cómo van a pagar nuestros productos?". FDR respondió: "Bueno, les prestaremos el dinero".

Con cierta ironía, Leib recordó más tarde que FDR había escrito en una ocasión una carta al Primer Ministro británico Winston Churchill en la que le decía que podía darle la vuelta al dictador soviético Josef Stalin. "De hecho, según Leib, ocurrió exactamente lo contrario.

Stalin tenía a Roosevelt en sus manos". Y eso, por supuesto, llevó a la expansión soviética por Europa del Este durante una generación.

Los recuerdos de Leib sobre FDR, la época del New Deal y la Segunda Guerra Mundial eran muy vívidos. Con cierta tristeza, recordó el trato que FDR dispensó al Secretario de Estado Cordell Hull, a quien apreciaba mucho. "Te sorprendería lo que Roosevelt le hizo. Leib dice que un día Hull le contó una larga lista de indignidades que él (Hull) había sufrido a manos de FDR.

Según Leib, "Hull no era un New Dealer. Estaba muy dolido por todo lo que estaba pasando. Pero estaba cansado del Senado, donde había servido durante muchos años, y había aceptado servir en la administración."

Según Leib, Hull nunca intentó denunciar la traición del Presidente en Pearl Harbor por una razón: "Hull era un hombre mayor, y si hubiera denunciado al Presidente, no quería la presión a la que yo estaba sometido.

Leib señala que "después de todo lo que hice contra Roosevelt, uno pensaría que me habría acusado públicamente de sedición. Pero lo hizo entre bastidores".

Leib recordó el infame "juicio por sedición" en el que los críticos de la política exterior de FDR fueron, de hecho, acusados de sedición (antes de que se retiraran los cargos y se declarara nulo el caso al morir el presidente del tribunal).

Leib recuerda con especial disgusto el trato que recibió el famoso poeta estadounidense Ezra Pound. "Volvió loco a Roosevelt [con sus emisiones de radio desde Italia]. Roosevelt insistió mucho al Fiscal General Francis Biddle para que detuviera a Pound, y finalmente lo consiguieron. Biddle no quería hacerlo, pero finalmente lo consiguieron. Creo que es vergonzoso lo que le hicieron a Pound.

(Tras la guerra, Pound fue encarcelado durante más de diez años en el Hospital de Santa Isabel, una institución psiquiátrica de Washington, tras haber sido declarado oficialmente "demente" e incapaz de ser juzgado por cargos falsos de traición).

Los recuerdos de Leib sobre "Roosevelt el hombre" son igual de vívidos. "No podías creer lo que decía. Roosevelt era un hombre traicionero y nadie estaba realmente cerca de él. Todos pensaban que estaban cerca de él, pero no era así.

"He visto a Roosevelt hablar con gente que le dejaba la impresión de que estaba de acuerdo con ellos, cuando era todo lo contrario". Leib recuerda una ocasión, por ejemplo, cuando FDR aún era gobernador de Nueva York. Leib vio a FDR encantar a un grupo de editores que habían venido a visitarle, pero nada más marcharse, Roosevelt emitió un comunicado de prensa que contenía un mensaje exactamente opuesto a lo que había dicho a los editores.

Con cierta diversión, Leib recordó el impacto de las famosas "charlas junto al fuego" de FDR. Leib señaló que "FDR tenía las mismas charlas junto al fuego cuando era gobernador: "Cuando era gobernador, FDR tenía las mismas charlas junto al fuego y le llamaban payaso y le decían: "Escucha esa voz enclenque". Pero cuando se convirtió en presidente e hizo lo mismo, dijeron: "¡Qué orador tan maravilloso!". Pero cuando se convirtió en presidente e hizo lo mismo, dijeron: "¡Qué orador tan maravilloso y qué gran personalidad!". Eso es lo que la buena publicidad hace por alguien", dijo Leib. "Roosevelt era eficaz, terriblemente eficaz", recordó Leib.

"Demasiado". De hecho, Leib estaba eminentemente cualificado para hacer tal evaluación. Comenzó su carrera como firme partidario de Roosevelt, como organizador nacional clave de la campaña presidencial de FDR en 1932.

A través de unos parientes, Leib conoció a Roosevelt en 1928, cuando éste apoyaba la fracasada campaña presidencial del demócrata Al Smith. Roosevelt se presentaba entonces a su primer mandato como Gobernador de Nueva York. En 1930, cuando FDR aspiraba a un segundo mandato, Leib creó el primer club Roosevelt for President. A finales de 1930, Leib dirigía casi 100 clubes Roosevelt for President en 21 estados diferentes.

Leib llegó a Washington con FDR tras la victoria en las elecciones presidenciales de 1932, y fue allí donde conoció a muchos de los altos funcionarios que rodeaban a FDR. El Secretario de Estado Hull, mencionado anteriormente, fue uno de los que más cerca se hicieron de él.

Sin embargo, Leib se sintió cada vez más descontento cuando vio el New Deal en acción. La Administración Nacional de Recuperación, para la que Leib trabajaba, socavaba la pequeña empresa en beneficio de las grandes empresas, y la Administración de Ajuste Agrícola, para la que Leib también trabajaba, animaba a los agricultores a destruir sus cosechas, sus productos lácteos y sus animales, mientras millones de estadounidenses estaban al borde de la inanición.

Como resultado, dijo Leib, "casi todos los hombres con los que trabajé para Roosevelt se volvieron contra él". El propio Leib pronto se separó de FDR y empezó a trabajar de forma independiente, escribiendo discursos, comunicados de prensa y artículos desde Washington.

"Ocho meses después de que FDR fuera elegido para su segundo mandato [1936], predije que se presentaría a un tercer mandato y todo el mundo se rió de mí". De hecho, fue la insistencia de Leib en revelar los planes de FDR de presentarse a un tercer mandato lo que provocó la ruptura de Leib con su otrora héroe y mentor.

Leib basa su acusación de que FDR estaba considerando presentarse a un tercer mandato en una carta que Franklin D. Roosevelt Jr. le escribió (a Leib) en la que afirmaba: "Todavía no ha surgido la necesidad de decidir tal cuestión, pues lo que pensamos hoy puede tener que ser revisado dentro de tres años a la luz de circunstancias que escapan a nuestro control, como la situación en el extranjero". Leib señala que esto ocurrió tres años antes de que Estados Unidos entrara en guerra y dos años antes de que Hitler invadiera Polonia el 1 de septiembre de 1939.

Sin embargo, FDR se presentó a un tercer mandato y, como había predicho Leib, utilizó la "situación externa" -la guerra- como una de las razones por las que pedía el apoyo del pueblo estadounidense para romper la tradición de que no había terceros mandatos.

Posteriormente, Leib fue uno de los principales artífices de la aprobación de la 22ª enmienda a la Constitución, que limitaba a dos el número de mandatos electivos que podía ejercer un presidente.

En un discurso pronunciado en 1984, Leib lamentó los buenos recuerdos que muchos estadounidenses, incluido el entonces Presidente Ronald Reagan, tenían de Franklin D. Roosevelt. "Eso parece ser universal", señaló. "Me temo que, por eso, seguiremos cometiendo errores y los responsables se saldrán con la suya.

Sin embargo, el propio Leib guarda un grato recuerdo de algunas de las figuras más destacadas de la época. "Burton Wheeler era probablemente un hombre honesto. Gerald Nye era otro. Hamilton Fish era un alma buena. También lo era Robert Taft. Era un hombre bueno y honesto. Douglas MacArthur podría haber sido un buen Presidente. Sin duda fue mejor general que muchos otros.

Tras el estallido de la guerra, Leib, como periodista independiente, inició una investigación personal sobre los beneficios de los contratos de defensa, que desembocó en una investigación a gran escala del Congreso sobre el asunto.

Leib también fue reconocido por reorganizar con éxito la Oficina de Seguridad en Tiempos de Guerra del Ejército del Aire y corregir métodos de producción de aviones defectuosos. "No lo hice por ninguna recompensa", dijo. "Me satisfacía saber que había salvado vidas y dinero.

Leib recibió un premio especial del Mando de Defensa Aeroespacial por sus esfuerzos y fue ampliamente reconocido por su labor por muchos miembros del Congreso. En varias ocasiones se han presentado en el Congreso varias resoluciones pidiendo que Leib reciba la Medalla de Honor del Congreso.

Además, el propio Leib sirvió en el ejército estadounidense y posteriormente fue muy activo en grupos de veteranos. Se retiró en la zona de Washington D.C., en Arlington (Virginia), donde falleció.

CAPÍTULO III

Ataque israelí *al USS Liberty*

He aquí un repaso a las espeluznantes circunstancias que rodearon el asesinato de 34 estadounidenses a manos de las fuerzas armadas de Israel en un atentado terrorista que pocos estadounidenses conocen. La nueva película de Tito Howard, *Loss of Liberty*, es el documental imprescindible que cuenta todos estos detalles y más.

El 8 de junio de 1967, *el U.S.S. Liberty*, un buque de guerra estadounidense que navegaba por el Mediterráneo, fue atacado repentina y deliberadamente por las fuerzas navales y aéreas del Estado de Israel. El ataque tuvo lugar en plena tarde soleada. La bandera estadounidense a bordo del *Liberty* ondeaba claramente con la brisa. Tres aviones israelíes sin insignias, acompañados de tres lanchas torpederas, llevaron a cabo este brutal asalto.

El ataque comenzó con cohetes y continuó con napalm, una sustancia química ardiente que se adhiere a la piel humana con resultados espantosos. A continuación, los torpederos bombardearon la cubierta del *Liberty* con sus ametralladoras, mientras los marineros estadounidenses intentaban apagar los incendios provocados por el napalm. *El Liberty* fue torpedeado no una, sino tres veces.

Milagrosamente, no se hundió. Treinta y cuatro estadounidenses murieron en el incidente y otros 171 resultaron heridos. Cuando las noticias del ataque llegaron a la Casa Blanca, el presidente Lyndon B. Johnson alertó al comandante de la Sexta Flota para que preparara una acción de represalia, asumiendo que los egipcios eran los responsables. Más tarde, cuando el Presidente supo que los responsables eran los israelíes, canceló la alerta.

La prensa estadounidense ha cubierto muy poco esta tragedia. La poca información disponible indica que fue un "trágico error". Además, los medios de comunicación han subestimado el número de muertos.

A continuación, bajo la dirección del almirante John S. McCain, comandante en jefe de las fuerzas navales estadounidenses en Europa, se creó una comisión de investigación dirigida por el contralmirante I. C. Kidd. McCain y Kidd lo sabían, pero aun así anunciaron que el ataque había sido un "caso de identidad equivocada".

(La cobertura de McCain de la masacre israelí de los chicos de la Marina estadounidense forjó un vínculo único entre la familia McCain e Israel, de modo que hoy el hijo de McCain, John, senador republicano por Arizona, es el republicano favorito de Israel). A los supervivientes del *Liberty* se les ordenó "guardar silencio". Cualquiera que hablara era amenazado con un consejo de guerra. "Si alguien hacía preguntas, los marineros tenían que decir que había sido un accidente. Los supervivientes fueron dispersados por todo el mundo para que ningún hombre fuera enviado al mismo lugar.

El incidente se mencionó de pasada en varios medios de comunicación, pero la primera vez que la impactante historia se contó a nivel nacional fue en *The Spotlight* el 26 de abril de 1976.

Sin embargo, un mes después de la tragedia, el 15 de julio de 1967, *el* boletín *The Washington Observer*, publicado por personas asociadas al grupo populista Liberty Lobby, con sede en Washington, comunicó a sus lectores que el ataque israelí contra el barco estadounidense había sido realmente deliberado.

No hay duda de que los israelíes pretendían no sólo hundir *el Liberty*, sino también matar a toda la tripulación para que no aparecieran testigos vivos que señalaran a los israelíes. Los israelíes esperaban echar la culpa del crimen a los árabes, una técnica de "bandera falsa" utilizada desde hace tiempo por Israel en sus numerosos actos de terrorismo.

Los defensores de Israel exigen saber por qué los israelíes querrían que el *Liberty* fuera totalmente destruido y que todos los que iban a bordo fueran asesinados en masa. La explicación es sencilla: el *Liberty* era un barco espía -que en aquella época tenía fama de ser el más sofisticado del mundo- que estaba recopilando información que habría demostrado que, contrariamente a la línea de propaganda pública de Israel, Israel estaba tratando de intensificar la Guerra de los Seis Días de 1967, entonces en curso, intentando ampliar sus conquistas territoriales, al tiempo que planeaba una incursión en los territorios árabes de

Cisjordania y la Franja de Gaza. También habría demostrado que Israel, y no los Estados árabes, era el verdadero agresor y que pretendía invadir Siria.

Un informe de *Spotlight* del 21 de noviembre de 1977 implicó al jefe de contrainteligencia de la CIA, James J. Angleton, en la orquestación del ataque al *Liberty* con Israel. Leal partidario de Israel, dirigió el enlace entre la CIA y la agencia de inteligencia israelí, el Mossad, y desempeñó un papel clave en ayudar a Israel a desarrollar su arsenal nuclear (desafiando al presidente John F. Kennedy). Angleton creía que la destrucción del *Liberty* podría utilizarse como un incidente "Pearl Harbor" o "Remember the Maine" para inflamar las pasiones estadounidenses contra los árabes.

En 1983 se publicó por primera vez (sin bombo ni platillo) un informe de alto secreto elaborado en 1967 por el asesor jurídico del Secretario de Estado estadounidense. El informe evaluaba las afirmaciones de Israel de que el ataque había sido un error. El informe demostraba que las afirmaciones de Israel eran mentiras. Por ejemplo:

- Los israelíes afirmaron que el *Liberty* viajaba a una velocidad elevada (y por tanto sospechosa) de 28 a 30 nudos. En realidad, el barco iba a la deriva a sólo cinco nudos.

- Los israelíes alegaron que el *Liberty* se había negado a identificarse. De hecho, las únicas señales de los torpederos israelíes llegaron después de que se hubiera lanzado el ataque, por lo que 25 marineros ya estaban muertos cuando el *Liberty* fue alcanzado por un torpedo israelí.

- Los israelíes afirmaron que *el Liberty* no ondeaba una bandera estadounidense ni tenía ninguna insignia identificativa. De hecho, el *Liberty* no sólo ondeaba una bandera estadounidense al viento, sino que después de que esa bandera fuera derribada, otra mucho más grande fue izada por los marineros estadounidenses cuando se dieron cuenta de que estaban siendo atacados por fuerzas ostensiblemente "amigas" de "nuestro aliado, Israel". Además, el nombre y los números de identificación *del Liberty* aparecían claramente en el casco, que acababa de ser pintado.

Según los supervivientes del *Liberty*, el avión israelí había rodeado de hecho el barco no menos de 13 veces durante varias horas antes de que comenzara el ataque. Algunos de los marineros *del* Liberty incluso saludaron al "amistoso" israelí desde la cubierta del barco, sin saber que iban a ser aniquilados poco después.

He aquí algunos comentarios de supervivientes estadounidenses del ataque israelí *al Liberty*. Sus opiniones reflejan las de muchos otros supervivientes. ¿Podrían todos estos militares estadounidenses estar "equivocados" o "mintiendo" -como afirman los defensores de Israel- sobre la culpabilidad de Israel en el trágico asunto *del Liberty*

- Ernie Gallo: "El día antes [del ataque], yo estaba allí arriba cuando llegaron los aviones israelíes, y muy cerca, para que pudiéramos saludar a los pilotos, y ellos estaban tan cerca que pudimos devolverles el saludo".

- Rick Aimetti: "Era un día muy claro. Hacía calor, el sol brillaba, soplaba una agradable brisa y recuerdo perfectamente oír la bandera [estadounidense] ondear al viento."

- Phil Tourney: "Hubo unas trece salidas desde nuestro barco entre las seis y el mediodía. Hicimos un ejercicio de cuartel general que duró unos cuarenta y cinco minutos".

- Stan White: "Salí a cubierta, pasó un avión y miré en la cabina. Me saludó. Le devolví el saludo. Así de cerca estaban. Sabían quiénes éramos".

- George Golden: "Por todos los vuelos de reconocimiento que hicieron esa mañana -observando nuestro barco durante seis o siete horas- tenían una buena idea de lo que estaban haciendo, y nos golpearon duro y rápido con todo lo que tenían."

- James Smith: "Estuve en cubierta luchando contra el fuego y realizando otras tareas de control de daños durante todo el ataque. Al mismo tiempo, pude observar los jets volando sobre mi cabeza, y también observé la bandera americana ondeando en el mástil. En ningún momento esta bandera estuvo suspendida del mástil".

Joe Meadors: "Mi único trabajo durante el ataque era asegurarme de que la bandera ondeaba, así que cada pocos minutos iba al puente de señales del mástil.

Los supervivientes estadounidenses del brutal ataque terrorista israelí contra el *USS Liberty* han declarado que la naturaleza del asalto fue incuestionablemente un crimen de guerra.

Lloyd Painter, un superviviente, recuerda: "Presencié personalmente el ametrallamiento de las balsas salvavidas que pasaban cerca. La tripulación de los torpederos israelíes disparó ametralladoras contra las balsas salvavidas, asegurándose de que si hubiera habido alguien en ellas, no habría sobrevivido". Otro superviviente, Don Bocher, señaló que los planes de abandonar el barco se cancelaron porque las balsas salvavidas habían sido destruidas. De hecho, disparar a las balsas salvavidas de un barco en peligro es un crimen de guerra.

Josey Toth Linen, cuyo hermano Stephen murió en el *Liberty*, también señala: "Mi hermano fue enviado a la cubierta del barco para averiguar quiénes eran los aviones y de dónde habían venido. No llevaban ninguna marca. Esto va en contra de las reglas de guerra de Ginebra... Fue acribillado por los aviones".

En consecuencia, Israel cometió crímenes de guerra en su ataque injustificado contra el buque estadounidense amigo.

David Lewis, un superviviente, añadió: "Si [el barco] se hubiera hundido, supongo que cuando los restos llegaran a tierra al día siguiente, se habría culpado a Egipto... Estoy seguro de que los helicópteros de combate habrían recogido a los supervivientes si hubiéramos abandonado el barco. Fueron enviados allí para acabar con nosotros. Los aviones fueron enviados para mantenernos incomunicados para que no pudiéramos enviar un SOS. Los torpederos fueron enviados para hundirnos.

"Y se enviaron helicópteros para recuperar a los supervivientes. Fue una operación militar perfectamente ejecutada. Si miras las fotos del *Liberty* después del ataque, verás que en el primer ametrallamiento utilizaron misiles guiados que destruyeron la sección de sintonización de todos los transmisores del barco. En menos de dos segundos, anularon todas nuestras capacidades de comunicación".

El capitán del barco, W. L. McGonagle, se hizo eco de las preocupaciones de otros supervivientes, señalando que "la ferocidad del ataque parecía indicar que los atacantes pretendían hundir el barco".

Tal vez esperaban que no hubiera supervivientes para no ser considerados responsables del atentado después de que se hubiera producido.

CAPÍTULO IV

Un estadounidense de origen indio habla claro: Se acabó el Holocausto; ya es suficiente

La polémica "¿Quién mató a John F. Kennedy?" ha dado tanto que hablar como el "Holocausto". Así que quizá fuera inevitable que estas dos polémicas, que no tienen nada que ver entre sí, acabaran entrelazadas de una vez por todas. Sin quererlo, he participado en este extraño fenómeno.

En el verano de 1997, me invitaron a hablar sobre mi libro, *Juicio Final: El Eslabón Perdido en la Conspiración del Asesinato de JFK*, en un seminario de un colegio comunitario en Orange County, California. La tesis de este libro es que la agencia de inteligencia israelí, el Mossad, desempeñó un papel destacado junto con la CIA y el sindicato del crimen Meyer Lansky en el asesinato del presidente Kennedy.

Casi al instante, el patrocinador del seminario y yo nos vimos afectados por un aluvión mediático nacional instigado por la Liga Antidifamación (ADL) de B'nai B'rith. La ADL dijo a la prensa (que informó complacida de la acusación) que yo era un "negacionista del Holocausto" y que, sólo por esa razón, se me debía negar la oportunidad de hablar de mi libro.

En realidad, mi libro no tiene absolutamente nada que ver con el Holocausto, pero al parecer la ADL había determinado que la mejor manera de desacreditarme a los ojos del público y de la comunidad académica era lanzar la calumnia definitiva, a saber, que yo había (Dios no lo quiera) "negado el Holocausto".

Decidida a desviar la atención de lo que realmente trataba mi libro -el papel del Mossad israelí en el asesinato de JFK-, la ADL había decidido claramente que hacer acusaciones sobre mis supuestas opiniones sobre el Holocausto era la mejor manera de poner nervioso al público y desatar una tormenta de oposición -un "Holocausto", por así decirlo- para impedir que se me escuchara.

Quizá no debería haberme sorprendido. Al fin y al cabo, el historiador israelí Yehuda Bauer declaró a *Associated* Press (según se publicó en *The* (Portland) *Oregonian* el 21 de diciembre de 1988) que "todos los políticos de hoy en día utilizan el Holocausto para apoyar su agenda política".

De hecho, no cabe duda de que el "Holocausto" se ha convertido en una poderosa herramienta política para el Estado de Israel en el ámbito mundial.

El 24 de abril de 1998, en una ceremonia conmemorativa en Auschwitz, el Primer Ministro israelí Binyamin Netanyahu dejó claro que nunca permitiría que Estados Unidos -ni el mundo- olvidaran el "Holocausto". También dejó claro que, sí, incluso Estados Unidos, que intervino en la guerra europea para detener a Hitler, también fue responsable del "Holocausto". Según el Primer Ministro israelí, "bastaba con bombardear los ferrocarriles. Los Aliados bombardearon objetivos cercanos. Todo lo que tenían que hacer los pilotos era apuntar con sus miras. ¿Cree que no lo sabían? Lo sabían.

No bombardearon porque en aquel momento los judíos no tenían un Estado, ni la fuerza militar y política para protegerse".

En resumen, si creemos que los nazis estaban realmente implicados en un programa de exterminio masivo -gasificación masiva- en Auschwitz, entonces los aliados permitieron a sabiendas que murieran judíos.

Esto sorprenderá a los millones de veteranos estadounidenses de la Segunda Guerra Mundial que arriesgaron sus vidas para salvar a los judíos de Europa de las garras de Hitler. También sorprenderá a los millones de estadounidenses que vieron morir a sus padres e hijos en aquella trágica guerra. Sin embargo, ahora se nos dice que como Hitler mató a seis millones de judíos y los Aliados los dejaron morir, es deber de todo no judío que viva en este planeta hacer penitencia al Estado de Israel, la pequeña nación que "resurgió de las cenizas del Holocausto".

Por tanto, era casi inevitable que la cuestión del "Holocausto" se introdujera de algún modo en el debate -o no debate, según el caso-

sobre la tesis de mi libro, que se atreve a decir algo poco agradable sobre Israel.

Al final, debido a la cuestión del Holocausto, este seminario universitario sobre el asesinato de JFK se canceló y nunca tuve la oportunidad de hablar del libro ni, me atrevería a decir, del Holocausto.

Pero estas acusaciones de "negación del Holocausto" me han hecho pensar en ello, y supongo que tengo que agradecérselo a la ADL.

De hecho, la primera vez que supe que la ADL afirmaba que yo era un "negacionista del Holocausto" fue cuando un joven periodista de *Los Angeles Times* se puso en contacto conmigo y empezó a hacerme preguntas sobre el Holocausto.

En primer lugar, mi libro trata del asesinato de JFK. No tiene nada que ver con el Holocausto. El asesinato de JFK tuvo lugar en 1963. El Holocausto terminó en 1945. Mi opinión sobre lo que ocurrió o no durante el Holocausto no tiene nada que ver con mi libro sobre el asesinato de JFK. Ese es un tema completamente diferente".

Pero el periodista se mostró inflexible. "Me preguntó qué pensaba del Holocausto. Le dije que el tema no me interesaba mucho, pero que con un flujo aparentemente interminable de noticias, nuevos libros, series de televisión y películas y otros 'acontecimientos' mediáticos, era prácticamente imposible que alguien en el mundo moderno no hubiera oído hablar de ello.

Pero esto no satisfizo al periodista, y cuando todo estaba dicho y hecho, informó en las páginas de *Los Angeles Times* de lo siguiente: "En cuanto a sus opiniones sobre el Holocausto, Piper dijo que cuestionaba la cifra de 6 millones de judíos que murieron a manos de los nazis, aludiendo a las afirmaciones de que la cifra es en realidad mucho menor y que ningún judío fue asesinado en las cámaras de gas."

En primer lugar, *Los Angeles Times* mintió. Nunca me referí a las acusaciones de que ningún judío fuera asesinado en cámaras de gas. De hecho, la expresión "cámaras de gas" nunca cruzó mis labios . Y *no* dije, como informó el *Times*, que cuestionara la cifra tan publicitada de "seis millones de judíos" que murieron a manos de los nazis.

En cambio, cuando me preguntó si dudaba de la cifra de "seis millones", le dije que había nuevas afirmaciones (de fuentes judías) de que la cifra era mucho mayor que los "seis millones" que se pregonaban.

"En cuanto a las cifras", le dije, "he oído hablar de seis millones toda mi vida. No hay vuelta atrás sin leer algo al respecto en la prensa, todo el tiempo.

Sin embargo", añadí, "en los últimos años, algunos historiadores judíos han afirmado que la cifra ascendía a siete millones, o incluso a ocho millones. Así que no sé cuál es esa cifra. Yo no estaba allí. Ocurrió -no importa lo que ocurrió- al menos 15 años antes de que yo naciera, ¡y a varios miles de kilómetros de la pequeña ciudad estadounidense donde crecí

Remití al periodista al *Washington Post* del 20 de noviembre de 1996, a la edición del muy reputado *Jerusalem Post* de la semana que terminó el 23 de noviembre de 1996 y a la edición del 23 de mayo al 30 de mayo de 1997 del *Jewish Press*, con sede en Nueva York, *todos los* cuales informaban de que el número de víctimas judías del Holocausto había sido inflado (por fuentes judías) hasta al menos siete millones, si no más. Pero *Los Angeles Times -por* orden de la ADL- no publicó esta información porque, por supuesto, no encajaba en la línea propagandística que intentaba promover.

Así que, aunque el *Times* estaba obsesionado con el Holocausto, nunca informó de lo que yo realmente tenía que decir sobre este tema tan debatido, aunque sí añadió gratuitamente que un autor judío estadounidense, Gerald Posner, que escribió un libro sobre el Holocausto (así como un libro muy promocionado que afirma que no hubo conspiración detrás del asesinato de JFK), dijo que mi tesis particular sobre la conspiración de JFK -que el Mossad de Israel estaba involucrado- era "similar a la idea de que el Holocausto fue un engaño"." (¡Otra vez el viejo Holocausto!)

Pero, curiosamente, en la medida en que la ADL afirmaba hasta hace poco que la "negación del Holocausto" consistía en "negar que el Holocausto haya ocurrido", la ADL se cuida de decir que el llamado movimiento de "negación del Holocausto" discute detalles del Holocausto, como, por ejemplo, el número real de judíos que murieron. Sin embargo, a pesar de todo esto, a pesar del creciente número de artículos de prensa sobre el número real de personas que murieron, el discurso de la "negación del Holocausto" continúa.

Y mientras me dedicaba a esquivar las preguntas de los medios de comunicación sobre mi postura ante el Holocausto -como si de algún modo estuviera obligado a tomar partido-, me apresuré a señalar otra cosa: mi padre y tres de sus hermanos participaron en el rescate de víctimas del Holocausto durante la Segunda Guerra Mundial. En otras palabras, eran miembros del ejército estadounidense. Dos hermanos Piper estuvieron en el ejército estadounidense, uno fue piloto en la Marina y mi padre fue soldado en el ejército estadounidense.

Los soldados del Ejército del Aire eran marinos que participaron en encarnizados combates en el Pacífico. Arriesgaron sus vidas para luchar contra la Alemania nazi y el Japón imperial y poner fin a lo que ahora llamamos "el Holocausto". Mi padre contrajo la malaria y pasó meses en un hospital de veteranos recuperándose. Los otros tres tuvieron más suerte.

En fin, mi pobre abuela envió a sus cuatro hijos al fin del mundo y pasó dos años viviendo sola, preguntándose si volverían a casa con vida. Recuerdo que de pequeña estaba asustada y angustiada cuando mi padre me dijo un día: "Piensa en la pobre Nina (mi abuela) y en cómo tenía que sentarse aquí, en esta casa grande y vieja, sola por las noches y preocuparse por sus chicos."

Aún recuerdo (a pesar de que él estaba allí conmigo) el terror que sentí al pensar que mi padre había sido masacrado en las selvas de Asia. Recuerdo haber visto una famosa y espeluznante fotografía de un piloto australiano capturado a punto de ser decapitado por los japoneses y pensar: "Ese podría haber sido mi padre". Así que crecí muy consciente de los males de la guerra y sus consecuencias.

Como muchos veteranos estadounidenses de la Segunda Guerra Mundial, mi padre era un ferviente admirador de Franklin Roosevelt. Un día, como orgulloso marine, incluso se encontró en la revista, a pocos pasos de FDR y su perrita Fala. Probablemente sea su recuerdo más entrañable.

Aunque FDR no escribió nada, mi padre era un gran lector y pasaba gran parte de su tiempo libre estudiando las memorias de guerra de

Winston Churchill, los escritos de William Shirer y todas las demás normas "aprobadas" sobre el tema.

Recuerdo (cuando aún era un colegial) a mi padre enseñándome la mundialmente famosa foto de un niño judío asustado, con los brazos en alto en señal de terror mientras un soldado nazi le apuntaba con una pistola. "Esto es lo que esos sucios nazis hacían a los judíos", repetía mi padre. Debo de haber visto esa foto al menos diez veces, junto con su comentario.

Sin embargo, como supe años más tarde, tres "supervivientes del Holocausto" judíos diferentes se enzarzaron en una fea pelea de zorrillos sobre quién era realmente el "niñito judío gaseado por los nazis". En cualquier caso, el todavía fidedigno *New York Times* (al que he empezado a llamar "Holocaust Update") informó el 28 de mayo de 1982 de que "algunas personas, convencidas de que el poder simbólico de la fotografía se vería disminuido si se demostrara que el niño había sobrevivido, se niegan a considerar [las acusaciones]".

En cualquier caso, cuando su demasiado corta vida terminó en 1990, mi padre había empezado a tener dudas sobre el Holocausto. En mi última conversación con mi padre, unas horas antes de su muerte, el 21 de julio de 1990, le dije (en un intento de distraernos a ambos de su sufrimiento tan real) que acababa de leer un artículo en el *London Daily Telegraph*, reproducido en el *Washington Times* del 17 de julio, en el que se afirmaba que...

> Polonia ha reducido su estimación del número de personas asesinadas por los nazis en el campo de exterminio de Auschwitz de 4 millones a poco más de un millón... Un nuevo estudio podría reavivar la polémica sobre la magnitud de la "Solución Final" de Hitler...

> Franciszek Piper, director del Comité Histórico del Museo Auschwitz-Birkenau, declaró ayer que, según investigaciones recientes, al menos 1,3 millones de personas fueron deportadas al campo, de las cuales sobrevivieron unas 223.000.

> Entre las 1,1 millones de víctimas había 960.000 judíos, entre 70.000 y 75.000 polacos, casi todos los 23.000 gitanos enviados al campo y 15.000 prisioneros de guerra soviéticos.

Shmuel Krakowsky, jefe de investigación del memorial israelí Yad Vashem para las víctimas judías del Holocausto, afirmó que las nuevas cifras polacas eran correctas. El capitán Rudolf Hoess, comandante nazi del campo de exterminio, dejó escapar la cifra de cuatro millones. Algunos le creyeron, pero exageraba...

Las placas conmemorativas de la muerte de cuatro millones de víctimas fueron retiradas del museo de Auschwitz a principios de mes.

Este detalle de la historia me intrigaba porque, después de todo, recuerdo haber leído en uno de mis libros de historia de secundaria que de los seis millones de judíos que murieron en el Holocausto, cuatro millones murieron sólo en Auschwitz.

Así que, aunque nunca fui un gran matemático, pude comprender que si los nuevos datos eran correctos, el número real de judíos que murieron en el Holocausto tenía que ser considerablemente inferior a la tan cacareada cifra de "seis millones".

Evidentemente, si restamos los antiguos "cuatro millones de judíos murieron en Auschwitz" de los populares "seis millones", sigue habiendo dos millones de judíos muertos. Y si, como afirman ahora las autoridades de Auschwitz, sólo 960.000 de ellos murieron allí, eso significa que 1.040.000 murieron en otros lugares.

Quizá mi memoria era defectuosa. Quizá lo que había leído en mis libros del instituto era incorrecto. Pero investigué un poco y me enteré (por un informe especial de la ADL sobre el tema) de que el 18 de abril de 1945 el *New York Times* informó de que cuatro millones de personas habían muerto en Auschwitz. Y este "hecho" se repitió una y otra vez durante los 50 años siguientes sin ser cuestionado, incluso, al parecer, en mi propio libro de historia del instituto.

Sin embargo, en el 50 aniversario de la liberación de Auschwitz, *el Washington Post* y el propio *New York Times* informaron el 26 de enero de 1995 de que las autoridades polacas habían determinado que, como máximo, 1,5 millones de personas (de todas las razas y religiones) -y no "cuatro millones"- habían muerto en Auschwitz por todas las causas, incluidas las naturales -sobre todo por inanición y enfermedad-, un informe que se hacía eco del del *Sunday Times de Londres*, publicado cinco años antes.

Más recientemente aún, una autoridad tan estimada en el Holocausto como Walter Reich, ex director del Museo Conmemorativo del Holocausto de Estados Unidos en Washington de 1995 a 1998, ha entrado en lo que podría llamarse "el debate sobre las cifras".

El 8 de septiembre de 1998, casi al mismo tiempo que los medios de comunicación californianos volvían a tacharme de "negacionista del Holocausto", el *Washington Post* publicó un artículo de Reich en el que hablaba del conflicto entre grupos judíos y un grupo de católicos polacos que querían colocar cruces en memoria de los cristianos que murieron en Auschwitz.

Reich respondía a lo que describió como un "bienintencionado" editorial *del Post* del 31 de agosto de 1998 sobre el alboroto. Reich hizo el interesante comentario de que el editorial "ilustra cómo se han aceptado como hechos viejas ficciones sobre Auschwitz, ficciones que se han utilizado repetidamente para distorsionar la historia del campo." (Es evidente que los editorialistas *del Post* no habían visto el informe sobre las cifras de Auschwitz que se había publicado tres años antes y optaron en su lugar por repetir "viejas ficciones... aceptadas como hechos".

¿Cuáles eran esas "viejas ficciones... aceptadas como hechos"? (Y por , si yo hubiera utilizado el término "viejas ficciones" en referencia a Auschwitz, la ADL seguramente me habría llamado "negacionista") En cualquier caso, esto es lo que Reich tenía que decir

> *El Post* identificó Auschwitz-Birkinau como el campo de exterminio "donde tres millones de judíos y millones de otras personas fueron asesinadas por los nazis". Un historiador polaco ha cifrado recientemente el número de muertos en torno a 1,1 millones, mientras que otras estimaciones llegan hasta 1,5 millones. Alrededor del 90% de los muertos eran judíos.

> Las cifras del *Post* pueden haberse derivado en parte de la estimación inflada -de origen soviético y aprobada por las autoridades polacas después de la guerra- de unos cuatro millones de muertos. Esta cifra, y otras del mismo orden de

magnitud, se repitieron con tanta frecuencia que llegaron a ser aceptadas por muchos como ciertas, a pesar de que los historiadores polacos y de otros países han revisado considerablemente la cifra a la baja.

Para algunos en Polonia, las cifras más altas fueron aceptadas porque subrayaban el sufrimiento de los polacos en Auschwitz durante la ocupación alemana: cuanto mayor fuera el número total de víctimas, mayor debía ser el número de católicos polacos. En los últimos años, los investigadores han estimado el número de polacos que murieron en Auschwitz en menos de 100.000, mucho menos de lo que se afirmaba en un principio, pero sea cual sea el criterio, se trata de una cifra trágicamente alta que marcará para siempre Auschwitz como un lugar de pérdida nacional polaca.

Ahora, a la luz de todos los problemas que he tenido con los representantes literarios de la ADL en *Los Angeles Times* por el asunto de las "cifras", no puedo evitar encontrar las revelaciones de Reich muy esclarecedoras - y reveladoras. Francamente, no tengo ningún problema con los comentarios finales de Reich sobre Auschwitz y el "Holocausto": "Que sólo haya palabras de historia exacta en este reino de maldad sin límites.

La gente honesta no tiene ningún problema con el llamamiento de Reich (en el ensayo) para que la cobertura de Auschwitz "contenga sólo palabras de historia exacta". Hoy, la publicación de una nueva antología sobre Auschwitz, compilada por la escritora inglesa Vivian Bird, es un primer paso importante hacia "sólo palabras de historia exacta".

Auschwitz: El recuento final examina los "nuevos" informes de los principales medios de comunicación (descritos anteriormente) y proporciona datos adicionales esenciales que deben tenerse en cuenta si se quiere contar por fin la historia completa de Auschwitz. Este libro de 109 páginas es una recopilación (complementada con el comentario de Bird) de cuatro obras completas publicadas anteriormente relacionadas con Auschwitz y el Holocausto.

El libro incluye una fascinante introducción de Bird que explora el fenómeno poco conocido pero bien documentado de que las cifras oficiales de "víctimas mortales" de Auschwitz descendieron de un "máximo" de 9.000.000 de muertos a un mínimo de 73.137 (de los cuales 38.031 eran judíos). Los lectores observarán que de las 26 cifras tan dispares citadas por Bird, todas proceden de diversas fuentes "responsables" y de la corriente dominante. Ninguna de las cifras citadas por Bird procede de una fuente acusada de "negación del Holocausto", signifique esto lo que signifique.

Está claro que el número de personas que murieron en Auschwitz es esencial para comprender lo que allí ocurrió. Pero las cifras cambian constantemente. Si el libro de Bird demuestra algo, es eso.

Pero Auschwitz es mucho más que cifras. Cada uno de los ensayos del libro de Bird ofrece una faceta única y diferente del problema general

- *La mentira de Auschwitz*, de Thies Christophersen, es una visión desde dentro de Auschwitz. El autor alemán, ingeniero agrónomo, no fue enviado a Auschwitz como prisionero, sino como científico que investigaba el desarrollo del caucho sintético. Trabajando codo con codo con el personal de la prisión, Christophersen vio con sus propios ojos la vida cotidiana en Auschwitz.

Auschwitz y, en los años de posguerra, se quedó atónito al escuchar las historias de "gaseamiento" y todos los cuentos chinos que ahora asociamos con Auschwitz.

Su ensayo *La mentira de Auschwitz*, publicado por primera vez en alemán en 1973, causó gran consternación. Sin embargo, Christophersen no se echó atrás y, como consecuencia, fue multado o encarcelado por atreverse a contar su historia de testigo ocular.

Quienes estén acostumbrados a los "docu-dramas" sobre Auschwitz encontrarán en el informe de Christophersen una nueva perspectiva.

- *Zyklon B, Auschwitz, and the Trial of Dr. Bruno Tesch* es la segunda película de la antología de Bird. Escrita por un veterano químico, el difunto Dr. William Lindsey, es una demolición cuidadosamente documentada del juicio por crímenes de guerra del Dr. Tesch, que finalmente fue condenado y ahorcado. El desafortunado Tesch era copropietario de una empresa que compraba a granel (a fabricantes) y luego suministraba (como intermediario) a las autoridades de los campos de concentración alemanes el ahora tristemente célebre pesticida Zyklon B.

Aunque se nos ha dicho que el Zyklon B se utilizó para gasear a millones de judíos hasta la muerte, Lindsey demuestra que el compuesto se utilizó como insecticida y desinfectante para despiojar no sólo a los internos de Auschwitz, sino también a los miembros de las SS que dirigían el campo, y para fumigar sus ropas, dormitorios, etcétera. En resumen, el Zyklon B se utilizaba para sostener y mantener la vida humana, no para acabar con ella. El ensayo de Lindsey examina las pruebas y testimonios fraudulentos en el juicio de Tesch y destripa otro elemento esencial no sólo de la leyenda de Auschwitz, sino de la historia del Holocausto en su conjunto.

- Dentro de las "cámaras de gas" de Auschwitz *es obra de Fred A. Leuchter*, un ingeniero estadounidense de fuerte carácter, conocido en su día como quizá la principal autoridad estadounidense en mecanismos de ejecución judicial. Leuchter describe cómo llevó a cabo experimentos científicos en las estructuras de Auschwitz que los historiadores judiciales creen que se utilizaron para exterminar a un gran número de personas: las tristemente célebres cámaras de gas. Leuchter llegó a la conclusión de que no pudo producirse tal gaseamiento como se describe en la historia oficial. Por atreverse a presentar sus conclusiones sobre -el único estudio conocido realizado en las cámaras de gas- Leuchter fue acosado implacablemente. Pero tenía razón. Sus conclusiones iban al corazón del asunto Auschwitz.

- El último ensayo es "*¿Por qué importa el Holocausto?*", escrito por Willis A. Carto, editor de TBR, quien señala que el Holocausto se ha convertido en una industria lucrativa en sí misma, utilizada como una herramienta política muy eficaz no sólo para extorsionar a Israel miles de millones de dólares de los contribuyentes alemanes y estadounidenses, sino también para obligar a EE.UU. a dirigir su política exterior de manera favorable a Tel Aviv (y contraria a los intereses nacionales de EE.UU.). El ensayo de Carto pone el Holocausto en perspectiva.

La historia de Auschwitz y del Holocausto es, por tanto, mucho más compleja de lo que parece. Los hechos que se han reunido nos ofrecen quizá una imagen mucho más interesante de lo que realmente ocurrió.

El libro de Bird será, en muchos sentidos, el juicio final sobre el tema. *Auschwitz: El recuento* final escandalizará a muchos, pero como dice Bird: "Para quienes deseen investigar los hechos -no los mitos- sobre los acontecimientos de la Segunda Guerra Mundial, este libro debería poner fin a algunas de las principales leyendas del Holocausto".

Hasta aquí la verdad sobre Auschwitz... La historia ha cerrado el círculo y, como dice el viejo refrán, al final la verdad saldrá a la luz. Pero las historias de Auschwitz no son las únicas "viejas ficciones... aceptadas como hechos" que ahora se corrigen a la luz de los esfuerzos por ajustar la historia a los hechos.

Sé, por ejemplo, que una de mis queridas profesoras de instituto -la difunta Lucy Buck Lehman, cuya integridad estaba fuera de toda duda- me contó una vez los horrores que había vivido como voluntaria de la Cruz Roja en el campo de concentración de Dachau, en Alemania, al final de la Segunda Guerra Mundial. Me dijo, con gran emoción: "Vi lo que ocurrió. Vi la cámara de gas de Dachau, donde miles de judíos fueron gaseados. No se puede negar el Holocausto". Esta profesora es una de las que vio la cámara de gas que se mostró a cientos (quizá miles) de estadounidenses que pasaron por el campo al final de la guerra.

Sin embargo, años más tarde, supe que el 19 de agosto de 1960, el historiador Martin Broszat, escribiendo en el semanario de Hamburgo *Die Zeit*, ya había informado de que: "Ni en Dachau, ni en Bergen-Belsen, ni en Buchenwald se gaseó a judíos ni a otros prisioneros. La cámara de gas de Dachau nunca se completó ni se puso en funcionamiento. Los cientos de miles de prisioneros que perecieron en Dachau y en otros campos de concentración del antiguo Reich fueron principalmente víctimas de las catastróficas condiciones de higiene y abastecimiento..."

Por su parte, el cazador de nazis de posguerra Simon Wiesenthal declaró en una carta publicada el 24 de enero de 1993 en la edición europea de *Stars and Stripes* que: "Es cierto que no hubo campos de exterminio en suelo alemán..... En Dachau se estaba construyendo una cámara de gas, pero nunca se terminó".

En 1995, el American Jewish Committee (AJC) afirmó en *The Changing Shape of Holocaust* Memory que "no hubo centros de exterminio como tales en Alemania.... [y] por horribles que fueran las condiciones en Dachau, su cámara de gas nunca se utilizó...".

Así que, aunque hubo una "cámara de gas" en Dachau -obviamente la que vio mi profesora de secundaria-, en realidad nunca se utilizó para el fin que ella creía.

La conclusión, supongo, es la siguiente: la historia del "Holocausto" es mucho más compleja de lo que parece y, de hecho, todos los hechos juntos forman una historia mucho más interesante sobre lo que ocurrió o no ocurrió y, lo que es más importante, cómo "viejas ficciones... aceptadas como hechos" se utilizan para sostener una lucrativa industria propagandística no sólo en Estados Unidos, sino en todo el mundo: el negocio de la llamada "Shoah".

La cuestión de si uno cree o no que "seis millones de judíos murieron en el Holocausto" parece haberse convertido en la prueba definitiva de respetabilidad. ¿Cuánto tiempo pasará, pregunto con toda sinceridad, antes de que los estadounidenses tengan que jurar lealtad a este artículo de fe

El vínculo establecido entre el asesinato de JFK y el Holocausto en el frenesí mediático generado por mi libro es bastante irónico. De hecho, se trata de otro "juego de números". La historia "oficial" del asesinato de JFK es que un asesino disparó tres veces contra el presidente, pero ahora sabemos que más de un asesino disparó más de tres veces. La investigación crítica de la conspiración del asesinato de JFK ha inflado efectivamente las cifras. En el caso de la historia "oficial" del "Holocausto", la investigación crítica (basada en hechos), por el contrario, ha desinflado las cifras. Ahora sabemos que seis millones de judíos no murieron en el Holocausto.

Y hay muchas otras cosas en nuestra "memoria" del Holocausto que no se corresponden exactamente con lo que "sabemos" que es la verdad. A los estadounidenses se les dijo que la Segunda Guerra Mundial fue una lucha por la supervivencia de la "tradición judeocristiana".

Sin embargo, en su libro *The Holocaust in American Life (El Holocausto en la vida americana)*, el profesor Peter Novick, de la Universidad de Chicago, revela, por primera vez en la historia, que la ahora popular expresión "tradición judeocristiana" es producto de la propaganda de guerra urdida con fines políticos, y carece de base en la realidad histórica o en los anales del saber judío o cristiano.

Según Novick, "fue durante los años de Hitler cuando los filosemitas estadounidenses inventaron la "tradición judeocristiana" para combatir las inocentes, o no tan inocentes, habladurías de un asalto totalitario a la "civilización cristiana". En resumen, el término se inventó con el propósito mismo de eliminar el concepto de "civilización cristiana".

Incluso en tiempos de guerra, señala Novick, la propaganda oficial del gobierno estadounidense (y de la comunidad judía) contra los alemanes restó importancia al trato que éstos dispensaban a los judíos.

De hecho, según Novick, a la Liga Antidifamación (ADL) de B'nai B'rith le preocupaba mucho que los estadounidenses culparan a los judíos de la guerra. Inmediatamente después de Pearl Harbor, el director de la ADL, , advirtió: "Habrá cientos de miles de familias afligidas, muchas de las cuales han sido condicionadas a creer que ésta es una guerra judía".

Novick reveló que Leo Rosten -un escritor judío que dirigía la división especial de propaganda antialemana de la Oficina de Información de Guerra, conocida como el departamento "Naturaleza del enemigo"- temía hacer demasiado hincapié en las atrocidades nazis contra los judíos. Rosten y los dirigentes judíos creían que había tanto antisemitismo en las filas del ejército estadounidense que los soldados americanos corrían el riesgo de simpatizar con los alemanes.

Según Rosten: "La impresión en el estadounidense medio es mucho más fuerte si el tema [de la lucha contra Hitler y los nazis] no es exclusivamente judío". Con esto en mente, según Novick, los propagandistas estadounidenses tenían que demostrar que los nazis eran "el enemigo de todos, ampliando en lugar de estrechando el abanico de víctimas nazis".

En resumen, la expresión "tradición judeocristiana" no es más que propaganda de guerra. El concepto es un fraude que no tiene absolutamente nada que ver con ninguna enseñanza teológica, aparte de la percepción popular actual. Este detalle arroja nueva luz sobre una expresión muy utilizada que es prácticamente obligatoria en todas las declaraciones públicas que se atreven a abordar el tema de la religión, que de otro modo estaría prohibido.

Así pues, aunque la comunidad judía estadounidense -y Novick no lo dice- ha desempeñado un papel importante en la lucha contra las manifestaciones tradicionales de devoción religiosa en Estados Unidos, el concepto inventado de "tradición judeocristiana" siempre ha sido una herramienta propagandística útil para perpetuar la historia del Holocausto.

Y contrariamente a lo que le hayan contado, inmediatamente después de la Segunda Guerra Mundial, los supervivientes del Holocausto no gozaban de la misma alta estima (ni siquiera por parte de la clase dirigente judía) que hoy en día. Hoy en día, como señala Novick, los que sobrevivieron a la guerra -en particular los que pasaron tiempo en campos de concentración- han sido elevados a un estatus especial. Pero inmediatamente después de la guerra, como señala Novick, la actitud hacia los supervivientes no era la misma.

- El escritor judío Samuel Lubell, escribiendo en el *Saturday Evening Post* el 5 de octubre de 1946, dijo que "no era la supervivencia del más fuerte, ni la supervivencia del más noble o del más razonable, y ciertamente no la supervivencia del más manso, sino la supervivencia del más duro".

- Según un funcionario judío, "a menudo son los elementos del 'ex gueto', más que la clase alta o los trabajadores de cuello blanco, los que han sobrevivido... el ladronzuelo o el líder de los ladronzuelos que han ofrecido liderazgo a otros, o desarrollado técnicas de supervivencia".

- Un alto funcionario del Comité Judío Estadounidense escribió que "los que sobrevivieron no eran los más fuertes... sino que eran en gran parte los elementos judíos más bajos que, por astucia e instinto animal, pudieron escapar al terrible destino de los elementos más refinados y mejores, que sucumbieron".

- David Sh'altiel, un futuro general israelí, dijo que "los que sobrevivieron vivieron porque eran egoístas y cuidaban de sí mismos por encima de todo".

- El propio David Ben-Gurion, padre fundador de Israel, dijo que entre los supervivientes había "personas que no habrían sobrevivido si no hubieran sido lo que eran: personas duras, mezquinas y egoístas, y lo que sufrieron allí sirvió para destruir las buenas cualidades que les quedaban".

Novick afirma que estas percepciones, por muy negativas que fueran, se han desvanecido con el tiempo, pero lo cierto es que eran las percepciones de la época, y no es algo de lo que se oiga hablar mucho hoy en día.

Los pensadores de derechas de todos los bandos coinciden con las palabras del difunto Primer Ministro israelí, Yitzhak Rabin, que en 1995 rechazó las peticiones de una investigación sobre los crímenes de guerra de Israel, ocultados durante mucho tiempo, contra presos políticos palestinos cristianos y musulmanes: "No tiene sentido evocar los acontecimientos del pasado, ni por nuestra parte ni por la suya.

Rabin tenía razón. Sus palabras también pueden aplicarse al tema del Holocausto. Repito: "No tiene sentido evocar los acontecimientos del pasado, ni por nuestra parte ni por la suya".

Hemos oído *todo lo que hay* que oír de los promotores del Holocausto, y sabemos lo que tienen que decir. Su mensaje es tan omnipresente, está tan presente en libros, periódicos, televisión y radio, que es prácticamente imposible escapar del Holocausto en la vida estadounidense.

Por mi parte, no me importa si un puñado de personas se indignan porque no comparto su agonía por los acontecimientos del Holocausto, porque no es así. Y no voy a dejarme arrastrar a decir que comparto su punto de vista, simplemente para evitar que me etiqueten de "negacionista del Holocausto". No me siento culpable. No me avergüenzo. Que se diga: "Ya está bien de oír hablar del Holocausto".

Como estadounidense descendiente de nativos americanos, cuyos antepasados sufrieron un auténtico holocausto y cuyos miembros étnicos siguen sufriendo hoy en campos de concentración llamados "reservas", me resulta difícil simpatizar con los judíos estadounidenses que, aunque lamentan las tragedias de la Segunda Guerra Mundial, son hoy el grupo más poderoso del planeta.

Para mí, no hay noches intranquilas preocupándome por los seis millones, siete millones o cuarenta millones, cualquiera que sea la cifra actual "favorita" de víctimas del Holocausto. Tampoco me perturba lo que la escritora judía Sylvia Tennenbaum ha llamado una "perturbación psíquica" que parece haberse apoderado de quienes, en sus palabras, tienden ahora a "revolcarse en fantasías vicarias" sobre el tema, algo que otro escritor judío ha descrito cáusticamente (y con razón) como una "obsesión necrofílica".

Alfred Lilienthal, pionero judío estadounidense crítico con Israel, ha declarado que el Holocausto es "un culto, y el culto dominante" entre los obsesionados con Israel. El disidente judío Leon Wieseltier, hijo de supervivientes del Holocausto, también se mostró de acuerdo, afirmando sin rodeos que la centralidad del Holocausto para los judíos estadounidenses "equivale prácticamente a un culto a la muerte".

Wieseltier se atreve a preguntar cuántos judíos estadounidenses "saben algo de los poetas medievales judíos, de la riqueza de la cultura judía, de los filósofos judíos".

Gracias al trabajo de investigadores honestos que han sacado a la luz nuevos hechos y han barrido los mitos del pasado, podemos avanzar en el siglo XXI borrando el Holocausto de la pizarra del debate histórico y empezando de nuevo.

El Holocausto ha terminado. No hay más Holocausto. Ya es suficiente.

CAPÍTULO V

El sionismo ataca a las Naciones Unidas

La Organización de las Naciones Unidas (ONU) ha sido marginada, relegada al cubo de la basura -al menos temporalmente- por los soñadores de un mundo único que en su día vieron en este organismo mundial un medio para establecer una hegemonía global.

Los imperialistas de hoy, portadores de una antigua filosofía hostil a cualquier forma de nacionalismo que no sea el suyo, ven ahora a Estados Unidos como la fuerza motriz de la implantación del nuevo orden mundial con el que llevan soñando desde hace generaciones. Estados Unidos es su "nueva Jerusalén" y pretenden utilizar su poderío militar para alcanzar sus objetivos.

Durante casi 50 años, los principales medios de comunicación estadounidenses dijeron a los estadounidenses -y a la gente de todo el mundo- que la ONU era "la última esperanza de la humanidad". Este tema era un mantra ritual en las escuelas públicas estadounidenses. Cualquiera que se atreviera a criticar a la ONU era marginado, condenado como "extremista" hostil a la propia humanidad.

Sin embargo, en la década de 1970 las cosas empezaron a cambiar. A medida que las naciones del Tercer Mundo salían de su condición colonial y la opresión de Israel sobre las poblaciones cristianas y musulmanas de origen árabe-palestino se convertía en un asunto de preocupación mundial, la ONU adquirió un nuevo rostro, al menos en lo que respecta al monopolio mediático estadounidense. De repente, la ONU no era vista como algo tan maravilloso después de todo.

Finalmente, cuando las Naciones Unidas adoptaron una resolución histórica en 1975 condenando el sionismo como una forma de racismo, se completó el círculo.

Por lanzar un desafío directo al sionismo, fundamento de la creación del Estado de Israel en 1948 (así como capital espiritual de un imperio sionista global en ciernes), la ONU ha sido retratada por los medios de comunicación -la mayoría de los cuales están en manos de familias sionistas e intereses financieros- como un villano indiscutible.

De repente, las críticas a la ONU se volvieron totalmente "respetables". En Estados Unidos, un movimiento "neoconservador" emergente, dirigido por una camarilla muy unida de antiguos comunistas trotskistas judíos bajo la tutela de Irving Kristol y su adlátere, Norman Podhoretz, editor de la influyente publicación mensual *Commentary* del Comité Judío Estadounidense, *ha convertido el* incipiente ataque a la ONU en una pieza central de su programa.

Sin embargo, no fue hasta la llegada al poder de la administración del presidente George W. Bush, en enero de 2001, cuando el esfuerzo por "sacar a Estados Unidos de la ONU y a la ONU de Estados Unidos" (o sus variantes) pasó a formar parte de la política oficial de Washington. (o sus variantes) pasó a formar parte de la política oficial de Washington.

La apropiación del establishment de seguridad nacional estadounidense por parte de una serie de neoconservadores nombrados por Bush -cada uno de los cuales era esencialmente un protegido del ya mencionado Irving Kristol y de su hijo, William Kristol, un poderoso comentarista de los medios de comunicación y responsable político entre bastidores- garantizó que la campaña contra la ONU ocupara un lugar central en la política de la administración Bush.

Además, la retórica contraria a la ONU ha recibido cada vez más apoyo en los medios de comunicación estadounidenses. Por ejemplo, en el *New York Post*, periódico dirigido por Mortimer Zuckerman, ex presidente de la Conferencia de Presidentes de las Principales Organizaciones Judías Estadounidenses (órgano de gobierno del movimiento sionista estadounidense), una columnista, Andrea Peyser, hablaba de las "ratas antinorteamericanas y antisemitas que infestan las orillas del East River".

Si alguien aún duda de que el motivo de la oposición a la ONU se debe a que el organismo mundial se ha opuesto a las demandas de Israel, merece la pena destacar el revelador comentario de Cal Thomas, asociado desde hace mucho tiempo del reverendo Jerry Falwell, uno de los más vociferantes defensores de Israel en Estados Unidos en la actualidad.

En una columna publicada en el *Washington Times* el 12 de diciembre de 2004, Thomas se hizo eco de antiguas críticas a la ONU, a la que antes consideraba -según admitió él mismo- obra de una "minoría". Thomas afirmó que "el mundo estaría mejor sin ella".

Tras señalar que muchos estadounidenses nunca han pensado que las Naciones Unidas fueran algo bueno para América, Thomas dijo que siempre había pensado que había que ignorar a quienes decían tales cosas. Esto es lo escribió Thomas

> Cuando estaba en la universidad, los conocía. Eran los marginales y los de más allá que creían que la fluoración del agua pública era un complot comunista para envenenarnos, que Dwight Eisenhower era un comunista de armario, que la Comisión Trilateral y el Consejo de Relaciones Exteriores formaban parte de la campaña por un "gobierno mundial único", que los banqueros judíos dirigían la economía mundial y que Estados Unidos debía retirarse de las Naciones Unidas.

Según Thomas: "Sin suscribir la paranoia ni las teorías de la conspiración, ahora soy un converso a estas últimas". La declaración de Thomas a este respecto es una franca exposición de la actitud del lobby sionista hacia la ONU, ahora que el organismo mundial se ha escapado muy claramente de las manos del movimiento sionista y se considera, en su opinión, "inmanejable" o "insalvable", por así decirlo.

De hecho, no cabe la menor duda de que los sionistas ven efectivamente a Estados Unidos como el nuevo mecanismo a través del cual pretenden alcanzar sus objetivos, arrinconando a las Naciones Unidas.

El gran proyecto de un nuevo orden mundial -a raíz del nuevo papel "imperial" de Estados Unidos- se presentó de forma bastante directa en un importante documento político en dos partes publicado en *los* números de verano de 2003 e invierno de 2004 del *Journal of International Security Affairs*, órgano del influyente Jewish Institute for National Security Policy (JINSA).

JINSA, que en su día fue un think-tank poco conocido en Washington, es ahora reconocido públicamente como la fuerza que guía la política exterior de Bush en la actualidad. Un crítico de JINSA, el profesor Edward Herman, llegó a describir a JINSA como "una agencia virtual del gobierno israelí".

El autor del artículo de JINSA, Alexander H. Joffe, académico proisraelí, ha escrito regularmente para la revista JINSA, lo que sin duda refleja la alta estima en que la élite sionista tiene sus opiniones. Su serie en dos partes se titulaba *"El imperio que no se atreve a pronunciar su nombre"* y proponía el tema "Estados Unidos es un imperio", sugiriendo que sí, que es algo muy bueno.

El nuevo régimen mundial que se establecería convertiría a Estados Unidos en "el centro de un nuevo sistema internacional" en "un mundo que se parece a Estados Unidos y que, por tanto, es seguro para todos". Sin embargo, lo que Estados Unidos "parece" es lo que los sionistas quieren que parezca, no necesariamente lo que el pueblo estadounidense percibe que es Estados Unidos.

Joffe afirmó sin rodeos que: "La desaparición de la Asamblea General como órgano creíble puede atribuirse plausiblemente a la infame resolución "El sionismo es racismo" de 1975" (que, por cierto, ha sido derogada desde entonces). El autor de JINSA sostiene que el mundo debería estar "agradecido" de que las Naciones Unidas hayan sido "desacreditadas, reducidas a una farsa y, en última instancia, paralizadas".

Tras el abandono de la ONU como vehículo de gobierno mundial, escribe Joffe, "ahora tenemos la oportunidad, y la obligación, de empezar de nuevo". Advierte, sin embargo, que incluso la emergente Unión Europea (UE) supone una amenaza para el sueño del imperio mundial (al menos, por supuesto, desde el punto de vista del movimiento sionista).

El autor de JINSA afirma que la UE es una "visión alternativa de la comunidad internacional" que, como él francamente dice, es "la auténtica contra-visión de un imperio americano".

Según Joffe, el mayor problema al que se enfrentan Europa y la UE es que "la cultura sigue estando en el centro de los problemas europeos".

El nacionalismo es una doctrina nacida en Europa, al igual que sus viciosos mutantes: el fascismo y el comunismo". (Ferviente defensor del supernacionalismo israelí, el autor no parece ver la lógica de su ataque al nacionalismo de otros pueblos). Joffe se quejó de que aunque "el nuevo imperio europeo es multicultural en teoría... en realidad está dominado política y culturalmente por Francia y económicamente por Alemania". Hoy, en la Unión Europea, "impulsada por un sentimiento de culpa poscolonial y de aburrimiento de posguerra, se ha abierto la puerta a todas las ideas. En los niveles más siniestros, ha permitido e incluso legitimado una vasta explosión de pensamiento y acción desquiciados, a saber, el antiamericanismo, el antisemitismo y una amplia variedad de teorías conspirativas".

En cualquier caso, lo que Joffe describe como "el otro tipo de internacionalismo liberal" es lo que favorece el movimiento sionista. Joffe lo define de la siguiente manera:

> Dada nuestra historia y nuestros valores, este futuro consiste en construir sobre el imperio estadounidense para que se convierta en la base de un nuevo sistema internacional democrático.

En la segunda parte de su ensayo, publicado en el número de invierno de 2004 de la revista JINSA, Joffe va más allá y desarrolla su llamamiento a lo que describe como "un imperio que se parezca a Estados Unidos".

Sin embargo, a pesar de toda su retórica sobre la "democracia", Joffe fue franco al afirmar que EE.UU. había emprendido conquistas imperiales masivas en las regiones conflictivas de África, presumiblemente después de que EE.UU. hubiera causado estragos en los países árabes de Oriente Medio:

> Las condiciones en las que Estados Unidos y sus aliados simplemente tomarían el control de los países africanos y los restaurarían distan mucho de estar claras. ¿Cuáles son los umbrales para la intervención? ¿Cuáles son los procedimientos y los resultados? ¿Quién luchará y quién pagará? Restaurar África implicaría compromisos a largo plazo y costes inmensos, que sólo podría sufragar la propia África. En otras palabras, probablemente requeriría el control económico estadounidense, así como el control político y cultural. El colonialismo siempre

se paga sobre la marcha, y eso no es agradable de ver. La cuestión es si África puede pagar el precio (o permitirse no hacerlo) y si Estados Unidos tiene estómago para ello.

Por supuesto, África no es el único objetivo de Joffe y los de su calaña. Joffe habló de una agenda global de largo alcance que se extiende mucho más allá del continente africano. En última instancia, sin embargo, Joffe ha desmentido las verdaderas intenciones de quienes utilizan el poderío militar de Estados Unidos como mecanismo para una agenda más amplia.

"Deben surgir nuevos acuerdos bajo la égida de Estados Unidos para ofrecer una alternativa a los Estados dispuestos a aceptar derechos y responsabilidades". Joffe sueña con unas Naciones Unidas refundadas bajo el poder imperial de Estados Unidos. Por último, predice la posibilidad de un gobierno mundial, escribiendo:

> Es posible que tras un periodo de caos e ira, que en cualquier caso sólo intensificaría los estados existentes, la institución [las Naciones Unidas] *se vea empujada* a cambiar. [el subrayado es nuestro].

> En lugar de un club que admita a todo el mundo, las Naciones Unidas del siglo XXI podrían transformarse -algún día, de un modo u otro- en un grupo exclusivo, al que sólo se pueda acceder por invitación, de Estados libres y democráticos que compartan valores similares. O, en última instancia, ser sustituidas por una sola. Ese día, sin embargo, puede estar a décadas de distancia.

Si hay alguna duda de que está hablando de un gobierno mundial, basta con leer la conclusión de Joffe

> La mejor manera de preservar el imperio estadounidense es acabar renunciando a él. La gobernanza mundial sólo puede establecerse con liderazgo estadounidense e instituciones dirigidas por Estados Unidos del tipo descrito esquemáticamente en este documento.

Se trata de utilizar el poderío militar de Estados Unidos para hacer avanzar una agenda (secreta) completamente diferente. Aquí, en las páginas de un periódico sionista, hemos aprendido precisamente cuál es la "historia detrás de la historia". No tiene nada que ver con una "América fuerte", ni siquiera con la propia América.

Estados Unidos no es más que un peón -aunque poderoso- en el juego, movido despiadadamente por una élite que actúa entre bastidores como parte de un plan para dominar el mundo.

El ex embajador de Israel ante la ONU, Dore Gold, es una prueba más de que ésta es realmente la visión del movimiento sionista. En su libro de 2004, *Tower of Babble: How the United Nations Has Fueled Global Chaos*, Gold esbozó un escenario para un nuevo régimen mundial -bajo el dictado de Estados Unidos- que dejaría de lado a la ONU. Escribe:

> Estados Unidos y sus aliados occidentales ganaron la Guerra Fría, pero está claro que el objetivo común de contener el expansionismo soviético ya no es el pegamento que mantiene unida a una coalición. No obstante, una coalición de aliados podría empezar por neutralizar la mayor amenaza para la paz internacional en la actualidad: el terrorismo global, otra amenaza que la ONU no ha conseguido contrarrestar eficazmente...

> La cuestión del terrorismo está vinculada a otra serie de preocupaciones comunes a todas estas naciones: la proliferación de armas de destrucción masiva, la proliferación de tecnología militar sensible, la financiación del terrorismo y el blanqueo de dinero, y la incitación al odio étnico y a la violencia en los medios de comunicación nacionales y en los centros educativos. Su compromiso de reducir estas amenazas llevaría a las democracias de todo el mundo a unirse y tomar medidas...

> Una coalición democrática de este tipo sería mucho más representativa de la voluntad nacional de los ciudadanos de cada país que la ONU en la actualidad. Curiosamente, al abandonar la ONU, estos países volverían a comprometerse con los principios sobre los que se fundó originalmente la ONU. Adoptarían los principios establecidos en la Carta de la ONU e insistirían en que los miembros de la coalición se adhirieran plenamente -y no sólo retóricamente- a un código de conducta internacional básico...

En resumen, aunque Gold y sus aliados sionistas creen que merece la pena apoyar un gobierno mundial, no consideran que la ONU sea el medio para conseguirlo. Gold pasó a describir un nuevo mecanismo para lograr un nuevo orden mundial

> Ahora que la ONU ha perdido la claridad moral de sus fundadores, Estados Unidos y sus aliados deben tomar la iniciativa. El mundo les seguirá a su debido tiempo. Si más de cien naciones van a unirse a la Comunidad de Democracias, el ideal democrático debe ser poderoso.

De hecho, aunque en su momento pasó desapercibida, la "Comunidad de Democracias" fue inaugurada por la Secretaria de Estado de la administración Clinton, Madeleine Albright, en junio de 2000. Así que el mecanismo ya está en marcha. Gold concluyó que Estados Unidos y sus aliados podrían por fin "revitalizar las Naciones Unidas y convertirlas en un sistema de seguridad colectiva", pero, añadió, "ese día está todavía muy lejos".

Mientras tanto, los medios del lobby israelí han estado promoviendo el concepto de Gold de lo que podría describirse como una ONU "paralela" bajo el dominio de Estados Unidos y sus supuestos aliados.

Por ejemplo, el 6 de febrero de 2005, en el *Washington Times*, Clifford D. May planteaba esta cuestión: "¿No ha llegado el momento de considerar al menos alternativas a las Naciones Unidas, de explorar la posibilidad de desarrollar nuevas organizaciones en las que las sociedades democráticas trabajen juntas contra enemigos comunes y por objetivos comunes?".

Sin embargo, es innegable que no se trata simplemente de una línea de propaganda sionista. Esta filosofía guía el pensamiento de la administración Bush. Cuando el presidente George Bush hizo su llamamiento a una revolución "democrática" global en su segundo discurso de investidura, simplemente se estaba haciendo eco de las opiniones del ministro israelí Natan Sharansky, una figura influyente considerada más dura que el actual primer ministro israelí, Ariel Sharon.

Bush no sólo apoyó pública y calurosamente a Sharansky, sino que los medios de comunicación revelaron que Sharansky había desempeñado un papel importante en la redacción del discurso de investidura de Bush.

Esto es especialmente relevante en el contexto de las duras palabras de Sharansky sobre la ONU y lo que propuso en su propio libro, *The Case for Democracy*, ampliamente presentado como la "biblia" de la política exterior de Bush.

En las últimas páginas de su libro, Sharansky resume la situación

> Para proteger y promover la democracia en el mundo, creo que una nueva institución internacional, en la que sólo los gobiernos que den a sus pueblos el derecho a ser escuchados y contados tendrán ellos mismos el derecho a ser escuchados y contados, puede ser una fuerza extremadamente importante para el cambio democrático... Esta comunidad de naciones libres no surgirá por sí sola... Estoy convencido de que un esfuerzo exitoso para expandir la libertad en el mundo debe estar inspirado y liderado por Estados Unidos.

Así es una vez más: el concepto de Estados Unidos como fuerza para el realineamiento global. Y aunque el llamamiento de Bush a una revolución democrática global basada en el modelo de Sharansky ha sido criticado en todo el mundo -incluso por las llamadas "democracias"- el periódico judío estadounidense *Forward* señalaba el 28 de enero de 2005 que "un líder mundial ha respaldado sin reservas el planteamiento de Bush": el ex Primer Ministro israelí (y actual Ministro de Finanzas) Benjamin Netanyahu. Citando un discurso que el dirigente israelí pronunció recientemente en Florida, *Forward* afirmaba que Netanyahu proclamó

> El Presidente Bush ha hecho un llamamiento a la democratización, y tiene razón en un aspecto muy profundo. ¿Puede democratizarse el mundo árabe? Sí, lenta y dolorosamente. ¿Y quién puede democratizarlo? Como en cualquier otra parte del mundo, en todas las sociedades, ya sea en América Latina, en la antigua Unión Soviética o en Sudáfrica, la democracia siempre se ha conseguido gracias a la presión exterior. ¿Y quién ha ejercido esta presión? Un país: Estados Unidos.

Decir más sería complicar esta simple conclusión: Aunque durante años los sionistas denunciaron a los patriotas estadounidenses que decían que era hora de "sacar a Estados Unidos de la ONU y a la ONU de Estados

Unidos", ahora que los sionistas han perdido el control de la ONU -que originalmente veían como su vehículo para establecer un Nuevo Orden Mundial- los sionistas tienen a la ONU en su punto de mira precisamente porque han determinado que los recursos militares y financieros de Estados Unidos son su mejor baza para establecer el Nuevo Orden Mundial con el que sueñan desde hace tiempo. Los sionistas quieren que Estados Unidos sea la fuerza impulsora de la creación de un imperio global bajo su control.

En última instancia, esto nos dice quiénes son los "sumos sacerdotes de la guerra" y cuál es su verdadera agenda. Queda por ver lo que el pueblo estadounidense -y todos los demás verdaderos patriotas del mundo- se proponen hacer al respecto. La pregunta es: ¿decidirá finalmente el mundo que ha llegado el momento de declarar la guerra a los Sumos Sacerdotes de la Guerra

CAPÍTULO VI

Israel y el fundamentalismo islámico

¿Por qué Israel apoyaría en secreto a extremistas islámicos fundamentalistas? ¿Qué intereses tienen en común los israelíes y Osama bin Laden? La respuesta a estas provocadoras preguntas apunta a un pequeño secreto que los principales medios de comunicación estadounidenses mantienen en secreto.

Por difícil que resulte de digerir para el estadounidense medio, existen pruebas sólidas del antiguo -aunque poco conocido- papel desempeñado por el Mossad, el servicio de inteligencia israelí, en la prestación de apoyo financiero y táctico a los "extremistas musulmanes", presuntamente los peores enemigos de Israel. La verdad es que los extremistas musulmanes han demostrado ser herramientas útiles (aunque a menudo involuntarias) para hacer avanzar la agenda geopolítica de Israel.

Aunque los medios de comunicación han dedicado gran parte de su cobertura al tema del "fundamentalismo islámico", no han perseguido los documentados vínculos entre bastidores entre Israel y las redes terroristas que ahora son objeto de obsesión mediática.

De hecho, las pruebas sugieren que el villano musulmán número uno del mundo -Osama bin Laden- casi con toda seguridad trabajó con el Mossad en el pasado.

Aunque muchos estadounidenses saben ahora que los primeros esfuerzos de Bin Laden contra los soviéticos en Afganistán fueron patrocinados por la CIA, los medios de comunicación se han mostrado reacios a señalar que este tráfico de armas -descrito *por el* Covert Action Information Bulletin *(septiembre de 1987) como* "la segunda mayor operación encubierta" de la historia de la CIA- estaba también, según el ex agente del Mossad Victor Ostrovsky (que escribe en *The Other Side of Deception*), bajo la supervisión directa del Mossad.

Ostrovsky señaló que: "Se trataba de una red compleja porque gran parte de las armas de los muyahidines eran de fabricación estadounidense y fueron suministradas a los Hermanos Musulmanes directamente por Israel, utilizando como car rieros a los nómadas beduinos que deambulaban por las zonas desmilitarizadas del Sinaí".

El ex corresponsal de ABC John K. Cooley, en *Unholy Wars: Afghanistan, America and International Terrorism (Guerras impías: Afganistán, Estados Unidos y el terrorismo internacional)*, confirma en cierta medida las acusaciones de Ostrovsky. Escribe

> El debate sobre la contribución de los extranjeros al entrenamiento y las operaciones en Afganistán estaría incompleto sin mencionar a Irán y al Estado de Israel. El importante papel de Irán en el entrenamiento y el suministro es un hecho histórico. En cuanto a Israel, las pruebas son mucho más incompletas.

> Al menos media docena de personas bien informadas insistieron al autor, sin citar pruebas, en que Israel estaba efectivamente implicado en el entrenamiento y suministro de...

> La cuestión de si las unidades de élite de las fuerzas especiales israelíes entrenaron a los guerreros musulmanes que pronto volverían sus armas contra Israel dentro de organizaciones musulmanas como Hamás es un secreto israelí bien guardado.

> Varios estadounidenses y británicos que habían participado en el programa de entrenamiento aseguraron al autor que sí habían participado israelíes, aunque nadie admitió haber visto o hablado realmente con instructores o agentes de inteligencia israelíes en Afganistán o Pakistán.

> Lo cierto es que, de todos los miembros de la coalición antisoviética, fueron los israelíes los que tuvieron más éxito a la hora de ocultar los detalles e incluso las líneas generales de un papel de adiestramiento; mucho más que los estadounidenses y los británicos...

Por otra parte, cabe señalar que Sami Masri, antiguo empleado del tristemente célebre Banco de Crédito y Comercio Internacional (BCCI), declaró a los periodistas Jonathan Beaty y S. C. Gwynne (ambos de la revista *Time*) que el BCCI "financió envíos de armas israelíes a Afganistán. Había armas israelíes, aviones israelíes y pilotos de la CIA. Las armas entraban en Afganistán y [la BCCI] las facilitaba".

De hecho, aunque generalmente se considera que el BCCI es un banco "árabe" o "musulmán", trabajó en estrecha colaboración con el Mossad en la misma zona en la que Bin Laden se curtió.

Existen, por tanto, pruebas de que Bin Laden formaba parte de una red estrechamente vinculada a las intrigas del Mossad para armar y entrenar a los rebeldes afganos.

Sin embargo, la historia de los vínculos entre el Mossad y las redes terroristas islámicas que ahora forman parte de las pesadillas de Estados Unidos es mucho más compleja.

En su nuevo libro, *La otra cara del engaño*, Victor Ostrovsky, antiguo miembro del Mossad, revela el inquietante hecho de que el Mossad siempre ha apoyado a grupos islámicos radicales para sus propios fines.

Señalando que los partidarios de la línea dura que odian a los árabes y musulmanes en Israel y dentro del Mossad creen que la supervivencia de Israel reside en su fuerza militar y que "esta fuerza deriva de la necesidad de responder a la constante amenaza de guerra", los partidarios de la línea dura israelí temen que la paz con un Estado árabe debilite a Israel y conduzca a su desaparición. En este sentido, Ostrovsky escribe

> El apoyo a los elementos radicales del fundamentalismo musulmán encajaba perfectamente en el plan general del Mossad para la región. Un mundo árabe gobernado por fundamentalistas no participaría en ninguna negociación con Occidente, dejando a Israel como el único país democrático y racional de la región.

Uno de los principales objetivos de Israel era el Reino de Jordania, gobernado entonces por el Rey Hussein, que estaba en proceso de hacer propuestas de paz a Israel. Ostrovsky informa de que el Mossad estaba decidido a "desestabilizar Jordania hasta el punto de la anarquía civil". Los medios utilizados debían ser los siguientes:

Una gran afluencia de dinero falso, provocando desconfianza en el mercado; el armamento de fondos religiosos afines a Hamás y los Hermanos Musulmanes; y el asesinato de figuras que simbolizaban la estabilidad, provocando disturbios en las universidades y obligando al gobierno a responder con medidas severas y a perder su popularidad.

De hecho, esta táctica también ha sido utilizada por el Mossad en sus tratos con naciones no árabes. Por ejemplo, en la edición de marzo de 1982 de su boletín *Perspectiva de Oriente Medio*, el Dr. Alfred Lilienthal, un judío estadounidense pionero en la crítica de los excesos israelíes, informaba de que el más alto magistrado italiano de la época, Ferdinando Imposimato, había acusado, en palabras de Imposimato

> Al menos hasta 1978, los servicios secretos israelíes se infiltraron en las organizaciones subversivas italianas y más de una vez suministraron armas, dinero e información a las Brigadas Rojas [terroristas]. El plan israelí consistía en reducir Italia a un país desgarrado por la guerra civil para que Estados Unidos dependiera más de Israel para su seguridad en el Mediterráneo.

Lilienthal señaló que las fuentes de Imposimato eran dos líderes de las Brigadas Rojas encarcelados que informaron de que los israelíes no sólo habían ayudado a las Brigadas Rojas a reclutar nuevos miembros, sino también a localizar a traidores que habían huido al extranjero.

Incluso el columnista Jack Anderson, un repetidor de información dedicado al lobby israelí, se jactaba de la astucia de Israel: escribió, ya el 17 de septiembre de 1972, que...:

> Los israelíes también son expertos en explotar las rivalidades árabes y enfrentar a árabes contra árabes. Las tribus kurdas, por ejemplo, habitan las montañas del norte de Irak. Cada mes, un enviado secreto israelí se cuela en las montañas desde el lado iraní para entregar 50.000 dólares al líder kurdo Mulla Mustafa al Barzani. Esta subvención asegura la hostilidad de los kurdos contra Irak, cuyo gobierno es militarmente antiisraelí.

En una columna del 25 de abril de 1983, Anderson señalaba que un informe secreto del Departamento de Estado especulaba con que si el líder de la Organización para la Liberación de Palestina, Yassir Arafat, fuera derrocado, "el movimiento palestino probablemente se desintegraría en grupos radicales disidentes que, combinados con otras fuerzas revolucionarias de la región, supondrían una seria amenaza para los gobiernos árabes moderados".

Entonces, según el relato de Anderson, el Departamento de Estado informó de que:

> Israel parece decidido a hacer frente a esta amenaza... y cabe esperar que amplíe significativamente su cooperación secreta con los movimientos revolucionarios.

Anderson añadió que "dos fuentes de inteligencia bien situadas" le habían explicado que esto significaba que a Israel le interesaba "dividir y conquistar" enfrentando entre sí a las diversas facciones palestinas. Ello contribuiría a desestabilizar todos los regímenes árabes e islámicos de Oriente Próximo. Anderson continuó afirmando sin rodeos que las fuentes decían que "Israel había proporcionado secretamente fondos al grupo de Abu Nidal".

Los informes de Anderson sobre los aparentes vínculos de Abu Nidal con el Mossad eran sólo la punta del iceberg. El periodista británico Patrick Seale, toda una autoridad en Oriente Próximo, ha dedicado un libro entero, *Abu Nidal: A Gun for Hire*, a exponer y documentar su tesis de que Nidal siempre ha sido un sustituto del Mossad.

Hoy, Nidal (que se cree que está retirado en Egipto) ha sido sustituido por Osama bin Laden en los titulares de los medios de comunicación como "el terrorista más buscado del mundo".

Y, al igual que los esfuerzos de Nidal por dividir el mundo árabe, en particular la causa palestina, las actividades de Bin Laden parecen tener una congruencia de intereses con las de Israel, aunque esto es algo que los principales medios de comunicación no están dispuestos a reconocer.

Aunque el propio Bin Laden nunca ha atacado un objetivo israelí o judío, incluso *el Washington Post* ha señalado que el principal objetivo de Bin Laden es apoyar "una marca desestabilizadora de fundamentalismo islámico en una larga lista de regímenes existentes en Oriente Próximo y Asia Central".

El mismo artículo *del Post* revelaba que, contrariamente a la opinión general de que Bin Laden estaba de algún modo confabulado con objetivos israelíes favoritos como Sadam Husein en Irak y Muammor Qadaffi en Libia, un antiguo socio de Bin Laden había testificado que Bin Laden era de hecho muy hostil tanto a los líderes iraquíes como a los libios. Esto es coherente con la actitud de Israel hacia los dos iconos árabes.

Dados los anteriores vínculos de Bin Laden con operaciones conjuntas de la CIA y el Mossad en Afganistán y la inusual coincidencia de sus objetivos con los del Mossad, se plantea la cuestión de si Bin Laden no es el sucesor de Abu Nidal, presunto adjunto del Mossad, en más de un sentido.

Y a la luz de las recientes preguntas sobre la nacionalidad y la identidad de los llamados "secuestradores árabes" que estrellaron los cuatro aviones que sembraron el caos en suelo estadounidense el 11 de septiembre, el mencionado artículo de Jack Anderson del 17 de septiembre de 1972 señalaba algo digno de mención

> Los agentes israelíes, inmigrantes cuyas familias han vivido en tierras árabes durante generaciones, conocen perfectamente los dialectos y costumbres árabes. Han sabido infiltrarse con facilidad en los gobiernos árabes.

Incluso fuentes israelíes han proporcionado más datos que demuestran hasta qué punto el Mossad y otros elementos de la inteligencia israelí han estado "ocultos" en el mundo árabe. El 29 de septiembre de 1998, el conocido periodista israelí Yossi Melman, escribiendo en el periódico israelí *Ha'aretz*, reveló lo siguiente:

> Los agentes del Shin Bet, que trabajaban de incógnito en el sector árabe-israelí en la década de 1950, llegaron a casarse con mujeres musulmanas y a tener hijos con ellas, para continuar su misión sin levantar sospechas. Cuando se disolvió la unidad, algunas familias se disolvieron, mientras que en otros casos las mujeres se convirtieron al judaísmo y se quedaron con sus maridos.

De hecho, es cuestionable que los identificados como los secuestradores del 11 de septiembre fueran en realidad los secuestradores. *En el New Yorker* del 8 de octubre de 2001, el veterano periodista de investigación

Seymour Hersh señaló un hecho que no se ha mencionado en los principales medios de comunicación

> Muchos investigadores creen que algunas de las primeras pistas sobre la identidad y los preparativos de los terroristas, como los manuales de vuelo, estaban destinadas a ser encontradas. Un antiguo alto funcionario de los servicios de inteligencia me dijo: "Los rastros dejados se dejaron deliberadamente para que el FBI los persiguiera".

Hersh también planteó la cuestión de si la red de Bin Laden era capaz de llevar a cabo el atentado terrorista por sí sola. Hersh señaló que un oficial militar de alto rango le había sugerido que, en su opinión, "un importante servicio de inteligencia extranjero también podría haber estado implicado".

Hersh no ha señalado a nadie, pero un lector familiarizado con el historial de Hersh de señalar las intrigas del Mossad israelí podría ser capaz de leer entre líneas y adivinar a qué país extranjero podría estar aludiendo la fuente de Hersh, incluso de forma oblicua.

A fin de cuentas, la idea de que la CIA y el Mossad financian a grupos terroristas islámicos no es nada fuera de lo común para los antiguos lectores del desaparecido *Spotlight*.

Ya el 15 de marzo de 1982, el veterano corresponsal Andrew St. George reveló en *The Spotlight* que el gran secreto del escándalo de contrabando internacional de armas del ex alto funcionario de la CIA Edwin Wilson era la asociación de Wilson con el Mossad. Aunque Wilson afirmó que estas actividades se llevaron a cabo con la aprobación de la CIA -que lo negó, por supuesto-, los principales medios de comunicación mantuvieron en secreto el vínculo entre Wilson y el Mossad.

George dijo que Wilson se había asociado con dos veteranos agentes del Mossad, Hans Ziegler y David Langham, que crearon una empresa, Zimex, Ltd, con sede en Suiza. El proyecto se conocía como KLapex, el criptónimo de la CIA.

Se trataba de una operación encubierta conjunta de la CIA y el Mossad para crear una cadena de empresas comerciales ficticias que vendieran y fletaran aviones personales a dirigentes árabes. Los aviones, que iban desde jets comerciales Gulfstream II hasta gigantescos 707, contaban con tripulaciones de vuelo y mantenimiento, cada una de las cuales incluía agentes del Mossad. La principal tarea de los espías israelíes era manejar y mantener los sofisticados sistemas de escucha electrónica ocultos en la cabina de cada avión para grabar las conversaciones confidenciales de los estadistas árabes en pleno vuelo.

Sin embargo, George reveló que la red de ventas KLapex se utilizaba con fines aún más siniestros

> Proporcionar ayuda secreta a determinados movimientos nacionalistas radicales, panárabes e islámicos en Sudán, Egipto, Siria, Arabia Saudí y los demás Estados del Golfo Pérsico. En todos los casos, cuando el Mossad proporcionaba esta ayuda encubierta -ya fuera en forma de dinero en efectivo o de acceso a armas de contrabando, o de cualquier otra forma- el objetivo era debilitar o presionar a un gobierno considerado hostil o peligroso para Israel en ese momento concreto.

Queda por ver qué patrocinio israelí, si es que lo hay, se esconde tras los fantasmas islámicos que promueven actualmente los medios de comunicación; pero las pruebas de patrocinios y vínculos israelíes en el pasado están ahí para quienes se atrevan a mirar.

CAPÍTULO VII

Jerry Voorhis tenía razón: la Reserva Federal no es "federal".

El 3 de octubre de 1989, el influyente *Washington Post* -el periódico político estadounidense de referencia- admitió que los megabancos que componen el Sistema de la Reserva Federal son empresas privadas. Era quizás la primera vez que un periódico del establishment reconocía este hecho.

Invariablemente, cuando se menciona a la Fed en los principales medios de comunicación, se hace referencia a los Bancos de la Reserva Federal, de propiedad y gestión privadas, como entidades "federales".

Sin embargo, no son "federales". Los Bancos de la Reserva Federal son entidades privadas. El hecho de que el *Post* lo reconociera es realmente significativo. La admisión apareció en un artículo que forma parte de la columna habitual del *Post*, "The Federal Page", que trata sobre el Congreso y la burocracia.

El artículo no trataba de la propiedad de los bancos de la Reserva Federal. Al contrario, esta referencia a la naturaleza privada de la Fed estaba enterrada en los párrafos finales de un informe que detallaba un nuevo aumento salarial para los empleados de la Junta de Gobernadores del Sistema de la Reserva Federal.

(El Consejo es un órgano de siete miembros nombrados por el Presidente que rige los asuntos del Sistema de la Reserva Federal y, por tanto, la economía del país. En este sentido, es el único aspecto de la Fed que es verdaderamente federal. Además, el Sistema de la Reserva Federal está formado por los directores de doce bancos regionales privados, dominados por el influyente Banco de la Reserva Federal de Nueva York, que está en gran medida bajo el control de la familia Rockefeller y sus aliados empresariales).

El artículo *del Post* señala que, bajo la dirección de Alan Greenspan, Presidente de la Junta de Gobernadores, la Reserva Federal ha introducido una nueva escala salarial "para hacer frente a la competencia del sector privado por los puestos clave".

Por increíble que parezca, el Congreso no tiene ni voz ni voto en los aumentos salariales internos de la Reserva Federal, lo que forma parte integrante del cacareado estatus "independiente" de la Reserva Federal y, cabría añadir, de la inmunidad frente a auditorías independientes y externas de su gasto interno y de las políticas monetarias que aplica.

Esto se debe a que la Reserva Federal está autorizada a fijar cualquier escala salarial que desee, lo que significa que es libre de gastar el dinero de los contribuyentes como mejor le parezca. En el pasado, sin embargo, la Reserva Federal solía seguir las escalas salariales de la función pública. Sin embargo, como señala el *Post* en el intrigante párrafo en cuestión (que revela la naturaleza privada de la Fed):

> "La nueva escala salarial, que abarca a los 1.500 empleados de la junta, no es tan elevada como las del sector privado o las del Banco de la Reserva Federal de Nueva York, que, como los otros 11 bancos regionales de la Reserva Federal, es técnicamente una empresa privada libre de fijar los salarios como considere oportuno, según un portavoz de la junta."

Es natural que esta revelación aparezca en las páginas del *Post*. El autor de esta revelación no es otro que el principal anfitrión del periódico durante muchos años, el hombre de dinero de Wall Street Eugene Meyer, que fue uno de los primeros miembros de la Junta de la Reserva Federal. En la actualidad, el *Post* sigue bajo el control del nieto de Meyer, Donald, que ostenta el título de "editor".

La Fed no teme admitir en las páginas de un periódico amigo como el *Post* que es en realidad una entidad privada, ya que el *Post* es una voz de confianza que funciona como un periódico "interno" para el establishment de Washington. Pero ahora que tenemos la confirmación de una supuesta "fuente fiable" -un portavoz de la Fed citado en el prestigioso *Post*- podemos decir con confianza que los bancos de la Reserva Federal no son realmente federales. Los críticos de la Fed, como el difunto representante Jerry Voorhis (D-Calif.), tenían razón todo el tiempo.

Y si Voorhis estuviera sentado hoy en el Congreso, no hay duda de que estaría liderando la lucha para auditar y abolir el sistema de la Reserva Federal.

Los defensores de la Fed llaman a sus detractores "lunáticos de derechas". Pero no tienen intención de ponerle esa etiqueta a Voorhis. De hecho, Voorhis -antiguo miembro registrado del Partido Socialista- fue uno de los congresistas más "liberales" se mire por donde se mire.

Pero Voorhis era un intelectual independiente, un populista dispuesto a oponerse a la élite plutocrática, como hacía a menudo. Así que fue atacar a la Reserva Federal lo que dio la vuelta a la tortilla contra Voorhis.

Describiéndose a sí mismo como un "socialista cristiano" -y también un anticomunista acérrimo- Voorhis era consciente de la realidad usurera del monopolio bancario de propiedad y control privados conocido como Reserva Federal.

En 1943, Voorhis llegó a escribir una conmovedora acusación contra la Fed, un polémico libro titulado *Out of Debt, Out of Danger*. En su libro, Voorhis repasa la historia de la Fed y cómo ha influido en la vida americana en detrimento de los agricultores, trabajadores y pequeños empresarios estadounidenses. Y precisamente por criticar abiertamente a la Fed, Voorhis pagó el precio político más alto.

En 1946, cuando Voorhis aspiraba a un sexto mandato en la Cámara de Representantes, una camarilla de financieros e industriales bien financiados (autodenominados el "Comité de los Cien") seleccionó y financió un candidato para oponerse a la reelección de Voorhis.

De hecho, un emisario de uno de los principales bancos de Nueva York (que dominan la Fed a través del Banco de la Reserva Federal de Nueva York, la más influyente de las sucursales regionales de la Fed) viajó al sur de California para reunirse con el misterioso comité y comprometer su apoyo a la campaña contra Voorhis.

Según un funcionario del banco, Voorhis era considerado "uno de los hombres más peligrosos de Washington", a ojos de los plutócratas.

Sin embargo, Voorhis, que gozaba de gran popularidad, tenía asegurada la reelección. Sin embargo, Voorhis fue cogido por sorpresa y, debido a una operación especialmente maliciosa de "trucos sucios" contra él, fue derrotado en una de las mayores sorpresas políticas de aquel año.

El cerebro de la bien financiada campaña del Comité de los Cien contra Voorhis era un notorio abogado de Los Ángeles, conocido a lo largo de su carrera por sus aparentemente ilimitadas conexiones con el crimen organizado: el enigmático Murray Chotiner.

Más tarde, Chotiner colaboró estrechamente con la Liga Antidifamación (ADL) de B'nai B'rith para organizar una operación maquiavélica similar contra Liberty Lobby, la institución populista de Washington que publicaba *The Spotlight*.

Quizá no sea una coincidencia que la principal queja de la ADL contra Liberty Lobby se derive del hecho de que Liberty Lobby ha pedido repetidamente al Ministerio de Justicia que exija a la ADL, agente extranjero del Estado de Israel, que se registre como tal en el Ministerio de Justicia, tal como exige la Ley de Registro de Agentes Extranjeros, uno de cuyos autores no es otro que Jerry Voorhis.

En cualquier caso, es evidente que Voorhis se granjeó poderosos enemigos dentro del establishment. Lo mismo ocurrió más tarde con el joven republicano que había sido reclutado por los plutócratas para presentarse contra Voorhis y que, de hecho, derrotó al veterano populista. Ese joven republicano no era otro que Richard Milhouse Nixon.

Irónicamente, Nixon -antes de ser "Watergated" de la presidencia- dijo de Voorhis (que le caía bien personalmente): "Supongo que difícilmente ha habido un hombre con ideales más elevados que Jerry Voorhis, o mejor motivado que él": "Supongo que difícilmente ha habido un hombre con ideales más elevados que Jerry Voorhis, o mejor motivado que Jerry Voorhis".

Sin embargo, casi treinta años después, cuando la ira de los medios de comunicación controlados por la plutocracia cayó sobre Nixon, los medios recordaron enérgicamente la campaña de Nixon de 1946 para destruir a Voorhis, ignorando cuidadosamente el hecho de que los poderosos intereses bancarios neoyorquinos e internacionales (que en realidad dominaban los "principales medios de comunicación") habían sido los principales instigadores del ataque de Nixon contra Voorhis.

Tras su derrota en la reelección, Voorhis siguió siendo un ferviente crítico de la Reserva Federal y más tarde escribió: "La Reserva Federal no actúa como instrumento de gobierno de la nación, y sus políticas y prácticas no se determinan pensando en la nación.

En cambio, los bancos y los banqueros dirigen la Fed y la dirigen en beneficio de la comunidad financiera en casi todos los aspectos. "La creación de dinero", según Voorhis, "es el mayor poder económico conocido por el hombre. Este poder debería ejercerse siempre en interés de la población en su conjunto, nunca en interés de unos pocos privilegiados.

"Los bancos -los bancos comerciales y la Reserva Federal- crean todo el dinero de esta nación, y la nación y su pueblo pagan intereses por cada dólar de ese dinero recién creado. Esto significa que los bancos privados están ejerciendo de forma inconstitucional, inmoral y ridícula el poder de gravar al pueblo. En efecto, cada dólar de nueva creación diluye en cierta medida el valor de todos los demás dólares que ya están en circulación".

Según Voorhis: "Un sistema de reserva federal bajo el control de los representantes electos de Estados Unidos podría gestionarse en interés público y no en interés de la comunidad de prestamistas, como ocurre hoy."

CAPÍTULO VIII

El atentado de Oklahoma City

(sin publicar)

La mayoría de los estadounidenses ignoran que el número del 22 de mayo de 2001 de *The Village Voice* contenía una presentación sucinta y bien escrita de los fallos de la línea propagandística del FBI en relación con la historia oficial del gobierno sobre los acontecimientos que rodearon el atentado de Oklahoma City.

Titulado *Beyond McVeigh: What the Feds Won't Tell You About Oklahoma City*, el artículo del conocido y veterano periodista liberal James Ridgeway sostiene que, sencillamente, la versión oficial de los hechos por parte del Gobierno "no tiene sentido".

Ridgeway comenta: "Por descabelladas que puedan parecer sus afirmaciones en un primer momento, los teóricos de la conspiración sostienen que no se puede ignorar la cuestión de si el Gobierno conocía el complot de antemano, o incluso si participó en él". A continuación, ofrece a sus lectores lo que denomina "una lista de algunos -pero no todos- los acontecimientos que sugieren la existencia de una conspiración más amplia".

Baste decir que prácticamente todos los puntos de Ridgeway resultan familiares a los lectores de *American Free Press*, pero probablemente abrieron los ojos a los lectores liberales *de The Village Voice*.

Ridgeway concluye con la historia de Andreas Strassmeir, que casi con toda seguridad era un informante federal encubierto junto a Timothy McVeigh, y de quien el difunto *Spotlight* siempre dijo que probablemente era el personaje central para desentrañar lo que realmente ocurrió.

Notablemente, Ridgeway termina relatando que una vez, cuando un testigo de Oklahoma habló con un individuo con acento alemán que supuestamente era Strassmeir y le preguntó (obviamente con gran perspicacia) si trabajaba para el gobierno, la persona que supuestamente era Strassmeir "se rió un poco".

Stephen Jones, antiguo abogado de McVeigh, declaró sin rodeos en la nueva edición actualizada de su libro, *Others Unknown*, que quería dejar claro que sabía desde el principio que existía un "John Doe nº 2". Jones describe su fuente de información como "impecable": nada menos que el propio McVeigh.

En su intervención en el programa *48 Hours* de la CBS el 11 de junio, Jones reveló que McVeigh había sido "engañoso" en su primera prueba del detector de mentiras cuando se le hicieron preguntas concretas sobre la participación de otras personas en el atentado, entre ellas si otras personas le habían acompañado cuando se colocó la bomba en el edificio Murrah.

Lo sorprendente es que los defensores de la teoría del "terrorista suicida solitario" del FBI intenten ahora desacreditar a Jones -que fue el abogado defensor designado por el tribunal en el mayor juicio por asesinato masivo de la historia de Estados Unidos- llamándole "buscador de publicidad" por atreverse a plantear dudas sobre la credibilidad de su antiguo cliente.

De hecho, según el investigador independiente J.D. Cash, los abogados de McVeigh llegaron a creer que McVeigh deliraba y se preguntaron si McVeigh creía que era la reencarnación del héroe de la Guerra de la Independencia Patrick Henry.

Cash señala que "durante sus primeras semanas en prisión, McVeigh mostró todos los síntomas de un 'crankster' recuperándose de los efectos destructivos del [LSD y la metanfetamina]", dos drogas con las que la hermana de McVeigh confirmó que había experimentado.

Según Cash, los "puntos delicados" de McVeigh eran "la ideología de extrema derecha y las fantasías con mujeres".

A este respecto, es interesante señalar que Kirk Lyons, amigo íntimo y abogado de Andreas Strassmeir, supuesto socio de McVeigh, fue un activo reclutador para el complejo de Elohim City en Arkansas, cerca de la frontera con Oklahoma, prometiendo a los jóvenes "nacionalistas blancos" que podrían encontrar a las mujeres de sus sueños en Elohim City.

Van Loman, veterano del movimiento nacionalista, contó *a The Spotlight* que, tras fracasar su propio matrimonio, Lyons defendió con entusiasmo la idea de que Loman se trasladara a Elohim City para encontrar una compañera improvisada.

Confiado en que podría encontrar un nuevo amor sin instalarse en el "club de los corazones solitarios" de Lyons, Loman dice ahora:

"Sólo puedo preguntarme cuál habría sido el curso de mi vida si hubiera seguido la sugerencia de Kirk Lyons y hubiera establecido mi hogar en Ciudad Elohim. Sólo Dios lo sabe. Puede que me hubiera juntado con gente como Andreas Strassmeir y Timothy McVeigh y que, de algún modo, me hubiera visto arrastrado inadvertidamente a su red de intrigas".

La cuestión es si Tim McVeigh actuó siguiendo una recomendación similar a la que rechazó Loman.

Los principales medios de comunicación -así como la ADL y Morris Dees, del Southern Poverty Law Center- siguen sugiriendo que quienes dudan de la versión oficial del gobierno sobre el atentado de Oklahoma están tratando de convertir a Timothy McVeigh en un "mártir". Nada más lejos de la realidad.

El hecho es que la mayoría de los que dudan de la versión oficial del gobierno sobre el atentado también creen que McVeigh mintió cuando dio su historia "desde dentro" a los dos autores que produjeron el nuevo libro en el que se supone que McVeigh cuenta "toda la historia".

Todas las pruebas acumuladas -tanto por el gobierno como por investigadores independientes que cuestionan la línea oficial del gobierno- sugieren que McVeigh estuvo implicado en el atentado.

El gobierno y los investigadores independientes están divididos sobre si hubo otras personas implicadas.

CAPÍTULO IX

Un autor populista habla en Malasia

Michael Collins Piper pasó diez días en Malasia, república del sudeste asiático, en agosto de 2004. Acogido por varias organizaciones independientes y particulares, Piper viajó a Kuala Lumpur, la ultramoderna capital de esta pujante potencia económica asiática, para presentar la publicación de sus polémicos libros *Juicio final: The Missing Link in the JFK Assassination Conspiracy* y *The High Priests of War*, el primer estudio en profundidad de la historia de los neoconservadores proisraelíes que controlan la política exterior estadounidense bajo la presidencia de George W. Bush. Bush.

Aunque Malasia es un país multiétnico con grandes minorías chinas e indias y una población predominantemente malaya, el inglés se habla mucho y con fluidez en todo el país, que antaño formó parte del Imperio Británico.

Varios miles de ejemplares de los dos libros de Piper ya circulan por Malasia, y están disponibles en las principales librerías del país, lo que no ocurre en Estados Unidos (desde la primera visita de Piper, *The High Priests of War* también se ha publicado en malayo, y su último libro, *The New Jerusalem*, también se ha publicado en inglés en Malasia).

La visita de Piper fue un buen augurio porque, como señalaron sus anfitriones, era la primera vez que un estadounidense conocido por su abierto populismo, su nacionalismo y sus críticas al lobby israelí en Washington visitaba Malasia de forma tan destacada.

Como presidente del Movimiento de Países No Alineados y de la Organización de Países Islámicos, Malasia es cada vez más influyente en la escena mundial, sobre todo tras veinte años de gobierno del popular ex Primer Ministro, Dr. Mahathir Mohamad, que desafió los esfuerzos de los globalistas por imponer normas dictatoriales a su nación a través de motores de poder imperiales como el Fondo Monetario Internacional y el Banco Mundial.

El primer acto de la gira de Piper fue una conferencia en el hotel de cinco estrellas Mutiara de Kuala Lumpur ante un público de casi 300 personas, una notable mezcla de abogados, empresarios, industriales, académicos y destacados diplomáticos, entre ellos un representante de la embajada de Estados Unidos en Malasia. Chandra Muzaffar, abogado, prolífico escritor y conferenciante considerado uno de los intelectuales más destacados de Asia, fue el moderador. Presidente del Movimiento Internacional por un Mundo Justo (JUST), Muzaffar es muy respetado internacionalmente.

Más tarde, la propia conferencia JUST estuvo marcada por una aparición especial de Piper, que se dirigió a un público igualmente numeroso e interesado en el tema "El poder oculto tras Washington", abordando no sólo la cuestión obvia de la influencia del lobby israelí, sino también bloques de poder como el Consejo de Relaciones Exteriores, la Comisión Trilateral y el más secreto Grupo Bilderberg, que -como descubrió Piper- apenas era conocido por su público, por lo demás bien informado. El moderador fue el Dr. R. S. McCoy, Presidente de la División Malaya de la Asociación Internacional de Médicos para la Prevención de la Guerra Nuclear.

Durante una visita a la histórica isla de Penang, conocida como la "Perla de Oriente", Piper respondió a la pregunta: "Estados Unidos en Oriente Medio: ¿es posible la paz? ¿Es posible la paz?" ante un grupo de académicos y estudiantes de posgrado del Centro de Estudios Internacionales de la Facultad de Ciencias Sociales de la Universidad Sains [de Ciencias] de Malasia. El moderador, el profesor Johan S. Abdullah, concluyó obsequiando a Piper con un libro de Cecil Regendra, destacado abogado, poeta y activista de los derechos humanos que asistió a la conferencia de Piper.

Piper tenía previsto intervenir en un curso impartido por el Dr. A. B. Kopanski en la prestigiosa Universidad Islámica Internacional (IIU) de Kuala Lumpur. Al igual que Piper, Kopanski es miembro del consejo asesor de *The Barnes* Review, la revista histórica revisionista. El año pasado vino a Washington para hablar en la conferencia conjunta TBR-AFP sobre la historia real y la Primera Enmienda.

Sin embargo, la visita del Sr. Piper a Malasia suscitó tal interés en los círculos intelectuales que la propia universidad organizó una sala más grande en su establecimiento, que acoge a estudiantes de un centenar de países.

Piper fue recibido por unos 300 estudiantes llenos de energía. El Presidente del IIU, Seri Sanusi Junid, una figura muy respetada en los asuntos malayos, se unió a Piper en el escenario para la conferencia y honró al estadounidense con el título de "protegido", para deleite de los estudiantes que disfrutaron de la conferencia de Piper sobre "Neoconservadores, sionismo y Palestina".

Piper habló sobre el controvertido tema "¿Es realmente libre la prensa estadounidense?" en la sede nacional del Consejo de la Abogacía de Malasia, la asociación de abogados que en Malasia (a diferencia de Estados Unidos) es muy independiente y franca, y a menudo se erige en contrapunto del gobierno. La Sra. Piper señaló que, mientras que en países como Malasia el gobierno suele tener un control parcial (o restricciones) de los medios de comunicación, la situación es diferente en EE.UU., donde las empresas privadas y los grupos de intereses especiales poseen los medios de comunicación y utilizan este poder para controlar el proceso político.

Lo interesante es que ha habido un esfuerzo concertado entre bastidores para impedir que Piper se dirija al Consejo de Abogados. Una llamada anónima -se cree que de la Liga Antidifamación (ADL), el grupo de presión del lobby israelí en EE.UU.- instaba al Consejo a cancelar el compromiso de Piper, refiriéndose a "pruebas" contra Piper en el sitio web de la ADL que "demostraban" que Piper era peligroso. Los dirigentes del Colegio de Abogados rechazaron el consejo de la ADL y el moderador del acto, el conocido abogado Tommy Thomas, señaló que en la larga historia de los foros del Consejo nunca se había intentado impedir la intervención de un orador, a pesar del largo historial de oradores controvertidos que representan una amplia gama de opiniones.

El acto de clausura de la gira de conferencias del Sr. Piper fue patrocinado por *Oriental News*, el periódico en chino de Kuala Lumpur. Ante un público amable y fascinado de unas 250 personas, Mr. Piper habló sobre el tema "El mapa estadounidense para la dominación mundial en el siglo XXI": "Aunque los neoconservadores de la élite gobernante de Washington son conocidos por su entusiasmo parroquial por Israel, lo que es menos conocido es que anteponen los intereses y la seguridad de Israel, incluso en la dirección de la política estadounidense hacia Asia, Europa, África y Sudáfrica, creyendo que todas esas políticas deben orientarse hacia lo que es mejor para Israel.

Este es el relato personal de Piper sobre su histórico viaje a Malasia:

Mi viaje a la capital de Malasia, Kuala Lumpur, así como los viajes paralelos a otros destinos de este extraordinario país, me brindaron una oportunidad única de aprender mucho sobre un país que sigue siendo un misterio para la mayoría de los estadounidenses, a pesar de que Malasia es una de las potencias económicas del Sudeste Asiático y es sin duda un líder del Tercer Mundo y de otros países no alineados. Y lo que es más importante, tuve la oportunidad de escuchar lo que los malayos piensan hoy de Estados Unidos y sus políticas globalistas, opiniones que en muchos aspectos reflejan la opinión mundial.

Durante mi visita, conocí no sólo a trabajadores medios, sino también a abogados, académicos, intelectuales, disidentes políticos, empresarios, periodistas y varios antiguos funcionarios. Es seguro decir que, a pesar de sus diferencias socioeconómicas, étnicas y religiosas, todos coincidían en una cosa: "Contrariamente a lo que afirma George W. Bush, no odiamos a Estados Unidos ni al pueblo estadounidense, pero no nos gustan en absoluto las políticas aplicadas por el presidente estadounidense y sus asesores neoconservadores."

Es tan sencillo como eso. De hecho, el punto de vista malasio refleja el pensamiento de la gente en Rusia y Abu Dhabi en los Emiratos Árabes Unidos, otros dos lugares donde he hablado en los últimos años.

Aunque el Islam es la religión oficial de Malasia, el país tiene una gran diversidad religiosa y étnica, con grandes poblaciones chinas, indias y de otros países. También es muy moderno y progresista, y todos los grupos de población, incluida la mayoría malaya, hablan inglés.

Los malasios valoran su cultura y su historia y están decididos a mantenerse independientes, recelosos de muchos aspectos de lo que se denomina vagamente cultura "estadounidense", pero que -como sabe perfectamente cualquier estadounidense pensante- es en realidad una marca de "cultura" promulgada por los medios de comunicación controlados por Estados Unidos y que, en realidad, suele reflejar muy poco de la propia tradición estadounidense.

Aunque los malayos disfrutan de la moda, las películas y todos los aspectos de "nuestro estilo de vida americano", desean conservar su propia individualidad. No habrá "un mundo" para los malasios, aunque los líderes estadounidenses sigan empeñados en el sueño de una plantación global. Por eso, el nacionalismo declarado de su Primer Ministro, el aclamado Dr. Mahathir Mohammed, y de su actual líder, Abdullah Ahmad Badawi, es muy valorado por estas personas de mentalidad independiente.

En Malasia, es de dominio público que el lobby israelí desempeña un papel fundamental en la configuración de la política exterior estadounidense. Y a muchos estadounidenses les complacerá saber que los intelectuales malayos también conocen bien las intrigas de bloques de poder como el Consejo de Relaciones Exteriores y la Comisión Trilateral, aunque la existencia del más secreto Grupo Bilderberg fue una sorpresa para muchos malayos.

Los malasios con los que hablé -que representan, como he señalado, a una amplia gama de grupos étnicos y religiones- están uniformemente preocupados por el hecho de que los actuales dirigentes de Estados Unidos (a diferencia del pueblo estadounidense en su conjunto) estén empeñados en crear un imperio global. Consideran que la economía estadounidense es el vehículo de los banqueros internacionales y son conscientes de la manipulación del sistema monetario estadounidense por parte del Sistema de la Reserva Federal, vinculado al imperio financiero de la familia Rothschild en Europa. Desde este punto de vista, los malayos consideran a los combatientes estadounidenses como peones, carne de cañón de estas fuerzas de alto nivel cuyos objetivos rechazan.

Aunque la fe islámica es fuerte en Malasia, muchos malasios -y esto sorprenderá a muchos estadounidenses- desconfían del fundamentalismo islámico de línea dura e incluso se preguntan si Osama bin Laden es "de verdad".

En otras palabras, para decirlo sin rodeos, muchos malasios (como mucha gente en el Oriente Medio islámico, por ejemplo) sospechan que Bin Laden era en realidad una criatura de la inteligencia israelí, el

Mossad, y sus aliados en diversos elementos del aparato de seguridad nacional estadounidense, y que Bin Laden era una herramienta útil en una campaña encubierta para establecer una hegemonía mundial bajo el dominio de elementos sionistas y sus colaboradores en la comunidad supercapitalista internacional.

En mis diversas presentaciones en Malasia, he destacado el papel del monopolio mediático estadounidense en la configuración de la política de Estados Unidos, señalando que mientras en muchos países el gobierno controla los medios de comunicación, en Estados Unidos los propietarios de los medios -un pequeño y estrecho grupo de familias e intereses financieros- ejercen su poder para controlar al gobierno, y por tanto a los políticos, y la agenda que aplican. A los malasios no les ha costado entender este concepto, aunque muchos estadounidenses aún no han comprendido esta realidad.

Todos los malasios con los que hablé me hicieron la misma pregunta: "¿Qué hay que hacer para acabar con este poder mediático y las consecuencias que acarrea?". "¿Qué hay que hacer para acabar con este poder mediático y las consecuencias que acarrea?". Mi respuesta fue: "Aunque los estadounidenses en su conjunto siguen ignorando en gran medida lo que está ocurriendo, cada vez son más los que, gracias a voces independientes como *American Free Press*, están abriendo los ojos. Mientras tanto, un número cada vez mayor de estadounidenses buenos y patriotas en el Departamento de Estado, el ejército, la CIA y otras agencias de inteligencia, y en otros lugares, están cada vez más descontentos con "la política de siempre" y están empezando a hablar, cuestionando las intenciones generales del lobby sionista.

"Con el tiempo", concluí, "estos creadores de opinión empezarán a ser escuchados cada vez más. Por eso no sólo el pueblo estadounidense, sino la gente de todo el mundo, tiene que apoyar no sólo a los medios de comunicación independientes, sino también a quienes ocupan puestos de poder en Estados Unidos y en otros lugares y están dispuestos a hablar claro, sean cuales sean las consecuencias".

En este sentido, probablemente no fue una coincidencia que, cuando estaba a punto de abandonar Malasia, me enterara de que el FBI llevaba tiempo investigando las actividades del lobby israelí y sus vínculos con los saboteadores neoconservadores de la administración Bush. Fue casi como una confirmación positiva de que hay gente que se atreve a hablar claro.

El resultado final de esta investigación -y de los acontecimientos que siguieron- está por ver, pero los verdaderos patriotas estadounidenses pueden estar seguros de que cuentan con la amistad de los verdaderos patriotas de Malasia y del resto del mundo, aunque el monopolio mediático afirme que "el resto del mundo nos odia".

SEGUNDA SECCIÓN

ASESINATOS

CAPÍTULO X

Las ambiciones nucleares de Israel vinculadas al asesinato de JFK

¿Los decididos (y entonces secretos) esfuerzos entre bastidores de John F. Kennedy por impedir que Israel se dotara de un arsenal de armas nucleares desempeñaron un papel decisivo en los acontecimientos que condujeron a su asesinato el 22 de noviembre de 1963? ¿Jugó el Mossad, el servicio de inteligencia israelí, un papel destacado en la conspiración para asesinar a JFK, junto con elementos de la CIA y del crimen organizado internacional

¿Por qué el cineasta de Hollywood Oliver Stone no reveló, en su película de 1993 sobre el asesinato de JFK, que el héroe de su epopeya, Jim Garrison, un antiguo fiscal de Nueva Orleans, había llegado en privado a la conclusión de que el Mossad fue en última instancia la fuerza impulsora del asesinato de JFK

Al acercarse el 40 aniversario del asesinato de JFK -en un momento en que la atención mundial se centra en los problemas de la proliferación nuclear en Oriente Próximo- ¿es válido o apropiado plantear la cuestión de la posible complicidad israelí en el asesinato de un presidente estadounidense

Éstas son sólo algunas de las controvertidas cuestiones planteadas por Michael Collins Piper en su libro *Juicio Final*, que se ha convertido en un proverbial "bestseller clandestino" en Estados Unidos, objeto de acalorados debates en Internet y de acalorados intercambios en diversos foros públicos.

Lo que sigue es una revisión completa de las conclusiones de Piper, publicadas en *Final Judgment*.

En 1992, el excongresista estadounidense Paul Findley, un republicano liberal, hizo el poco notorio pero intrigante comentario de que "en cada palabra escrita sobre el asesinato de John F. Kennedy, la agencia de inteligencia de Israel, el Mossad, nunca ha sido mencionada, a pesar del hecho obvio de que la complicidad del Mossad es tan plausible como cualquiera de las otras teorías".

¿Cómo pudo Findley -que nunca se ha caracterizado por ser extremista y desde luego no es aficionado a las teorías conspirativas- llegar a semejante afirmación

En realidad, esta tesis no es tan extraordinaria si se mira la historia, ya que sitúa todas las teorías convencionales sobre el asesinato de JFK en una nueva perspectiva, calculando detalles hasta ahora poco conocidos que arrojan una dura luz sobre las circunstancias que rodearon la muerte de JFK y las crisis geopolíticas en las que estaba inmerso el presidente estadounidense en el momento de su sensacional asesinato.

En realidad, *ni* siquiera la más reciente y ampliamente difundida exposición de las teorías que rodearon el asesinato de JFK -la exitosa película de Oliver Stone *JFK*, de 1993- presentó el panorama completo.

Aunque Stone presentó al ex fiscal de Nueva Orleans Jim Garrison como un héroe por señalar con el dedo a elementos de las redes militares y de inteligencia estadounidenses como los impulsores del asesinato de JFK, lo que Stone no dijo a su público fue algo aún más controvertido: en privado, tras varios años de investigación y reflexión, Garrison había llegado a una conclusión aún más sorprendente: el motor del asesinato de JFK no era otro que el temido servicio de inteligencia israelí, el Mossad.

Por sorprendente que pueda parecer, existen de hecho buenas razones para concluir que Garrison puede haber estado mirando en la dirección correcta. En un momento en que el debate sobre las "armas de destrucción masiva" ocupa un lugar central en todo el mundo, esta tesis no es tan extraordinaria como parece.

A medida que se acerca el 40 aniversario del asesinato de John F. Kennedy, la fascinación por el asesinato del 35º Presidente de los Estados Unidos no cesa. Los fanáticos del magnicidio -no sólo en Estados Unidos, sino en todo el mundo- siguen desgranando las conclusiones de las dos investigaciones oficiales del gobierno estadounidense sobre el asunto.

Aunque el informe de 1976 de un comité especial del Congreso de Estados Unidos contradijo formalmente la conclusión de 1964 de la Comisión Warren, nombrada por el Presidente, de que el presunto asesino Lee Harvey Oswald había actuado solo, y concluyó en cambio que sí existía la probabilidad de una conspiración detrás del asesinato del Presidente -insinuando en gran medida la implicación del crimen organizado-, la decisión final del comité del Congreso planteó de hecho más preguntas, en algunos aspectos, de las que respondió.

En 1993, el director de Hollywood Oliver Stone entró en liza con su superproducción *JFK*, en la que Stone interpretaba la investigación del asesinato de JFK llevada a cabo por el entonces fiscal del distrito de Nueva Orleans, Jim Garrison, entre 1967 y 1969.

La película de Stone, protagonizada por Kevin Costner en el papel de Garrison, agita el espectro de la implicación de elementos del "complejo militar-industrial", así como de un puñado de exiliados cubanos anticastristas, activistas de derechas y agentes deshonestos de la Agencia Central de Inteligencia. La película narra la investigación de Garrison y el enjuiciamiento finalmente infructuoso del empresario de Nueva Orleans Clay Shaw (entonces sospechoso de ser colaborador de la CIA, lo que se demostró más tarde) por su implicación en la conspiración contra JFK.

Sin embargo, como ahora sabemos, ni siquiera Stone fue fiel a su héroe. A. J. Weberman, investigador independiente del asesinato de JFK desde hace mucho tiempo, ha revelado que en la década de 1970 -mucho después de la acusación de Garrison contra Shaw- Garrison hizo circular el manuscrito de una novela (nunca publicada) en la que nombraba al Mossad israelí como el cerebro de la conspiración del asesinato de JFK.

Garrison nunca dijo nada sobre esta insólita tesis, al menos no públicamente. Pero desde mediados de los años ochenta, hasta hoy , han surgido nuevas pruebas que no sólo demuestran que el Mossad tenía buenas razones para actuar contra John F. Kennedy, sino también que no sólo Clay Shaw (el objetivo de Garrison), sino otras figuras clave a menudo asociadas en escritos publicados con el asesinato de JFK, estaban de hecho estrechamente vinculadas al Mossad y a sus órdenes.

Y lo que es particularmente interesante es que ninguna de las personas en cuestión -incluido Shaw- era judía. La alegación de que la implicación del Mossad era de algún modo "antisemita" se cae por su propio peso. Pero la complicidad del Mossad -como indica el dossier- es una posibilidad muy real.

Los detractores de Garrison siguen afirmando que el fiscal de Nueva Orleans no podía decidirse sobre quién creía que había sido el autor intelectual del asesinato del presidente John F. Kennedy. De hecho, esta fue la principal crítica que se le hizo a este bullicioso, franco y pintoresco fiscal: simplemente no podía decidirse. Y fue una de las razones por las que incluso muchos de los partidarios de Garrison empezaron a cuestionar su sinceridad, e incluso si la investigación de Garrison merecía la pena.

En realidad, Garrison tendía a disparar directamente. Fue quizá su mayor error -uno de los muchos que cometió- durante su controvertida investigación sobre el asesinato del 35º Presidente de los Estados Unidos.

En un momento u otro de esta investigación, Garrison señaló con el dedo a uno u otro de los diversos posibles conspiradores, desde "extremistas de derechas" a "barones del petróleo de Texas", "exiliados cubanos anticastristas" y "agentes de la CIA deshonestos". En ocasiones, Garrison llegó a decir que la conspiración incluía una combinación de estos posibles conspiradores.

Cuando Garrison finalmente llevó a un hombre ante la justicia, Clay Shaw, un ejecutivo de negocios muy respetado de Nueva Orleans, Garrison había reducido su enfoque, sugiriendo principalmente que Shaw había sido uno de los actores de fondo de la conspiración.

Según Garrison, Shaw recibía esencialmente órdenes de altos cargos de lo que se ha descrito crudamente como el "complejo militar-industrial", esa combinación de intereses financieros y fabricantes de armas cuyo poder e influencia en el Washington oficial -y en todo el mundo- es una fuerza muy real en los asuntos mundiales.

Garrison sugirió que Shaw y sus co-conspiradores tenían múltiples motivaciones para su decisión de atacar al Presidente Kennedy. En particular, declaró:

- Los conspiradores se opusieron a la decisión de JFK de iniciar la retirada de las fuerzas estadounidenses de Indochina

- Le criticaron por no dar cobertura militar a los exiliados cubanos que intentaban derrocar a Fidel Castro durante la fallida invasión de Bahía de Cochinos

- Estaban resentidos por el despido por JFK de Allen Dulles, director de la CIA durante muchos años y veterano de la Guerra Fría contra la Unión Soviética.

- Además, Garrison sugirió que el sucesor de JFK, Lyndon Johnson, podría haber querido la destitución de JFK para apropiarse de la corona, pero también porque JFK y su hermano menor, el fiscal general Robert Kennedy, no sólo estaban conspirando para desbancar a Johnson de la candidatura nacional demócrata en 1964, sino que también estaban llevando a cabo investigaciones criminales federales sobre numerosos asociados y apoyos financieros cercanos a Johnson, incluso en el ámbito del crimen organizado.

Al final, tras una deliberación relativamente breve, el jurado del caso de Shaw lo absolvió. Sólo más tarde -mucho más tarde- surgieron pruebas de que Shaw había sido efectivamente un informante de la CIA, a pesar de las protestas de Shaw en sentido contrario.

Sólo en los últimos años se ha establecido, por ejemplo, que la CIA estadounidense estaba saboteando deliberadamente la investigación de Garrison desde dentro, por no hablar de ayudar a la defensa de Shaw. Y aunque algunos siguen diciendo que la absolución de Shaw "prueba" que éste no tuvo nada que ver con la conspiración de JFK , el panorama general sugiere todo lo contrario.

Shaw estaba implicado en algo muy turbio, al igual que otros miembros de su círculo de amigos y socios. Y ellos, a su vez, estaban directamente relacionados con las extrañas actividades de Lee Harvey Oswald en Nueva Orleans en el verano anterior al asesinato de John F. Kennedy, antes de la estancia de Oswald en Dallas. Decenas de escritores -

muchos con diferentes puntos de vista- han documentado todo esto, una y otra vez.

Así que, aunque la leyenda "oficial" dice que Jim Garrison creía que la CIA y el complejo militar-industrial eran los principales responsables del asesinato de JFK, al final Jim Garrison había llegado en privado a una conclusión totalmente diferente, que sigue siendo en gran parte desconocida incluso para las muchas personas que trabajaron con Garrison a lo largo de su investigación.

De hecho, como hemos visto, Garrison había decidido, basándose en todo lo que había aprendido de una amplia variedad de fuentes, que los autores intelectuales más probables del asesinato de JFK eran agentes del servicio de inteligencia israelí, el Mossad.

La verdad es que -aunque Garrison aparentemente no lo sabía en ese momento, precisamente porque los hechos aún no habían salido a la luz- Garrison puede haber estado en algo mucho más importante de lo que se dio cuenta.

Los registros públicos muestran ahora que en 1963, JFK se vio envuelto en una secreta y amarga disputa con el líder israelí David Ben-Gurion sobre el deseo de Israel de construir la bomba atómica; Ben-Gurion dimitió disgustado, declarando que debido a las políticas de JFK, "la existencia de Israel [estaba] en peligro". Tras el asesinato de JFK, la política estadounidense hacia Israel dio inmediatamente un giro de 180 grados.

El nuevo libro del historiador israelí Avner Cohen, *Israel y la bomba*, confirma el conflicto entre JFK e Israel de forma tan contundente que el periódico israelí *Ha'aretz* declaró que las revelaciones de Cohen "exigirían reescribir toda la historia de Israel". Desde el punto de vista de Israel , escribe Cohen, "las exigencias de Kennedy [a Israel] parecían diplomáticamente inapropiadas... incompatibles con la soberanía nacional". Sea como fuere, Cohen señala que "la transición de Kennedy a [Lyndon] Johnson... benefició al programa nuclear israelí".

Ethan Bronner, escribiendo en el *New York Times, describió* el deseo de Israel de construir una bomba nuclear como un "tema ferozmente oculto". Esto explica por qué los investigadores de JFK -y Jim Garrison- nunca consideraron la pista israelí.

Aunque todo esto constituye un motivo de peso para que Israel atentara contra JFK, incluso el inconformista periodista israelí Barry Chamish reconoce que existe "un caso bastante convincente" de colaboración del Mossad con la CIA en el complot de asesinato.

El hecho es que cuando Jim Garrison procesó a Clay Shaw por conspirar en el asesinato, Garrison había tropezado con el vínculo del Mossad.

Aunque se reveló (tras su absolución) que Shaw era un activo de la CIA, en 1963 también formaba parte del consejo de una empresa con sede en Roma, Permindex, que era (según las pruebas) una tapadera de una operación de compra de armas patrocinada por el Mossad.

Cómo y por qué se involucró Shaw en esta operación sigue siendo un misterio, pero no cabe duda del claro papel del Mossad en las actividades de Permindex, a pesar de las protestas en sentido contrario.

Juzgue usted mismo: uno de los principales accionistas de Permindex, el Banque de Crédit Internationale de Genève, no sólo era el bastión de Tibor Rosenbaum, un alto funcionario del Mossad de larga trayectoria -de hecho, uno de los padres fundadores de Israel-, sino también el principal blanqueador de dinero de Meyer Lansky, "presidente" del sindicato del crimen y leal a Israel desde hace mucho tiempo.

Según los biógrafos israelíes que simpatizan con Meyer Lansky: "Después de que Israel se convirtiera en Estado, casi el 90% de sus compras de armas en el extranjero pasaron por el banco de Rosenbaum,. Muchas de las operaciones encubiertas más audaces de Israel se financiaron con fondos [del BCI]. Muchas de las operaciones encubiertas más audaces de Israel fueron financiadas con fondos [del BCI]". El CIB también actuaba como depositario de la cuenta Permindex.

El hecho de que el BCI de Tibor Rosenbaum fuera una fuerza de control de la enigmática entidad Permindex sitúa a Israel y a su Mossad en el centro mismo de la conspiración del asesinato de John F. Kennedy.

También cabe señalar que el director gerente y accionista de Permindex era Louis Bloomfield, de Montreal, figura destacada del lobby israelí en Canadá (y a escala internacional) y agente durante mucho tiempo de la familia de Samuel Bronfman, jefe del Congreso Judío Mundial, íntimo socio comercial de Lansky en el contrabando internacional de whisky durante la Ley Seca y, mucho más tarde, destacado mecenas de Israel.

Permindex era claramente el vínculo israelí con el asesinato de JFK. El vínculo Permindex también explica la "conexión francesa" presentada en el documental *Los hombres que mataron a Kennedy*, pero que no cuenta toda la historia:

- Este Permindex también estuvo implicado en los intentos de asesinato del presidente francés Charles De Gaulle por parte de la Organización del Ejército Secreto Francés (OAS), que a su vez mantenía estrechos vínculos con el Mossad.

- Al igual que la OEA, los israelíes odiaban a De Gaulle no sólo porque había concedido la independencia a Argelia, un importante nuevo Estado árabe, sino también porque De Gaulle, que había ayudado a Israel, le había retirado su apoyo, oponiéndose (como JFK) al deseo de Israel de dotarse de un arsenal atómico.

- En 1993, un oficial de inteligencia francés dijo a este autor que el Mossad había subcontratado al menos a uno de los asesinos de JFK - probablemente un sicario corso- a través de un oficial de inteligencia francés desleal a De Gaulle, que odiaba a JFK porque apoyaba la independencia de Argelia.

También hay pruebas sólidas, basadas en las revelaciones del respetado periodista Stewart Alsop, de que JFK también estaba planeando un ataque contra el programa de bombas nucleares de la China Roja, un plan desechado por Lyndon Johnson un mes después del asesinato de JFK.

Durante este mismo periodo, según el reputado historiador de los servicios de inteligencia británicos Donald McCormack (que escribe bajo el seudónimo de Richard Deacon en su libro *The Israeli Secret Service*), Israel y China Roja participaron en investigaciones secretas conjuntas sobre bombas nucleares.

Ahora sabemos que un actor clave de la red Permindex, Shaul Eisenberg, se convirtió en oficial de enlace del Mossad con China y acabó desempeñando un papel clave en el desarrollo de las transferencias masivas de armas entre Israel y China que saltaron a la luz pública en la década de 1980.

Tampoco es insignificante que James Angleton, oficial de enlace de la CIA con el Mossad, fuera un ferviente partidario de Israel que no sólo orquestó la hipótesis que vinculaba al presunto asesino Lee Harvey Oswald con el KGB soviético, sino que posteriormente hizo circular información errónea para confundir las investigaciones sobre el asesinato. Los relatos de las intrigas de Angleton con el Mossad durante la Guerra Fría son legión.

En cuanto al tan mencionado vínculo entre la "mafia" y el asesinato de JFK, incluso las fuentes "clásicas" sobre el crimen organizado señalan que las figuras de la "mafia" italoamericana más a menudo acusadas de estar detrás del asesinato - Carlos Marcello de Nueva Orleans y Santo Trafficante de Tampa, Florida - eran en realidad subordinados de Meyer Lansky, asociado con el Mossad.

Además, el sobrino y tocayo del infame jefe de la mafia de Chicago Sam Giancana -también sospechoso a menudo de ser el cerebro del asesinato de JFK- afirmó recientemente que el verdadero jefe de la mafia de Chicago era un judío estadounidense asociado de Meyer Lansky -Hyman "Hal" Larner- que, mientras movía los hilos para Giancana y la mafia de Chicago, colaboraba activamente en intrigas internacionales con el Mossad de Israel.

No es de extrañar que algunos críticos sugieran que Oliver Stone pudo haber omitido estos detalles de *JFK* porque la película fue financiada por Arnon Milchan , un traficante de armas israelí convertido en productor de Hollywood al que incluso el programa *Sixty* Minutes de la CBS relacionó con el contrabando de material para el programa nuclear israelí, que, por supuesto, resultó ser el agrio (y quizá fatal) punto de discordia entre JFK e Israel.

Aunque el diplomático israelí Uri Palti declaró que todo ello -como se describe detalladamente en el libro de este autor, *Juicio Final*- era "absurdo" y el autor vinculado a la CIA Gerald Posner lo calificó de "descabellado", Los Angeles *Times* admitió a regañadientes en 1997 que la tesis del *Juicio* Final era "realmente nueva", afirmando que "entreteje algunos de los hilos esenciales de un tapiz que muchos consideran único"."

Y vale la pena señalar que mientras muchos creen que la CIA desempeñó un papel en el asesinato de JFK, muchas de esas mismas personas temen mencionar la probabilidad de un papel del Mossad. Sin embargo, como ha señalado el periodista Andrew Cockburn

> Desde los primeros días del Estado israelí y la CIA, ha existido un vínculo secreto que permite a los servicios de inteligencia israelíes trabajar para la CIA y el resto de los servicios de inteligencia estadounidenses. No se puede entender lo que ha ocurrido con las operaciones encubiertas estadounidenses y las operaciones encubiertas israelíes hasta que no se comprenda este acuerdo secreto.

Existen al menos tres importantes libros escritos por destacados periodistas que documentan los vínculos subterráneos entre la CIA y el Mossad, sin olvidar, en una u otra faceta, aspectos del secreto y enconado conflicto entre JFK e Israel, no sólo en relación con la política de armas nucleares, sino también con la política estadounidense en Oriente Próximo en general. Además, estos volúmenes demuestran que la política estadounidense experimentó efectivamente un giro radical tras la muerte del presidente Kennedy: 1) *The Samson Option: Israel's Nuclear Arsenal and American Foreign* Policy, del veterano periodista *del New York Times* Seymour Hersh, galardonado con el Premio Pulitzer.

2) *Dangerous Liaison: The Inside Story of the U.S.-Israeli Covert Relationship*, de Andrew y Leslie Cockburn, ambos respetados periodistas liberales; y 3) *Taking Sides: America's Secret Relations with a Militant Israel*, de Stephen Green, que ha estado asociado con el muy "mainstream" Council on Foreign Relations y la Carnegie Endowment for International Peace.

Tanto Hersh como Green son judíos. Los tres libros han sido publicados por respetadas editoriales.

Todos estos volúmenes dejan claro que JFK y el Primer Ministro israelí David Ben-Gurion estaban en profundo desacuerdo, hasta el punto de que Ben-Gurion creía que las políticas de JFK amenazaban la supervivencia misma de Israel - y así lo dijo. Tras el asesinato de JFK, la política estadounidense hacia Oriente Próximo experimentó un asombroso giro de 180 grados, el resultado más inmediato del asesinato del presidente estadounidense. Se trata de un hecho frío, duro e indiscutible que no admite discusión. Las pruebas son demasiado claras.

Hersh señaló que la prensa israelí y mundial "dijo al mundo que la repentina dimisión de Ben-Gurion era el resultado de su insatisfacción con los escándalos y la agitación política interna de Israel". Sin embargo, Hersh continúa diciendo, de forma bastante significativa, que "no había forma de que el público israelí" supiera que había "otro factor más" detrás de la dimisión: en concreto, según Hersh, "el enfrentamiento cada vez más amargo de Ben-Gurion con Kennedy sobre un Israel con armas nucleares". El enfrentamiento final con JFK sobre la bomba nuclear fue claramente la "razón principal" de la dimisión de Ben-Gurion.

El deseo de construir una bomba nuclear no sólo era uno de los principales objetivos de la política de defensa de Israel (su fundamento mismo), sino también un interés particular de Ben-Gurion.

En cualquier caso, las revelaciones de Seymour Hersh sobre JFK y Ben-Gurion se han visto eclipsadas por un libro más reciente sobre el mismo tema , escrito por un académico israelí, Avner Cohen. Cuando Cohen publicó su libro *Israel and the Bomb* (Nueva York: Columbia University Press) en 1999, causó sensación en Israel.

La "opción nuclear" no sólo constituía el núcleo de la visión *personal* del mundo de Ben-Gurion, sino el fundamento mismo de la política de seguridad nacional de Israel. En esencia, los israelíes estaban dispuestos, si era necesario, a "volar el mundo" -incluidos ellos mismos- si tenían que hacerlo para derrotar a sus enemigos árabes.

Esto es lo que, según Hersh, los planificadores nucleares israelíes veían como la "opción Sansón", es decir, Sansón en la Biblia, tras ser capturado por los filisteos, derribó el Templo de Dagón en Gaza y se suicidó junto con sus enemigos. Como dice Hersh, "para los defensores nucleares israelíes, la opción Sansón se ha convertido en otra forma de decir 'nunca más' (refiriéndose a la prevención de un nuevo Holocausto)".

Todas las pruebas, en su conjunto, demuestran claramente que fue la "opción Sansón" la causa principal de la dimisión de Ben-Gurion.

En última instancia, en 1963, el conflicto entre JFK y Ben-Gurion era un secreto para el público israelí y estadounidense, y siguió siéndolo durante al menos veinte años; y sigue siéndolo, a pesar de la publicación del libro de Hersh, seguido de El *Juicio Final*, y luego del libro de Avner Cohen.

El impactante libro de Avner Cohen confirmaba en esencia todo lo que había escrito Hersh, pero iba aún más lejos.

Cohen describe cómo el conflicto entre JFK y Ben-Gurion llegó a un punto crítico en 1963 y cómo, el 16 de junio de ese año, JFK envió una carta al líder israelí que, según Cohen, fue "el mensaje más duro y explícito" hasta la fecha. Cohen añade: "JFK envió una carta al líder israelí

> Kennedy ejerció la palanca más útil de que dispone un presidente estadounidense en sus relaciones con Israel: la amenaza de que una solución insatisfactoria comprometería el compromiso y el apoyo del gobierno estadounidense a Israel...

Ben-Gurion nunca leyó la carta. En su lugar, anunció su dimisión. Cohen afirma que Ben-Gourion nunca dio una explicación de su decisión, aparte de una referencia a "razones personales".

Ben-Gurion dijo a sus colegas de gabinete que "debía" dimitir y que "ningún problema o acontecimiento de Estado era la causa". Cohen añadió que Ben-Gurion había "llegado a la conclusión de que no podía decir la verdad sobre Dimona a los dirigentes estadounidenses, ni siquiera en privado".

Inmediatamente después de la dimisión de Ben-Gurion, JFK escribió una carta al nuevo Primer Ministro Levi Eshkol que era claramente *aún más feroz* que las anteriores comunicaciones de JFK con Ben-Gurion. Avner Cohen escribe:

> Desde el mensaje de Eisenhower a Ben-Gurion en plena crisis de Suez, en noviembre de 1956, ningún presidente estadounidense había sido tan directo con un primer ministro israelí.

Kennedy dijo a Eshkol que el compromiso y el apoyo de EE.UU. a Israel "podrían verse seriamente comprometidos" si Israel no permitía a EE.UU. obtener "información fiable" sobre sus actividades nucleares.

Las demandas de Kennedy no tenían precedentes. De hecho, eran un ultimátum.

Cohen señala que: "Desde el punto de vista [de Eshkol], las exigencias de Kennedy parecían diplomáticamente inapropiadas; eran incompatibles con la soberanía nacional. No había base legal ni precedente político para tales demandas", explica Cohen. "La carta de Kennedy precipitó una situación casi de crisis en la Oficina del Primer Ministro. La presión de Kennedy *sobre* Israel *no* terminó con la dimisión de Ben-Gurion. *Al contrario*, se intensificó claramente.

El periódico israelí *Ha'aretz* publicó una reseña del libro de Cohen el 5 de febrero de 1999, calificándolo de "bomba". La reseña *de Ha'aretz*, escrita por Reuven Pedatzur, es totalmente interesante. Dice en parte lo siguiente:

El asesinato del presidente estadounidense John F. Kennedy puso fin abruptamente a la presión masiva ejercida por la administración estadounidense sobre el gobierno israelí para que abandonara su programa nuclear.

Cohen demuestra ampliamente la presión ejercida por Kennedy sobre Ben-Gurion. Relata el fascinante intercambio de cartas entre los dos hombres, en el que Kennedy deja claro al Primer Ministro israelí que bajo ninguna circunstancia aceptará que Israel se convierta en un Estado nuclear.

El libro sugiere que si Kennedy hubiera seguido vivo, no es seguro que Israel tuviera hoy una opción nuclear.

Según el historiador Stephen Green: "El acontecimiento más importante de 1963 para el programa de armas nucleares de Israel se produjo el 22 de noviembre en un avión que viajaba de Dallas a Washington. Lyndon Baines Johnson juraba su cargo como 36° Presidente de Estados Unidos, tras el asesinato de John F. Kennedy.

Green escribe: "En los primeros años de la administración Johnson, el programa de armas nucleares de Israel fue descrito en Washington como un 'asunto delicado'. La Casa Blanca de Lyndon Johnson no vio Dimona, no oyó Dimona y no habló de Dimona cuando el reactor entró en estado crítico a principios de 1964".

Así, el punto crítico de la disputa entre John F. Kennedy y el gobierno israelí dominado por el Mossad dejó de ser relevante. El nuevo presidente estadounidense, partidario de Israel desde hacía mucho tiempo, autorizó la prosecución del desarrollo nuclear. Esto sólo fue el principio.

¿Cómo encaja la tesis más convencional de que la CIA fue la principal instigadora del asesinato de JFK con la teoría de que el Mossad también desempeñó un papel clave en la conspiración de John F. Kennedy

En 1963, John F. Kennedy no sólo estaba en guerra con Israel y el sindicato del crimen dominado por el leal israelí Meyer Lansky y sus secuaces de la Mafia, sino también con su estrecho aliado en el mundo de la inteligencia internacional, la CIA.

La CIA, por supuesto, tenía sus propios problemas con JFK. Apenas seis semanas antes del asesinato de John F. Kennedy, *el New York Times* informó de que un alto funcionario de la administración Kennedy había advertido de que un golpe orquestado por la CIA en Estados Unidos era una clara posibilidad.

La CIA -al igual que sus aliados en Israel- tenía buenas razones (según su propia percepción) para querer que JFK fuera destituido de la Casa Blanca y sustituido por Lyndon B. Johnson. Johnson.

La batalla de JFK con la CIA por la debacle de Bahía de Cochinos fue sólo el principio. En los últimos días de su presidencia, JFK no sólo luchaba contra los esfuerzos de la CIA por implicar cada vez más a Estados Unidos en el sudeste asiático, sino que también se preparaba para desmantelar la CIA por completo. La propia existencia de la CIA estaba en peligro.

Esto, por supuesto, destacó a la CIA como probable sospechosa en el asesinato de JFK, y es una línea de investigación que sigue Jim Garrison.

Sin embargo, otros vínculos entre la CIA y el asesinato, a menudo mencionados, también apuntan al Mossad.

Por ejemplo, la antigua amante de Fidel Castro, Marita Lorenz, agente de la CIA, declaró ante el Congreso estadounidense que Frank Sturgis, un antiguo agente de la CIA famoso por su activismo anticastrista, le dijo después del asesinato que había estado implicado en el asesinato de JFK.

Basándose en su propio estudio en profundidad del asesinato de JFK, el antiguo jefe de la contrainteligencia cubana, el general Fabián Escalante, dijo a la periodista Claudia Furiati que la inteligencia cubana había determinado que, de hecho, "Sturgis estaba a cargo de las comunicaciones, lo que significa que recibía y transmitía información sobre los movimientos en Dealey Plaza y la caravana a los pistoleros y a otros".

Si Sturgis estuvo involucrado en la mecánica del asesinato, la evidencia histórica sugiere que Sturgis pudo haber actuado como un instrumento del Mossad como parte de la conspiración.

Lo cierto es que unos quince años antes del asesinato de JFK, Sturgis había trabajado para el Mossad.

Del mismo modo, F. Peter Model, investigador del asesinato de JFK, ha afirmado que Sturgis fue un "mercenario de Hagannah durante la primera guerra árabe-israelí (1948)", y que Sturgis también tuvo una novia en Europa en los años 50 que trabajaba para la inteligencia israelí y con la que colaboró.

El propio Sturgis declaró que había ayudado a su novia como correo en Europa en varias de sus actividades con el Mossad.

Sturgis era un antiguo corresponsal de Time-Life que pasó mucho tiempo en Cuba durante y después de la revolución castrista, y también era bien sabido entre los exiliados cubanos anticastristas que Sturgis había trabajado para el Mossad durante mucho tiempo.

Además, en el momento álgido de las operaciones anticastristas de la CIA en Miami, en las que Sturgis era una figura clave, entre 12 y 16 agentes del Mossad trabajaban desde Miami bajo el mando del subdirector del Mossad Yehuda S. Sipper, y su influencia se extendía por toda América Latina y el Caribe.

Citando un memorando de la CIA de 1976, el profesor John Newman, que ha investigado el conocimiento que tenía la CIA de las actividades de Lee Harvey Oswald, afirma que Sturgis fundó la Brigada Anticomunista Internacional y que "nunca se ha establecido del todo quiénes respaldaban al grupo de Sturgis".

La información procedente de diversas fuentes sugiere que el grupo de Sturgis podría haber sido una rama de las operaciones del Mossad con base en Miami, entrelazadas con las intrigas del propio Sturgis respaldadas por la CIA en la misma esfera de influencia.

De hecho, una unidad de la brigada de Sturgis era el "Interpen" del agente contratado por la CIA Gerry Patrick Hemming, que operaba desde Nueva Orleans, y Sturgis estaba vinculado a estas operaciones del Interpen.

Se sabe que estas actividades en torno a Nueva Orleans involucraron a dos de los actores clave que rodeaban a Lee Harvey Oswald antes del asesinato de JFK: los agentes a sueldo de la CIA Guy Banister y David Ferrie (ambos fueron investigados por Jim Garrison, y ambos parecen haber estado permanentemente vinculados por Garrison a Clay Shaw en actividades relacionadas con intrigas de inteligencia). *De hecho, existe una conexión israelí con Interpen*. Según el propio Hemming, el "contacto más importante de Interpen en Estados Unidos" era el financiero neoyorquino Theodore Racoosin, a quien Hemming describe como "uno de los principales fundadores del Estado de Israel".

Hemming afirma francamente que, aunque personalmente no ha visto ninguna prueba que le convenza de que el Mossad estuvo directamente implicado en el asesinato de JFK, ha dicho: "Sé desde finales de los años 60 que el Mossad sabía del asesinato de JFK *incluso antes de que ocurriera*, que luego llevaron a cabo una investigación completa sobre el asunto y que han conservado todos esos archivos desde entonces." [énfasis añadido].

En cualquier caso, *no sólo* Clay Shaw, agente de la CIA en Nueva Orleans, está vinculado al Mossad a través de su asociación con la Operación Permindex (al igual que Banister y Ferrie), sino que también encontramos que otros dos actores vinculados a la CIA en las operaciones anticastristas de Nueva Orleans (Sturgis y Hemming) estaban dentro de la esfera de influencia del Mossad. Y Lee Harvey Oswald está vinculado a todos los actores clave implicados.

Sea como fuere, ahora sabemos que al menos una persona que supuestamente ha confesado su implicación en el asesinato de JFK - Frank Sturgis- tenía antiguos vínculos con el Mossad, que se remontan a muchos años antes (y después) del asesinato de JFK.

Y así sigue. La historia está lejos de terminar. Pero terminemos con esto:

Hace unos años, un estadounidense conoció al famoso presentador de la CBS Walter Cronkite en Martha's Vineyard. Le habló de la teoría de la implicación del Mossad en el asesinato de JFK, y Cronkite le escuchó atentamente.

Mirando hacia el mar, Cronkite comentó sucintamente: "No puedo pensar en ningún grupo -con la excepción de la inteligencia israelí- que hubiera sido capaz de mantener oculto el complot del asesinato de JFK durante tanto tiempo".

Las pruebas demuestran que la tesis descansa sobre bases muy sólidas. Es una hipótesis que tiene sentido, para disgusto de muchos críticos. Se acerca más que nada a lo que se ha escrito hasta ahora para resumir toda la conspiración del asesinato de JFK.

Esta reconstrucción, ciertamente "inusual" y controvertida, de la conspiración del asesinato de JFK arroja nueva luz sobre un gran rompecabezas cuya imagen es extraordinariamente compleja y algo oscura.

La imagen extremadamente confusa de la parte frontal del rompecabezas muestra todos los grupos e individuos implicados en la conspiración del asesinato de JFK. Sin embargo, cuando se da la vuelta al rompecabezas, se encuentra una imagen grande y muy clara de la bandera israelí.

CAPÍTULO XI

Polémica en torno al autor del *Juicio* Final

En el verano de 1997, estalló una gran controversia en los periódicos de todo el país por el hecho de que Michael Collins Piper había sido invitado a hablar en un pequeño colegio comunitario del condado de Orange, California, sobre el tema de su libro Juicio Final, *que documentaba el papel del servicio de inteligencia israelí, el Mossad, en el asesinato del presidente John F. Kennedy. La Liga Antidifamación de B'nai B'rith fue la principal fuerza que trató de impedir que Piper hablara. Lo que sigue es un comentario preparado por Piper en respuesta a* la *controversia, que se publicó posteriormente en el* Orange County Register.

Las conferencias sobre el asesinato de JFK han sido populares en los campus universitarios estadounidenses durante 30 años. Sin embargo, la tesis de mi libro, *Juicio final*, es una que algunas personas no quieren que los estudiantes escuchen: la agencia de espionaje israelí, el Mossad, desempeñó un papel junto con la CIA y el sindicato del crimen de Lansky en el asesinato del presidente Kennedy.

Mi libro aún no está "prohibido en Boston", pero parece que sí lo está en el condado de Orange. La misma semana (del 20 al 27 de septiembre de 1997) en que la Asociación Americana de Bibliotecas y la Asociación Nacional de Tiendas Universitarias patrocinaron la "Semana de los Libros Prohibidos", en el condado de Orange se desató la polémica porque algunas personas estaban disgustadas porque Steve Frogue, presidente del consejo de administración del South Orange County Community College District (SOCCD), me había invitado a hablar sobre *Juicio Final* en un seminario del SOCCD sobre el asesinato de JFK.

Aunque una intensa campaña de presión obligó a cancelar el seminario, se está llevando a cabo una campaña bien financiada para destituir a

Frogue porque cree en la garantía de nuestra Constitución de que los estadounidenses tienen derecho a expresar opiniones divergentes.

El diplomático israelí Uri Palti declara *que el Juicio Final* es una "tontería".

Sin embargo, contradictoriamente, los críticos siguen afirmando que mis conclusiones son "peligrosas" y que no deberían ser escuchadas por niños "impresionables" que podrían tomarse en serio a un "chiflado".

Mientras que los estudiantes del condado de Orange no se consideran lo suficientemente maduros como para juzgar mi teoría por sí mismos, sí se consideran lo suficientemente maduros como para alistarse en el ejército y morir en el Golfo Pérsico, Bosnia, Somalia u otros lugares elegidos de todo el mundo.

Esto es lo revelador: mis detractores (como Roy Bauer, del Irvine Valley College) *se niegan* en redondo *a* debatir. No aprovechan la oportunidad para demostrar, punto por punto, en qué me equivoco. No es sorprendente -a la luz de la histérica reacción a El Juicio *Final- que* algunos piensen que el libro ha "puesto la cola al burro", que mis críticos "protestaron demasiado".

Muchos residentes del Condado de Orange han oído hablar de *The Frogue Affair*, pero pocos saben *qué es Judgment Day, lo que* dice o lo que no dice.

El fallo final ocupa 769 páginas y está claramente documentado por más de 1.000 notas a pie de página. El análisis del contenido confirma que el 85% de las 111 fuentes bibliográficas proceden de editoriales "corrientes" y constituyen la base principal del abundante material citado. Se observan tres errores menores, no relacionados con la tesis.

Desgraciadamente, debido a las acusaciones de los críticos, mucha gente piensa que "niego el Holocausto" (lo cual no es cierto). Por lo tanto, según el engañoso argumento, cualquier cosa que diga sobre el *asesinato* de *JFK* tiene que ser necesariamente -según la administradora del SOCCD, Marcia Milchiker- "absurda" y "falsa", *aunque el Holocausto y el asesinato de JFK sean dos temas sin relación entre sí.*

Esta táctica (inteligente) distrae la atención de lo que realmente estoy diciendo. Sin embargo, para que conste, mi libro no trata del Holocausto. Esto es lo que afirma *Juicio Final:* En 1963, JFK se vio envuelto en una amarga disputa (entonces secreta) con el líder israelí David Ben-Gurion sobre la voluntad de Israel de construir la bomba atómica; Ben-Gurion dimitió disgustado, después de decirle a JFK que debido a las políticas de JFK, "la existencia de Israel [estaba] en peligro". Tras el asesinato de JFK, la política estadounidense hacia Israel dio inmediatamente un giro de 180 grados.

Todo esto está documentado por Seymour Hersh, ganador del Premio Pulitzer, en *The Samson Option*, James Cockburn en *Dangerous Liaison* y Stephen Green en *Taking Sides, todos ellos* respetados historiadores. Entonces, ¿dónde está el "vínculo israelí" con el asesinato

El hecho es que cuando Jim Garrison, el fiscal del distrito de Nueva Orleans, procesó a Clay Shaw por conspiración en el asesinato de JFK, Garrison (sin saberlo) tropezó con el vínculo del Mossad.

Aunque (tras su absolución) Shaw fue presentado como un activo de la CIA, en 1963 participó en actividades encubiertas con Tibor Rosenbaum, un alto cargo del Mossad cuyo banco suizo blanqueaba dinero de la mafia para Meyer Lansky, el "presidente" del sindicato del crimen.

Algunos dicen que "la Mafia mató a JFK". De hecho, los jefes mafiosos acusados de "matar" a JFK -Carlos Marcello y Santo Trafficante- no sólo eran subordinados de Lansky, sino también colaboradores de la CIA en complots contra Fidel Castro.

Y aunque muchos acusan a James Angleton, de la CIA, de desempeñar un papel en el encubrimiento del asesinato, nadie menciona que Angleton, oficial de enlace de la CIA con el Mossad, era un ferviente partidario de Israel.

¿Por qué Oliver Stone no mencionó estos detalles en su película *JFK?* Quizá porque *JFK* fue financiada por Arnon Milchan, del Mossad, el mayor traficante de armas de Israel.

Todo esto no es más que la punta del iceberg. Ante la histeria *catastrofista*, recordemos las palabras de JFK: "Una nación que teme dejar que su pueblo juzgue la verdad y la falsedad en un mercado abierto es una nación que teme a su pueblo".

Nota del editor: Finalmente, aunque el seminario sobre JFK en cuestión fue cancelado, Piper viajó al condado de Orange y visitó el Saddleback College, donde los estudiantes del periódico escolar, preocupados por la libertad, invitaron a Piper a hablar en un seminario privado en su aula privada, desafiando abiertamente a la "policía del pensamiento" de la Liga Antidifamación. Piper -y los estudiantes- tuvieron la última palabra.

CAPÍTULO XII

Peter Jennings y el asesinato de Kennedy - Más allá de la conspiración

El difunto Peter Jennings de la ABC y sus titiriteros entre bastidores han tomado claramente por tonto al pueblo estadounidense. Peter Jennings, presentador *de ABC Nightly News*, perdió cualquier credibilidad que pudiera haber tenido la noche del 20 de noviembre de 2003. Esa noche, ABC News presentó a bombo y platillo un documental de dos horas sobre el asesinato del presidente John F. Kennedy, presentado por Jennings.

Titulado *The Kennedy Assassination-Beyond Conspiracy (El asesinato de Kennedy: más allá de la conspiración)*, el documental de dos horas de duración presenta medias verdades y distorsiones y apoya abiertamente la teoría de la Comisión Warren, desacreditada desde hace tiempo, de que Lee Harvey Oswald, actuando en solitario, llevó a cabo el asesinato del 35º Presidente de los Estados Unidos.

Hay que decir una cosa desde el principio: la mejor manera de determinar quién mató realmente a JFK es ver cómo los medios de comunicación de élite informaron de su asesinato, y luego ver quién controla realmente los medios de comunicación.

Una vez determinado esto, se puede establecer inmediatamente el origen de la conspiración y su encubrimiento. Con esto en mente, veamos lo que ABC, ahora una subsidiaria del imperio de Hollywood de la Compañía Disney de Michael Eisner, tenía que decir.

Peter Jennings comenzó el programa declarando que los teóricos de la conspiración estaban "por encima de toda sospecha", y luego pasó las dos horas siguientes tratando de demostrarlo, en gran parte ignorando la verdad.

Al afirmar que no había "ni una pizca de pruebas creíbles de una conspiración" detrás del asesinato, Jennings ignoró de hecho el duro trabajo y la dedicación de miles de investigadores independientes (e incluso investigadores del Comité Selecto de la Cámara de Representantes sobre Asesinatos a mediados de la década de 1970) que desenterraron una gran cantidad de documentos que contradecían seriamente casi todas las conclusiones clave de la Comisión Warren.

ABC nunca se ha molestado en presentar ni siquiera a uno de los muchos críticos prominentes y respetados que han surgido en los últimos cuarenta años para cuestionar la leyenda del "pistolero solitario". Ninguno de los principales críticos de la Comisión Warren apareció en pantalla, ni siquiera fue mencionado.

Lo mejor que pudo hacer la ABC fue reseñar brevemente una selección de libros críticos con la Comisión Warren, incluido el pionero *Rush to Judgment* de Mark Lane. Pero ni Lane ni ningún otro crítico de la Comisión aparecieron en el programa.

Por el contrario, todos los entrevistados por ABC que expresaron alguna opinión sobre el asunto apoyaron sin reservas las conclusiones de la Comisión Warren. Y la mayoría de los entrevistados por ABC ya tenían quejas.

Se trata de

- Robert Goldman, profesor universitario que ha escrito un libro en el que denuncia todas las formas de "teoría de la conspiración" sobre el tema, proclamando que tales teorías son perjudiciales. (El libro de Goldman también incluye un ataque contra Michael Collins Piper, el autor de esta reseña)

- Hugh Aynesworth, un periodista que ha trabajado estrechamente con el FBI durante mucho tiempo

- Gerald Posner, un prestigioso abogado de Wall Street, cuyo libro de mala calidad, *Caso cerrado*, que respalda a la Comisión Warren (que fue escrito con el apoyo de la CIA) está notoriamente plagado de errores

- Priscilla Johnson MacMillan, periodista vinculada desde hace tiempo a la CIA, que ha sido descrita como la "biógrafa" de Oswald

- James Hosty, el antiguo agente del FBI de Dallas que fue asignado a Oswald tras el regreso de éste de la Unión Soviética.

(Hosty -por cierto- era el "especialista" de la oficina local en "extremistas de derechas" y, en calidad de tal, habría actuado como enlace con los "cazadores de extremistas" de la Liga Antidifamación (ADL) de B'nai B'rith)

- Michael y Ruth Paine, la oscura pareja de Dallas que entabló amistad con Oswald y su familia. Fue la Sra. Paine quien le consiguió a Oswald un trabajo en el Depósito de Libros Escolares de Texas un mes antes del asesinato de JFK, un hecho reconocido por ABC. Lo que ABC no mencionó fue que numerosos investigadores han documentado los probables vínculos de inteligencia del Sr. y la Sra. Paine, una pareja inusual cuya historia completa aún no se ha contado.

Y por si fuera poco, la ABC recurrió incluso a Hillel Silverman, el rabino de Dallas que fue consejero espiritual de Jack Ruby, el propietario del club nocturno vinculado a la Mafia que disparó a Oswald dos días después del asesinato del Presidente.

El rabino Silverman aseguró al público que Ruby no formaba parte de ninguna conspiración y que pensaba que estaba haciendo una buena obra - ignorando el hecho de que existe al menos una breve grabación de vídeo de Ruby haciendo amplia referencia a una conspiración y diciendo que había sido "utilizado", y que nunca se conocería toda la verdad.

Un "testigo" particularmente intrigante de la ABC que probaba la culpabilidad de Oswald era Volkmar Schmidt, cuya asociación con Oswald nunca fue descrita por la ABC, y probablemente por una buena razón: plantearía demasiadas preguntas.

Sin embargo, los investigadores del asesinato de JFK reconocen desde hace tiempo a Schmidt: emigrante alemán que huyó de su país natal tras verse implicado en un complot para asesinar a Adolf Hitler, Schmidt fue presentado a Oswald por el misterioso aristócrata ruso George De Mohrenschildt, de quien se cree ampliamente que fue -al menos durante parte del periodo posterior al regreso de Oswald a Texas- el "niñero" de la CIA para Oswald.

Se dice que Schmidt tenía una especial fascinación por la hipnosis, algo que siempre ha intrigado a quienes pensaban que Oswald podría haber sido preparado para ser un asesino (o chivo expiatorio) "candidato manchuriano".

Más tarde, Schmidt presentó a Oswald a los ya mencionados Michael y Ruth Paine, que muchos creen que sustituyeron a De Mohrenschildt en la vigilancia de Oswald para la CIA.

Aunque la ABC nunca entrevistó a la viuda de Oswald -que ahora dice que cree que hubo una conspiración y que su marido no fue el asesino, sino el "chivo expiatorio", como dijo el propio Oswald-, la ABC sí trajo al hermano mayor de Oswald, Robert, que proclamó su creencia en la culpabilidad de su hermano.

Sin embargo, lo que ABC no mencionó fue que muchos críticos de la Comisión Warren han planteado serias dudas sobre declaraciones anteriores, un tanto sospechosas, realizadas por el propio Robert Oswald y utilizadas para "probar" la culpabilidad de su hermano.

ABC tampoco mencionó la posibilidad -planteada por algunos investigadores del asesinato- de que la CIA tuviera múltiples vínculos con la propia familia Oswald, quizá incluso con su propia madre, lo que añade más leña al fuego al argumento de que la CIA había puesto sus ojos en Oswald durante muchos años antes del asesinato de JFK.

A este respecto, la sugerencia de ABC de que Oswald era "un hombre al que nadie conocía realmente" es risible. El profesor John Newman de la Universidad de Maryland, en su libro seminal, *Oswald y la CIA*, demuestra de manera concluyente que la CIA tenía extensos archivos sobre Oswald, la mayoría de los cuales fueron "manejados" por el tristemente célebre Jefe de Contrainteligencia de la CIA, James J. Angleton, un devoto lealista israelí que actuaba como único enlace entre la CIA y la agencia de inteligencia israelí, el Mossad.

Basándose en la premisa de que las teorías de la conspiración surgieron sobre el asesinato de JFK porque, como dijo Peter Jennings, el pueblo estadounidense pensaba que "algo tan horrible tenía que ser obra de más de un hombre", ABC a veces ignoraba descaradamente los hechos. Por ejemplo, ABC afirmó que los testigos vieron al agente de policía de

Dallas J. D. Tippit "saludar con la mano a Oswald" antes de que "Oswald" disparara a Tippit.

Sin embargo, lo cierto es que existen muchos relatos contradictorios, incluso sobre las circunstancias que rodearon el asesinato de Tippit der -que tuvo lugar poco después del asesinato de JFK- y que dista mucho de ser seguro que Oswald cometiera este crimen.

Cuando ABC decidió finalmente explorar el hecho de que existía realmente preocupación por una conspiración detrás del asesinato del Presidente, ABC no profundizó en la creencia más extendida, a saber, que la conspiración era muy probablemente atribuible (como lo era y lo sigue siendo) a elementos dentro de la CIA.

Por el contrario, la ABC hizo todo lo posible por demostrar que no se trataba de una conspiración soviética, utilizando incluso a un famoso desertor soviético, Yuri Nosenko, para argumentar que era "imposible" que los soviéticos hubieran utilizado alguna vez a Oswald. En realidad, muy pocos de los críticos de la Comisión Warren llegaron a pensar que se trataba de una conspiración soviética.

De hecho, los críticos de la Comisión afirmaron que los verdaderos conspiradores del asesinato habían intentado deliberadamente vincular a Oswald con los soviéticos (y con el dictador cubano Fidel Castro) para uno de varios propósitos posibles: o bien forzar un encubrimiento oficial para "evitar una guerra con la Unión Soviética", o bien provocar una invasión estadounidense de Cuba en represalia contra Castro. En cualquier caso, la mayoría de los críticos de la Comisión nunca se tomaron en serio la idea de que lo hubieran hecho los soviéticos o Castro.

Al examinar la misteriosa estancia de Oswald en la Unión Soviética -donde muchos creen que era un agente de la CIA- ABC insistió en que los soviéticos nunca tomaron demasiado en serio a Oswald ni en un sentido ni en otro y que, a pesar de la repetida proclamación de ABC de que Oswald no era "nadie", las autoridades soviéticas "cedieron" y permitieron que Oswald permaneciera en la Unión Soviética cuando, tras pedírsele que se marchara, intentó suicidarse poco después de llegar. La idea de que los soviéticos hubieran "cedido" ante semejante "desconocido" es, cuando menos, absurda. Está claro que, por la razón que fuera, los soviéticos decidieron que valía la pena vigilar a Oswald. Pero ABC no quería que su audiencia considerara esa posibilidad.

Al hablar del periodo igualmente misterioso de Oswald en Nueva Orleans (antes de su regreso definitivo a Dallas antes del asesinato de JFK), ABC no menciona ni una sola vez la clarísima asociación de Oswald con Guy Banister, antiguo miembro del FBI, y con David Ferrie, otro agente contratado por la CIA. ABC sí menciona, de forma un tanto escalofriante, que Oswald consiguió ganar una fama "fugaz" presentándose públicamente como un agitador callejero procastrista, entrevistado en televisión y radio mientras repartía panfletos procastristas.

También se podría mencionar que las emisoras locales de radio y televisión de la NBC que ayudaron a publicitar a Oswald en aquella época eran propiedad de Edith y Edgar Stern, importantes actores del lobby pro israelí y amigos íntimos de Clay Shaw, implicado posteriormente por el fiscal Jim Garrison en las circunstancias que rodearon la gestión de Oswald en Nueva Orleans antes del asesinato. Pero, por supuesto, ABC no lo mencionó.

ABC habla del viaje de Oswald a México y recurre a Edwin López, antiguo investigador del Comité de Asesinatos de la Cámara de Representantes, para demostrar que no hay pruebas de que Oswald conspirara con los soviéticos o los cubanos en el asesinato de JFK.

Eso está muy bien. Sin embargo, ABC no mencionó que los críticos de la Comisión Warren consideran a López un héroe precisamente porque el extenso corpus de investigaciones de López demostró de hecho que fue la CIA -en particular la oficina del jefe de contrainteligencia James Angleton- la que estuvo trabajando en los meses previos al asesinato de JFK para vincular a Oswald con los soviéticos. En resumen, ABC tomó sólo una parte de lo que López había descubierto y lo distorsionó para los televidentes.

Uno de los aspectos más destacados de la presentación de ABC fue una infografía (bastante entretenida) a todo color del asesinato de Kennedy que pretendía "demostrar" que un solo disparo había atravesado realmente al presidente Kennedy y al entonces gobernador de Texas John B. Connally.

Lo que ABC no mencionó fue que, en el pasado, el autor Gerald Posner había ensalzado las virtudes de una simulación informática similar que demostraba lo mismo. Pero Posner no mencionó en su libro, *Caso Cerrado*, que la misma compañía que produjo esa simulación también produjo otra simulación que mostraba que más de un pistolero podría haber estado involucrado en el asesinato de John F. Kennedy.

Sin embargo, con respecto a la herida en la cabeza de JFK, que la mayoría de los críticos serios creen que fue disparada de frente (y por lo tanto obviamente no por Lee Harvey Oswald o cualquier otra persona en el Texas School Book Depository), la simulación por ordenador de ABC simplemente mostró lo obvio: la parte posterior de la cabeza de JFK estaba en la línea de visión del edificio que albergaba el libro.

Jennings, de ABC, explicó que la razón por la que la cabeza de JFK se echó violentamente hacia atrás (como si le hubieran disparado de frente) es que, según Jennings, los cuerpos pueden moverse en cualquier dirección cuando se les dispara. O eso afirma. La mayoría de los cazadores, policías, soldados y otros usuarios de armas probablemente dirían lo contrario.

Cuando la ABC tuvo que enfrentarse al hecho de que el Comité de Asesinatos de la Cámara de Representantes de 1976 había llegado finalmente a la conclusión (basándose en una grabación sonora realizada en la Plaza Dealey) de que había habido un segundo pistolero disparando desde el frente, recurrió a su simulación informática para demostrar únicamente que el policía (cuyo micrófono de radio había grabado los disparos) no podía -así lo demostró la simulación- haber estado donde los expertos en sonido habían concluido que se encontraba cuando se realizó la grabación. En otras palabras, la simulación informática de ABC no refutó el hecho de que se efectuara un disparo de frente, sino únicamente que la grabación del disparo no se realizó desde el lugar donde se suponía que se había efectuado.

La ABC intentó desacreditar la "teoría" de Robert Blakey, director del Comité de Asesinatos de la Cámara de Representantes, de que "la Mafia" mató a Kennedy, pero en realidad la ABC sólo estaba desacreditando otra teoría que nunca se tomó en serio.

En cuanto al propio Blakey, aunque nunca dejó de afirmar que Jack Ruby, una figura de la mafia de Dallas, estaba vinculado a la "mafia",

Blakey ignoró estudiadamente los vínculos reales de Ruby con el sindicato del crimen no italiano de Meyer Lansky y sus socios, los Bronfman . Esto no es de extrañar, ya que Blakey, en un momento dado, fue de hecho un "consultor" a sueldo de la figura del sindicato de Lansky, Morris Dalitz, el jefe de la mafia de Lansky en Las Vegas.

Cuando se trató de Oliver Stone y su controvertida película *JFK*, Jennings y ABC sólo pudieron señalar, con razón, que Stone había mostrado, según su propia admisión, cierto grado de "licencia dramática" al presentar su película sobre la investigación de Jim Garrison sobre Clay Shaw.

La verdad es que muchos investigadores serios del asesinato de JFK han sido muy críticos con Stone y su película. Este autor fue uno de los primeros en señalar que la película de Stone fue financiada por Arnon Milchan, un traficante de armas israelí que desempeñó un papel clave en el programa de desarrollo de armas nucleares de Israel, el mismo programa que JFK estaba tan decidido a detener en seco.

Para deshacerse de Stone (y de Garrison), ABC mostró un fragmento de la película en el que Garrison (interpretado por el actor Kevin Costner) pronuncia un dramático discurso. Jennings, de ABC, comenta irónicamente: "El verdadero Jim Garrison nunca dio ese discurso", sugiriendo que cualquier cosa remotamente asociada con la película o con Garrison es de alguna manera "no real".

Hay mucho que decir -y mucho más que decir- sobre esta vergonzosa propaganda de Peter Jennings y su jefe, el patrón de Disney Michael Eisner, el gigante de Hollywood que ahora controla ABC. Pero baste decir que la verdadera clave para entender quién mató realmente a JFK, y por qué, puede comprenderse mejor examinando la forma en que los medios de comunicación estadounidenses se han dedicado por completo a encubrir esta conspiración.

Así que la respuesta a la simple pregunta "¿Quién controla los medios de comunicación?" proporciona una solución a la pregunta "¿Quién mató realmente a JFK y por qué?".

CAPÍTULO XIII

¿Estuvo realmente implicada la mafia de Chicago en el asesinato de JFK

Si crees que Sam Giancana, el famoso mafioso italoamericano, era el "gran hombre" de la mafia de Chicago, te vas a llevar una sorpresa.

Double Deal, de Michael Corbitt, proporciona una notable validación de la tesis de que el Mossad israelí desempeñó un papel clave, junto con la CIA y el crimen organizado, en el asesinato del presidente John F. Kennedy.

Este revelador libro pone al descubierto nuevos datos sobre la historia secreta de la tristemente célebre "mafia" de Chicago, revelando algunos detalles importantes que nunca antes se habían contado y arrojando nueva luz sobre muchos de los principales acontecimientos que configuraron la vida estadounidense (y la política exterior) en la segunda mitad del siglo XX.

El autor Corbitt, ex jefe de policía de Willow Springs, Illinois (un suburbio de Chicago), se ha asociado con el escritor Sam Giancana, sobrino y tocayo del legendario jefe de la mafia de Chicago Sam Giancana, para producir un impresionante libro de 347 páginas que revela, por primera vez, la sorprendente identidad del desconocido hombre misterioso que fue el verdadero "poder detrás del trono" del crimen organizado en Chicago y cuya influencia se extendió hasta Israel, Panamá, Irán, Las Vegas y Washington, D. C.C.

Corbitt, que pasó una larga temporada en la cárcel tras ser condenado por asociación ilícita federal, culminación de toda una vida de participación en el crimen organizado, admite libremente sus muchas fechorías y no finge inocencia. Admite que utilizó su cargo de jefe de policía de una pequeña ciudad para promover los intereses de la mafia.

Sus relatos de primera mano (y a menudo escalofriantes) sobre la vida en la Mafia son paralelos a muchas de las historias ya contadas.

A pesar de su famoso nombre de "mafioso", Giancana, coguionista de Corbitt, nunca ha estado implicado en el "negocio familiar". Hace unos años escribió *Double Cross*, un bestseller que relata la vida y los crímenes de su difunto tío, asesinado en 1975.

Sin embargo, lo que hace único al nuevo libro de Corbitt-Giancana es que los autores se atreven a afirmar algo que nunca antes se había publicado: que un oscuro gángster no italiano llamado Hyman 'Hal' Larner fue la fuerza continua entre bastidores que guió a la mafia de Chicago durante más de treinta años.

A pesar de la "puerta giratoria" de jefes de la mafia italoamericana, como Giancana y otros, que fueron encarcelados o "asesinados" alternativamente, Larner fue siempre el hombre al mando.

Además, los autores revelan que gran parte de la actividad delictiva de Larner se llevó a cabo no sólo en concierto con la CIA sino también, en particular, con el Mossad israelí.

Larner no sólo era una figura importante de la delincuencia de Chicago, sino también en la escena internacional. No sólo fue durante mucho tiempo (aunque ciertamente menos conocido) socio del jefe del crimen judío Meyer Lansky (conocido colaborador del Mossad), sino también el sucesor de Lansky cuando éste murió en 1983.

Según Corbitt, se enteró de la existencia de Larner al principio de la era de la Mafia, aunque la presencia de Larner a un nivel tan alto en la Mafia no era algo que los investigadores del gobierno o los medios de comunicación cautivados por la Mafia quisieran investigar. Corbitt escribe: Todos los demás miembros del Outfit salían en los periódicos todos los días, sus fotos aparecían en la portada del *Tribune*. Pero cuando se mencionaba el nombre de Hy Larner en los periódicos, sólo se le describía como "asociado" o "protegido" de un gángster y nada más. Nadie **sabía** hasta dónde llegaban sus contactos, ni a qué nivel. Los periodistas se referían a él como un "enigma" y un "hombre misterioso".

A medida que Corbitt avanzaba en los círculos del crimen organizado bajo el patrocinio de Giancana, acabó descubriendo cómo y por qué la Mafia de Chicago podía operar con tanta libertad. Fue su asociación con el Mossad -envío de armas a Israel- lo que permitió a la Mafia de Chicago obtener una tarjeta de salida de la cárcel para los funcionarios del gobierno estadounidense

> Ante la insistencia de Meyer Lansky, [Giancana] y sus amigos empezaron a trabajar con el Mossad israelí, introduciendo armas de contrabando en Oriente Próximo.

> Todo entraba y salía de Panamá, lo que significaba que todo era gestionado por Hy Larner. Larner era sin duda el asesor financiero de mayor confianza de Sam Giancana. Todos en Panamá -desde banqueros hasta generales- comían de su mano. Una vez que las armas empezaron a fluir hacia Israel, Larner también tuvo a su disposición al ejército estadounidense y sus pistas de aterrizaje.

Y contrariamente a la leyenda popular, no fue Giancana ni otro famoso mafioso de Chicago, Johnny Roselli, quienes cimentaron los ahora infames complots CIA-Mafia para matar a Castro. Fueron Larner y su socio, Meyer Lansky, quienes estaban detrás del complot.

Es más, Corbitt y Giancana revelan que las relaciones de Larner con otras figuras del crimen, como el jefe de la mafia de Nueva Orleans Carlos Marcello y Santo Trafficante de Tampa, eran igual de íntimas.

Larner y las dos figuras de la Mafia del Sur participaban en lucrativas operaciones de contrabando de armas y drogas en el Caribe, por no mencionar las empresas de juego de la Mafia. En cuanto a la asociación de Larner con Lansky, Corbitt escribe

> Ambos eran absolutamente brillantes en el manejo del dinero, probablemente los mejores que la Mafia había visto nunca. También eran sionistas, apasionados defensores del derecho divino de los judíos a ocupar la Tierra Santa de Jerusalén. No se podría pensar que la religión de una persona tuviera alguna importancia, no cuando se trataba de un trato como el que el crimen organizado hizo con la CIA.

Pero Hy Larner y Meyer Lansky no eran sólo sionistas; también eran mafiosos que creían que el fin justificaba los medios. Pongan a su disposición el crimen organizado y el gobierno de Estados Unidos y obtendrán una fuerza muy poderosa, capaz de cambiar la faz de los bajos fondos y del mundo.

Larner y Giancana también estaban implicados en operaciones de juego con casinos radicados en Irán, entonces bastión del Sha de Irán, cuya infame policía secreta, SAVAK, era una creación conjunta de la CIA y el Mossad, un importante punto de discordia cuando los fundamentalistas islámicos derrocaron al Sha y le obligaron a exiliarse.

Corbitt también revela la increíble historia de cómo Giancana (con la ayuda de Larner) consiguió finalmente deshacerse del Departamento de Justicia de Estados Unidos.

Resulta que aunque el presidente Lyndon Johnson y sus asesores sionistas querían hacer la guerra a Egipto y a los demás Estados árabes en nombre de Israel, el enredo de Estados Unidos en Vietnam impidió a Johnson actuar.

Sin embargo, Giancana no sólo proporcionó una importante suma de dinero para ayudar a armar a Israel en su guerra de 1967 contra los países árabes, sino que Larner y Giancana también organizaron envíos de armas robadas a Israel desde uno de sus puestos avanzados en Panamá, una operación llevada a cabo en colaboración con el agente del Mossad radicado en Panamá Michael Harari.

A cambio de este servicio a Israel, el presidente Johnson ordenó al Departamento de Justicia que abandonara su campaña contra Giancana.

Pero el acuerdo entre Giancana y Larner llegó a su fin. Larner, al parecer, estuvo casi con toda seguridad detrás del asesinato de Giancana en 1975. Sin embargo, Larner siguió prosperando, incluso mientras los sucesores de Giancana se enfrentaban a una serie de procesos federales, ampliamente aclamados por los medios de comunicación como "el fin de la mafia en Chicago".

Durante sus años en la Mafia, Corbitt actuó a menudo como correo para Larner, viajando a Las Vegas, América Central y otros lugares. Según Corbitt, ahora se sabe con certeza que muchas de las actividades de

Larner desempeñaron un papel central en el ahora tristemente célebre asunto Irán-Contra, que sacudió a la administración Reagan-Bush en la década de 1980.

Finalmente, Corbitt fue acusado de corrupción y acabó en la cárcel. Pero estaba resentido con sus aliados de la Mafia, que creía que le habían traicionado. Se ofreció a ayudar al FBI a acabar con Larner.

Sin embargo, en 1997, cuando parecía que el caso contra Larner seguía su curso, el FBI informó a Corbitt de que el Departamento de Estado había intervenido y cancelado la investigación. Como explica Corbitt, "parece que mi viejo amigo el Sr. Larner tiene amigos muy influyentes".

De hecho, no era la primera vez que altos funcionarios del gobierno federal ordenaban al FBI, al IRS y a la DEA, conjunta e individualmente, que cesaran sus investigaciones sobre los asuntos de Larner, y no sería la última.

Aunque los periódicos panameños informaron de la muerte de Larner en 1991, varios años después surgieron rumores de que Larner estaba vivo y vivía en Flathead, Montana.

Cuando el libro de Corbitt estaba a punto de imprimirse, *el Miami Herald* anunció que Larner había muerto el 12 de octubre de 2002 y que sería enterrado en Skokie, Illinois. Como dice Giancana de forma sencilla y reveladora

> Curiosamente, no había titulares que anunciaran la muerte de uno de los mafiosos más poderosos del país.

Así que en realidad no importa si Larner está vivo o muerto. Según Giancana:

> Lo que importa es que la alianza ilícita que él y sus compinches forjaron hace unos cincuenta años con , líderes internacionales y elementos deshonestos dentro de los servicios de inteligencia y militares estadounidenses, sigue viva y coleando... Las agencias federales conocen los nombres de los autores. Saben dónde viven. Y, sin embargo, no hacen nada.

Double Deal es un libro asombroso que le hará pensar dos veces sobre lo que creía saber acerca de una amplia gama de temas, desde la "Mafia" hasta el asesinato de JFK, pasando por Irán-contra y toda la historia del contrabando de armas de la CIA, y mucho más. Todos estos temas parecen tener un hilo conductor común pero poco conocido: la conexión israelí, oculta desde hace mucho tiempo.

CAPÍTULO XIV

El Mossad vinculado al asesinato de Martin Luther King

Un actor clave en el asesinato de Martin Luther King Jr. estaba vinculado a una figura clave en la conspiración del asesinato de JFK. Ambos, a su vez, estaban firmemente vinculados a una implicación común en una operación de contrabando de armas con base en Estados Unidos íntimamente ligada al servicio de inteligencia israelí, el Mossad.

Esta revelación figura en un nuevo libro, *An Act of State*, del Dr. William F. Pepper, que -a menos que ocurra algo más explosivo- probablemente sea la última palabra sobre quién mató a King y por qué.

Basada en las investigaciones de Pepper como parte de su prolongado papel de abogado del presunto asesino de King, James Earl Ray, *An Act of State* está lejos de ser una apología del Mossad.

Sin embargo, la cautelosa referencia de Pepper al Mossad es un flashback para cualquiera que ya haya leído *Juicio Final*, el primer libro no sólo en documentar el papel del Mossad en el asunto JFK, sino también en plantear la probabilidad de la implicación israelí en el asesinato de Martin Luther King.

La afirmación de Pepper sobre el Mossad se basa en las declaraciones realizadas a uno de los investigadores de Pepper por el ex coronel John Downie, del Grupo 902 de Inteligencia Militar, una unidad con sede en el Ministerio de Defensa.

Según Downie, el misterioso personaje "Raúl" -que según el presunto asesino de King, James Earl Ray, ayudó a inculparle (a Ray) del asesinato de King- formaba parte de una operación internacional de contrabando de armas con base en Estados Unidos (que operaba en parte en Texas) que Pepper ya había determinado -a través de otras fuentes- que implicaba a Jack Ruby, el guardia del club nocturno de Dallas que mató al presunto asesino de JFK, Lee Harvey Oswald.

El vínculo entre "Raúl" y Ruby distaba mucho de ser tenue: "Raúl" y Ruby fueron colocados juntos por las fuentes de Pepper en numerosas ocasiones antes del asesinato de JFK, cinco años antes del asesinato de King.

En la operación de contrabando se utilizaban armas robadas en bases y armerías del ejército estadounidense, que se entregaban a la organización delictiva Carlos Marcello, con sede en Nueva Orleans, que a su vez entregaba las armas para su venta en América Latina y del Sur y en otros lugares. Los beneficios de la venta de armas se repartían presuntamente a partes iguales con el Grupo 902 de Inteligencia Militar de Estados Unidos, que utilizaba su parte para financiar operaciones encubiertas fuera de presupuesto.

Aquí está el enlace con el Mossad: Downie dijo que uno de los individuos -un actor clave en esta operación- era "un alto operativo del Mossad que trabajaba en Sudamérica y actuaba como alto oficial de enlace con el ejército estadounidense y la CIA".

Parece casi seguro que *Juicio Final* ha localizado la identidad del individuo descrito por la fuente de Pepper.

En *Juicio* Final, señalé que el famoso "hombre del paraguas" que fue fotografiado en la Plaza Dealey de Dallas el 22 de noviembre de 1963 tenía un parecido asombroso con Michael Harari, una figura del Mossad que lleva mucho tiempo siendo infame (pero que entonces estaba en la sombra).

En 1963, Harari estaba sobre el terreno como especialista en asesinatos del Mossad y sin duda habría estado en Dallas si, como afirma *Juicio Final*, el Mossad hubiera desempeñado un papel destacado en la conspiración contra JFK. Además, los documentos publicados muestran que a lo largo de su carrera Harari estuvo muy implicado en operaciones de inteligencia israelíes en México, Sudamérica y el Caribe, culminando en su papel más ampliamente publicitado como asesor jefe del entonces dictador panameño Manuel Noriega, que finalmente fue derrocado en una invasión estadounidense.

Entonces, ¿era Harari el "alto agente del Mossad que trabaja en Sudamérica" mencionado por la fuente militar estadounidense de Pepper? Si no, sin duda era alguien con quien Harari trabajaba.

El hecho de que Jack Ruby -que formaba parte de la operación de contrabando vinculada al Mossad descubierta por Pepper- tuviera múltiples conexiones con el Mossad e Israel no es ninguna sorpresa para quienes leyeron *Juicio Final*, que puso de relieve ese hecho:

- Contrariamente a lo que se cree, Ruby no era un esbirro de la "mafia" italoamericana, sino un agente clave en el tráfico de drogas del sindicato del crimen del jefe de la mafia y leal a Israel Meyer Lansky

- Ruby ya se jactaba en 1955 -según los archivos del FBI- de haber contrabandeado armas a Israel

- Luis Kutner, el abogado de Ruby desde hacía mucho tiempo -desde los primeros años de Ruby en Chicago-, tenía vínculos muy estrechos con los servicios de inteligencia y era un actor importante en el lobby pro-Israel

- Al Lizanetz, uno de los principales secuaces del jefe del crimen de Arizona, Kemper Marley (un testaferro bien pagado de la familia Bronfman, uno de los primeros socios de Meyer Lansky), había afirmado que Ruby, que operaba en Texas, también estaba en nómina de los Bronfman

- La noche anterior al asesinato de JFK, Ruby se reunió con un amigo íntimo, Lawrence Meyers, relacionado con una empresa vinculada por el FBI al contrabando de armas a Israel.

Así que, aunque los vínculos de Ruby con el Mossad han sido pasados por alto por otros escritores sobre el asesinato de JFK, los detalles se pueden encontrar en *Juicio Final*.

De hecho, existen otros extraños vínculos israelíes con el asesinato de Martin Luther King que han recibido poca atención.

En su anterior libro sobre el asesinato de Martin Luther King, *Órdenes de matar*, William Pepper describía los antecedentes del canadiense Eric Galt, cuya identidad había adoptado James Earl Ray durante sus numerosos viajes. Al parecer, Galt dirigía un almacén que albergaba un proyecto de municiones de alto secreto financiado por la CIA, el Centro de Armas de Superficie de la Marina estadounidense y el Mando de Investigación y Desarrollo Electrónico del Ejército. El objetivo era producir y almacenar "espoletas de proximidad" utilizadas en misiles tierra-aire y proyectiles de artillería.

En agosto de 1967, según Pepper, Galt "cooperó en otra operación del 902 [Grupo de Inteligencia Militar] que implicaba el robo de algunos de estos fusibles de proximidad y su entrega secreta a Israel". Según Pepper, obtuvo "un memorando confidencial emitido por el 902nd MIG el 17 de octubre de 1967 que confirma y discute esta operación, el Proyecto MEXPO, definido como un 'proyecto para explotar equipamiento militar de la División Científica y Técnica (S&T) de Israel'".

Así, por medios que siguen siendo misteriosos hasta el día de hoy, el "chivo expiatorio" del asesinato de King utilizó la identidad de un individuo que tenía vínculos con Israel y su investigación "científica y técnica" - que, por supuesto, va en la dirección del desarrollo nuclear. También hay que señalar que Galt estaba vinculado a la "división científica y técnica" de Israel.

También se ha establecido (aunque rara vez se menciona) que antes del asesinato de King, Ray había recibido dos números de teléfono de su contacto, "Raúl", a quien Raúl le había dado instrucciones de contactar en caso de necesidad. Ray determinó más tarde que el número de Nueva Orleans era el de Laventhal Marine Supply; y en su poco mencionada apelación temprana de su condena, escrita por él mismo, Ray afirmó que "el residente registrado de Nueva Orleans era, entre otras cosas, un agente de una organización de Oriente Medio molesta por el supuesto apoyo público de King, antes de su muerte, a la causa de los árabes palestinos". Por supuesto, Ray se refería a la Liga Antidifamación (ADL) de B'nai B'rith.

Más tarde, cuando Ray testificó ante el Comité de Asesinatos de la Cámara de Representantes, se refirió a este misterioso número y comentó: "No quiero entrar de nuevo en el terreno de la difamación y decir algo que pueda resultar embarazoso para uno o más grupos u organizaciones... él [King] tenía la intención, como en Vietnam, de apoyar la causa árabe... alguien de su organización se puso en contacto con los palestinos con vistas a una alianza." También en este caso, Ray se refería claramente a una posición adoptada por King que podría molestar a la ADL, aunque habló del tema sin expresarlo directamente.

El ataque de la ADL contra King fue una sorpresa para muchos de los admiradores y detractores de King, especialmente porque la ADL había elogiado a menudo a King en público, sobre todo en sus publicaciones dirigidas al público negro.

La primera revelación pública del espionaje de la ADL a King se hizo en el número del 28 de abril de 1993 del *San Francisco Weekly*, un periódico liberal "alternativo":

> Durante el movimiento por los derechos civiles, cuando muchos judíos tomaban la iniciativa en la lucha contra el racismo, la ADL espió a Martin Luther King y pasó la información a J. Edgar Hoover, según declaró un antiguo empleado de la ADL.
>
> "Era de dominio público y se aceptaba casualmente", dijo Henry Schwarzschild, que trabajó en el departamento de publicaciones de la ADL entre 1962 y 1964.
>
> "Pensaban que King era una especie de electrón libre", dijo Schwarzschild. "Era un predicador baptista y nadie podía estar seguro de lo que iba a hacer. A la ADL le preocupaba mucho tener un misil sin guía.

En lo que respecta a la ADL, el nuevo libro de Pepper revela otro detalle interesante: resulta que la ADL guardaba un importante expediente (cuya existencia la ADL ha negado) sobre un tal general Henry Cobb, que trabajó para sabotear los esfuerzos de Pepper por exonerar a James Earl Ray. Pepper no explica por qué la ADL tenía este archivo sobre Cobb, pero se puede concluir que los documentos podrían haber sido utilizados para "convencer" a Cobb de que "cooperara" en el encubrimiento del asesinato de Martin Luther King.

La tesis de Pepper es que el verdadero asesino de King -posiblemente un policía de Memphis- fue contratado por Frank Liberto, un acaudalado socio de Memphis de la familia criminal Marcello, con sede en Nueva Orleans (a su vez un eslabón clave del sindicato criminal Lansky, vinculado a Israel), pero que incluso mientras se llevaba a cabo el crimen, francotiradores del ejército estadounidense se encontraban en el lugar, observando los acontecimientos y proporcionando posibles refuerzos en caso de que King sobreviviera a la embestida de los "civiles". Su libro presenta un escenario aterrador y bien documentado. Sin embargo, es poco probable que Pepper se detenga en el hilo israelí que recorre todo el escenario.

Cualquiera que sea la opinión que se tenga de Martin Luther King, no cabe duda de que pretendía ir más allá de su acción en favor de los "derechos civiles" basados en la raza e implicarse en el ámbito de la política exterior estadounidense, lo que planteaba un problema indudable para las potencias. Esto es precisamente lo que condujo a su asesinato.

SECCIÓN TRES

ENTREVISTAS

CAPÍTULO XV

Reality Radio Network El *juicio final* de "Lost" Entrevista 9 de junio de 2003

Victor Thorn: Michael, empecemos esta entrevista hablando de *Juicio Final*. Permítanme preparar un poco la escena remontándome a 1992. Un representante de Illinois llamado Paul Findley dijo que de todos los libros que se habían escrito sobre el asesinato de Kennedy, ninguno - o quizás sólo unos pocos - habían mencionado el papel del Mossad en el mismo. Ahora, se han escrito tantos libros sobre el asesinato que incluso Elvis ha sido señalado. Así que fueron los únicos que permanecieron indemnes durante 30 años, hasta enero de 1994, cuando salió su libro. El libro se titula *Juicio final: el eslabón perdido de la conspiración del asesinato de JFK*. Después de esta breve introducción, díganos cuál ha sido la reacción a la publicación de este libro.

Michael Collins Piper: Permítanme explicar brevemente cómo llegué a escribirlo, porque creo que es muy importante.

Ha habido muchos libros, no sólo sobre el asesinato de Kennedy, sino también sobre la política exterior de Kennedy, sobre la Bahía de Cochinos en Cuba, sobre sus relaciones con la Unión Soviética y, por supuesto, sobre la política de JFK en el sudeste asiático. Pero hasta principios de los 90, no se había escrito nada sobre las relaciones de JFK con Israel y el mundo árabe. De hecho, hasta el mes pasado, no existía ni un solo libro sobre la política de JFK en Oriente Medio. Hoy acaba de publicarse un libro sobre este tema tan específico.

Pero a principios de la década de 1990 leí varios libros, entre ellos uno del ganador del Premio Pulitzer Seymour Hersh sobre el programa de armas nucleares de Israel; otro de Stephen Green (*Taking Sides: America's Secret Relations with a Militant* Israel), y otro del matrimonio Andrew y Leslie Cockburn, *Dangerous Liaisons*, sobre la relación secreta entre Estados Unidos y la agencia de inteligencia israelí, el Mossad. El hilo común que encontré en estos tres libros, que ofrecen una visión general del tema, es que a pesar de la percepción pública de lo contrario, John F. Kennedy estuvo, de hecho, profundamente enfrentado con el gobierno de Israel hasta el momento de su asesinato.

Empecé a investigar este tema y me dije: "Dios mío, de todos los posibles sospechosos que se han mencionado, me di cuenta de que en aquel momento, en toda la literatura sobre el asesinato de Kennedy, nadie había considerado la posibilidad de que Israel pudiera haber estado implicado en el asesinato. La razón era que John F. Kennedy intentaba impedir que Israel fabricara una bomba nuclear. Esto es aún más importante porque toda la política de defensa de Israel, su defensa nacional, gira en torno al tema de la defensa nuclear. Y John F. Kennedy estaba tratando de impedir que lograran sus objetivos.

Sobre esta base, empecé a consultar la literatura habitual sobre el tema del asesinato de JFK y, por supuesto, había varios nombres y personas que se mencionaban a menudo como posibles sospechosos. A estas personas se les llamaba "derechistas", "anticomunistas", trabajaban para la CIA, eran conservadores, etc.

Pero lo único que he encontrado que nunca se ha mencionado -y eso incluye a la llamada "mafia"-, lo único que nunca he encontrado que se mencione en la mayoría de los casos de los principales actores o implicados, son sus vínculos no sólo con el lobby israelí, sino también con vínculos muy claros con los servicios de inteligencia israelíes. Esos mismos vínculos con los servicios de inteligencia israelíes se cruzaron con elementos del crimen organizado estadounidense y de la CIA, los nombres que más a menudo se mencionan públicamente en relación con el asesinato de JFK.

De eso trata mi libro. Lo he reunido todo. Lo he descrito como una especie de imagen secreta de la otra cara del rompecabezas. En un rompecabezas aparecen todos esos vínculos aparentemente dispares: la mafia, el crimen organizado, incluso elementos del Ku Klux Klan y la derecha de Nueva Orleans. Se supone que todas estas personas han sido señaladas en un momento u otro, y de hecho, si miras al otro lado del rompecabezas, ves que todos están conectados. Y la imagen real en el otro lado del rompecabezas es la bandera israelí.

Molestó a mucha gente.

Victor Thorn: Usted muestra una compleja implicación entre los cuatro actores clave: el Mossad, la CIA, el sindicato del crimen organizado de Lansky, que según usted está a la cabeza de todo el asunto en lugar de los italianos, y por último, los medios de comunicación con esta organización llamada Permindex que flota en el centro de todo. Pero volviendo a Israel, usted dice que tenían los medios, la oportunidad y, sobre todo, el motivo para participar en este asesinato precisamente porque querían convertirse en una potencia nuclear.

Michael Collins Piper: Supongo que eso es lo que hace que este libro sea muy oportuno, porque acabamos de tener una guerra en Oriente Medio que no parece haber terminado todavía debido a las acusaciones de que Saddam Hussein tenía todas esas armas de destrucción masiva. Pero permítanme decirles que no parece que tuviera armas de destrucción masiva. Por supuesto que lo sabíamos. Lo interesante es que sabemos que en algún momento intentó desarrollarlas.

También sabemos que la razón por la que intentaba desarrollar estas armas de destrucción masiva era precisamente porque sabía, al igual que otros Estados árabes de Oriente Próximo, y al igual que los iraníes, que Israel tiene de hecho un arsenal nuclear masivo que, según una fuente autorizada que he visto, se considera el quinto más grande del mundo.

Así que si quieres ser coherente y plantear cuestiones sobre la carrera armamentística nuclear, no puedes limitarte a hacer preguntas sobre Sadam Husein o los norcoreanos. Si nos fijamos en la inestabilidad del Estado de Israel, con facciones literalmente muy enfrentadas que a veces luchan entre sí, con algunos sugiriendo que la guerra civil podría llegar a estallar en Israel, yo diría que nosotros, , deberíamos estar realmente preocupados por la posesión de armas nucleares por parte de Israel.

Como ya he dicho, yo planteé estas cuestiones y todas las fuentes que cité al respecto eran fuentes de la "corriente dominante". Es curioso porque me di cuenta de que en uno de los intentos fallidos de reseñar mi libro, alguien había publicado en Internet parte de la reseña que usted tenía en su sitio web. Y una persona trató de responder a eso diciendo: "Oh, Piper -y probablemente ahora Victor Thorn- hacen que parezca una gigantesca conspiración en la que todo el mundo se tropieza".

Usted sabe por haber leído mi libro -y todos los que lo han leído lo saben- que no puedo identificar a más de cinco o diez actores clave que creo que participaron en la planificación.

Victor Thorn: Exactamente.

Michael Collins Piper: Fue una conspiración a gran escala en el sentido de que estaban matando al Presidente de los Estados Unidos, pero en términos del número de personas implicadas, no era necesario que hubiera tantas.

Victor Thorn: Usted demuestra que hay un núcleo interno de planificadores, un núcleo secundario y unas cuantas personas en la periferia.

Michael Collins Piper: Eso es cierto. Incluso hoy en día, muchas personas cuyos nombres se han asociado a menudo con el asesinato - y esto es estrictamente mi opinión por lo que puedo ver - pero hay un montón de nombres de personas que estaban involucradas en cosas en Dallas y otras ciudades que se movían alrededor de la periferia. No tenían nada que ver con el asesinato y probablemente no tenían ni idea de que John F. Kennedy iba a ser asesinado.

Sólo hacían cosas siguiendo instrucciones de otras personas que, en última instancia, les implicaban de un modo u otro.

Por eso, por ejemplo, tenemos la historia de Clay Shaw en Nueva Orleans. A día de hoy, no estoy convencido de que Clay Shaw participara activamente en la preparación del asesinato de JFK; pero, por otro lado, no hay duda de que se movía en los círculos de las mismas personas que estaban vinculadas al asesinato. Y fue eso lo que le atrajo a la investigación de Jim Garrison.

Victor Thorn: Michael, hay algo que mencionas en este libro que es tan increíble que todo el mundo debería saberlo. En 1950, hubo algo llamado la Declaración Tripartita, que básicamente decía que Estados Unidos tomaría represalias contra cualquier país de Oriente Medio que atacara a otro. Mientras esto duró, hubo paz, o al menos una paz relativa en Oriente Medio. Había un equilibrio. John Kennedy quería preservar este acuerdo tripartito, y parece de vital importancia hoy en día, especialmente porque no hay equilibrio en Oriente Medio.

Michael Collins Piper: Es interesante porque plantea otro tema. Hay un nuevo libro, un libro extraordinario en el sentido de que es muy detallado, pero muy falso.

Se titula, creo, *Support Any Friend*, y hace un intento muy torpe de presentar a John F. Kennedy como el padre de la relación especial entre EE.UU. e Israel. Lo interesante del libro es que cuando se trata de discutir el conflicto de JFK con Israel sobre las armas nucleares, el autor -que francamente ha sido financiado por fundaciones respaldadas por Israel y fundaciones financiadas aquí en EE.UU. por partidarios de Israel- afirma que la lucha de JFK con Israel fortaleció nuestra relación con Israel. Esto es, en el mejor de los casos, una ilusión. Es una absoluta tontería, eso es lo que es.

Tengo que decir francamente que nunca intento sobrevalorar mi propia influencia, pero realmente tengo que pensar que este libro se escribió de alguna manera en respuesta a *Juicio Final* porque, cada vez más, se ha corrido la voz sobre mi libro. Conozco un caso en el que un ejemplar del libro fue leído por una veintena de médicos y técnicos sanitarios en una gran ciudad del oeste del país. Lo que ocurre es que se ha difundido la noticia de este conflicto entre JFK e Israel, y ahora sacan un libro para decir: "De hecho, JFK e Israel eran muy buenos amigos". ¡Y eso no es verdad

Victor Thorn: Tras el asesinato de Kennedy, LBJ tomó posesión e hizo dos cosas horribles para nuestro país. En primer lugar, usted muestra en su libro que casi inmediatamente después de que LBJ asumiera el cargo, nuestra ayuda a Israel se disparó a niveles récord. Además, pocos días después de su toma de posesión, firmó documentos que intensificaron nuestra participación en Vietnam. Entre Vietnam y nuestra ayuda a Israel, LBJ ha sido desastroso para nuestro país.

Michael Collins Piper: Eso cambió todo el curso de los acontecimientos. Es un hecho que las primeras grandes ventas de armas estadounidenses a Israel tuvieron lugar durante la administración Kennedy.

Pero la razón por la que Kennedy hizo esto fue que esperaba utilizarlo como medio para influir en Israel para que no construyera armas nucleares. Pero incluso hasta su última gran conferencia de prensa, unas semanas antes de su asesinato, Kennedy se quejaba de que el lobby israelí en Washington había saboteado esencialmente los esfuerzos por tender puentes hacia el mundo árabe, y en particular hacia Egipto.

Kennedy sí vendió armas a Israel, la primera venta de armas desde la creación del Estado de Israel. Sólo después del asesinato de Kennedy la política estadounidense cambió tan radicalmente, y éste fue también el cambio de política en Vietnam. El asesinato de Kennedy -más de lo que la gente cree- supuso un importante punto de inflexión en la política estadounidense y, a día de hoy, tiene repercusiones que nos afectan. Cada vez que un joven estadounidense regresa de Irak en una bolsa para cadáveres, es una consecuencia directa del asesinato de Kennedy.

Victor Thorn: Estoy de acuerdo. Usted cuenta otra historia sobre cómo Israel comenzó a construir una instalación nuclear en Dimona, y pensaron que lo estaban haciendo sin que Kennedy se diera cuenta, pero él lo sabía. Sabía lo que estaban haciendo. De hecho, lo sabía tanto que les desafió y envió a gente allí para decirles que iban a inspeccionar esa instalación. Cuando leí eso, pensé en lo que ocurre hoy con las "instalaciones nucleares" en Oriente Medio. Las trasladan aquí y las trasladan allá, e Israel hizo lo mismo en su momento.

Michael Collins Piper: Sí, lo que hicieron fue construir una "planta tapadera", por así decirlo. Una planta nuclear "tapadera" alrededor de la planta principal para intentar distraer a los inspectores de armas estadounidenses, para convencerles de que no era para construir bombas nucleares, sino para destilar agua para hacer florecer Oriente Medio. En aquel momento, la situación era muy intensa; sólo faltaban dos semanas para el asesinato de Kennedy. Se celebró una reunión de alto nivel aquí en Washington entre un representante israelí, un representante estadounidense y otros, y realmente dejaron de lado la cuestión nuclear porque era muy delicada y tenían otras cosas de las que ocuparse. Así que lo dejaron de lado. Esto tiene lugar en medio de cartas muy virulentas del presidente Kennedy al primer ministro israelí Ben Gurion, y luego a su sucesor.

Todo indica -aunque algunos han intentado refutarlo- que la intransigencia percibida de JFK en la cuestión de las armas nucleares fue una de las razones por las que Ben-Gurion dimitió como Primer Ministro de Israel. Todo este asunto nuclear entre Israel y Estados Unidos es algo de lo que no se puede escapar.

La otra cosa que la gente me ha dicho, y realmente desearía tener un crítico serio que pudiera echarme abajo, pero no lo han hecho, la otra crítica que surge, y casi me río cuando la oigo, es "Oh, bueno, un pequeño país como Israel nunca se involucraría en el asesinato de un presidente estadounidense porque, si le pillaran...". Yo siempre digo: "Al que mató a John F. Kennedy no lo pillaron porque sabía que Lyndon Johnson y la Comisión Warren lo encubrirían".

Y por supuesto, sin abundar en el tema, en mi libro muestro de manera muy convincente que había gente clave en el personal de la Comisión Warren, no sólo miembros de la propia Comisión, que de hecho estaban directamente vinculados, o debería decir, involucrados en el programa de armas nucleares de Israel; y en segundo lugar, gente que se beneficiaba de ello. Así que era este asunto nuclear oculto que JFK tenía con Israel.

He recibido más cartas de gente que me dice: "Cuando oí hablar por primera vez de su libro, pensé que era una locura". Pensaban que era propaganda o una tontería. Luego leyeron el libro, se dieron la vuelta y me escribieron cartas de disculpa y me dijeron: "Sabes qué, creo que podrías tener razón".

Me produce una gran satisfacción, y el otro día un hombre me escribió para decirme que había recibido un ejemplar de mi libro de manos de una "persona muy importante" que le había dicho: "Creo que tienes que leer este libro porque es más o menos lo que pasó".

Así que ya se ha corrido la voz sobre mi libro, y en parte es gracias a gente como tú que se ha atrevido a decir cosas bonitas sobre él y a difundirlo. Es la única manera. Volviendo a lo que estábamos hablando.

Esa es la esencia de mi trabajo y del suyo: sacar a la luz las noticias reales y las opiniones, teorías e ideas alternativas que no se expresan en los principales medios de comunicación, ya se trate del asesinato de Kennedy, de la política exterior de Estados Unidos, de la política económica o de cualquier otro asunto importante. De eso se trata. Tenemos libertad de expresión en este país, y mucha gente está intentando arrebatárnosla. Sabemos quiénes son los culpables.

Victor Thorn: Lo que sorprenderá a la gente cuando lea este libro es que pensarán que sólo trata del asesinato de Kennedy. Lo que me sorprendió fue lo histórico que es, cómo va más allá para mostrar acontecimientos políticos, acontecimientos actuales y cosas que han sucedido hasta nuestros días. Como usted dijo sobre David Ben Gurion (y estoy parafraseando): él era tan inflexible al respecto que decía que la supervivencia de Israel dependía de la obtención de armas nucleares.

Michael Collins Piper: Absolutamente, absolutamente. Tienes razón, tienes razón. Tienes razón. Esa es otra cosa sobre *el día del juicio final*.

Aunque gira en torno al asesinato de JFK, es muy diferente de muchos otros libros sobre el tema porque sitúa todo el asesinato en un contexto histórico y muestra cómo los acontecimientos actuales de la época se vieron influidos por el asesinato y cómo se relaciona con otros acontecimientos de la historia, desde cosas como la implicación de la CIA en el tráfico internacional de drogas hasta Vietnam, América Central y América del Sur. Todo está conectado y, como he dicho, el hilo conductor es la conexión israelí.

Incluso hoy, con el escándalo Irán-Contra, la parte secreta de este asunto era Israel. Israel estaba metido hasta el cuello en el asunto Irán-Contra. Incluso los acuerdos americanos, y por supuesto los acuerdos Irán-Contra, estaban directamente relacionados con la implicación de la CIA en el tráfico de drogas.

Si nos fijamos en Sudamérica en este momento, los israelíes están profundamente implicados en el tráfico de drogas. Esto está literalmente relacionado con Irak debido a la guerra entre Irán e Irak. Los israelíes jugaron a dos bandas y ayudaron a cambiar el papel de Estados Unidos en esa guerra, que provocó la muerte de millones de personas. Se trata de la guerra entre Irak e Irán. Todo esto nos lleva de nuevo a los acontecimientos de Dallas.

Victor Thorn: Michael, nos remite a una figura muy conocida: Meyer Lansky.

Michael Collins Piper: Meyer Lansky es un personaje muy interesante. Tenemos todas esas películas maravillosas. *El Padrino* es una gran película. Me encanta esa película. La he visto diez veces. Cuenta la historia de una familia italoamericana, del crimen organizado, etc. "La mafia, la mafia". Pero si miras a los diferentes personajes que han sido más a menudo vinculados al asesinato de JFK, y cuando dicen que lo hizo la Mafia, encuentras a Carlos Marcello en Nueva Orleans, y a Santo Trafficante en Tampa. Siento decírtelo, pero todos estos tipos estaban estrechamente vinculados al Mossad a través de Meyer Lansky.

Meyer Lansky es el hombre que convirtió a Carlos Marcello en el jefe del crimen organizado de Nueva Orleans. De hecho, Carlos Marcello ni siquiera formaba parte de la famosa familia "mafiosa" que dirigía Nueva Orleans. Meyer Lansky llegó, destituyó al verdadero jefe de la mafia y entregó el poder a Carlos Marcello. Santo Trafficante sólo llegó a estar al mando de Tampa porque se alió con Meyer Lansky. Meyer Lansky, a su vez, tenía estrechos vínculos con los israelíes y el Mossad. También estuvo implicado en muchos asuntos de la CIA.

Desde *la* publicación de la quinta edición de *Juicio Final*, se ha publicado un nuevo libro fascinante, titulado *Double Deal*. El coautor del libro es Sam Giancana, sobrino del policía de Chicago Sam Giancana. Resulta, según el Sr. Giancana y su coautor, que era un policía local de Chicago con conexiones con la Mafia, que el verdadero poder detrás del trono del crimen organizado en Chicago desde los años 30 hasta los 70 y 80 era un tal Hyman Larner, a su vez socio de Meyer Lansky, que a su vez hizo muchos tratos con el Mossad.

Incluso Sam Giancana, el famoso jefe de la mafia de Chicago, ha visto una sucesión de jefes de la mafia y figuras del crimen italoamericano en Chicago que se mantenían en el poder durante unos años y luego acababan yendo a la cárcel. Pero Hyman Larner nunca fue a la cárcel.

Como he dicho, seguimos revolviendo las piedras y encontrando la conexión israelí. Y no estoy hablando necesariamente de una conexión judía. Estoy hablando de una conexión israelí.

Victor Thorn: Ojalá tuviéramos toda la tarde para hablar de este tema; pero en otro orden de cosas, sé que en las últimas semanas y meses has estado cubriendo esta nueva y horrible normativa de la FCC que se acaba de aprobar hace unos días. Díganos lo que piensa al respecto y lo que cree que le va a pasar a este país ahora que se ha aprobado.

Michael Collins Piper: Es algo muy complejo, pero a grandes rasgos, esto es lo que hay en estos momentos: hay un puñado de grandes empresas internacionales que controlan un gran número de periódicos, emisoras de radio, canales de televisión y, cada vez más, diversas formas de comunicación. Las cifras varían según las estimaciones individuales , pero en términos generales no hay más de diez grandes empresas. Entre ellas figuran cadenas de periódicos, empresas de comunicación como Disney y Viacom, etc.

A lo largo de los años, la Comisión Federal de Comunicaciones ha impuesto restricciones que han limitado el número de periódicos y/o emisoras de radio y televisión que pueden poseerse en un determinado mercado de medios de comunicación. El año pasado, sin embargo, la FCC fue presidida por Michael Powell, republicano e hijo del Secretario de Estado Colin Powell. En la actualidad, la mayoría de los miembros de la Comisión son republicanos.

En cualquier caso, la FCC ha anunciado que va a cambiar las normas y permitir que los grandes grupos mediáticos compren más periódicos, emisoras de radio y canales de televisión en los distintos mercados mediáticos. La idea misma de una prensa libre es que haya tantas voces diferentes como sea posible. Sin embargo, las nuevas normas propuestas por la FCC están diseñadas para permitir que las grandes empresas aumenten su influencia.

AFP publicó un artículo en portada sobre el tema y me gustaría decirles que, en aquel momento, estoy bastante seguro de decir que era la primera vez que esta historia recibía publicidad nacional. Se publicaron artículos en las secciones de negocios de los periódicos. Enterrados, debería decir, en las secciones de negocios de los periódicos.

Pero en los dos últimos meses, a medida que se difundía la noticia, diversas organizaciones -tanto de derechas como de izquierdas- y, atención, yo no suscribo esta teoría de "derechas" contra "izquierdas".

Yo lo veo como un problema de las grandes corporaciones y los grupos de intereses especiales contra el pueblo. En cualquier caso, una amplia gama de organizaciones, desde la Asociación Nacional del Rifle a la Organización Nacional de Mujeres y muchas otras, están animando a sus seguidores a ponerse en contacto con la FCC y el Congreso y decir: "No queremos que esto ocurra. Estamos en contra del monopolio de los medios de comunicación. Estamos en contra de que estas empresas sigan fusionándose".

Como resultado, la FCC recibió casi 500.000 cartas, correos electrónicos, postales y demás. Una cifra sin precedentes. Sin embargo, la FCC siguió adelante y adoptó esta nueva normativa.

Hubo una amplia oposición pública al proyecto. Los únicos que lo apoyaron fueron las grandes empresas. Siguen diciéndonos que tenemos una prensa libre y que tenemos una democracia en Estados Unidos, cuando tenemos 500.000 personas que se preocupan lo suficiente como para hacer algo al respecto y decirles "no", y aun así siguieron adelante y lo hicieron de todos modos.

Lisa Guliani: Michael, el autor Edward Aboud dice que la mayoría del electorado no está representada en los medios de comunicación dominantes. ¿Qué opina al

Michael Collins Piper: Creo que eso es absolutamente cierto. Acabo de escribir un artículo para *American Free Press* en el que señalo, basándome en el trabajo de Robert McChesny, que es un muy buen escritor sobre medios de comunicación y profesor de comunicación en la Universidad de Illinois, que existe la percepción de que los medios de comunicación son liberales, pero los medios son mucho más conservadores de lo que mucha gente piensa. De hecho, hay un montón de lo que yo llamo "voces conservadoras aprobadas", como Bill O'Reilly en FOX News, Rush Limbaugh, Mike Savage, G. Gordon Liddy - estas "voces conservadoras aprobadas" a las que se les permite discutir ciertos temas. Pero no les oirás hablar del Nuevo Orden Mundial.

No les oirás hablar de la Comisión Trilateral ni del Consejo de Relaciones Exteriores. Nunca hablan de "conspiración". No hablan de la Reserva Federal ni nada por el estilo.

Lo que tenemos es un medio de comunicación corporativo que sirve a los intereses de una élite poderosa y rica en este país. A eso se reduce todo.

Victor Thorn: Para preservar el status quo.

Michael Collins Piper: Exactamente.

Victor Thorn: Ésa es la definición de conservadurismo: preservar el statu quo. Así que yo diría que los medios de comunicación son muy conservadores en el sentido del statu quo .

Michael Collins Piper: Eso es cierto, y es muy gracioso porque uno se encuentra con todos estos comentaristas conservadores muy famosos y bien pagados, cuyos libros son promocionados por los medios de comunicación y que son promocionados en los medios de comunicación, hablando de cómo los liberales controlan los medios de comunicación. Pero si los liberales controlaran realmente los medios, estas voces conservadoras "aprobadas" no tendrían alcance ni salida.

Es un poco una fiesta. Se sientan y saben que el gran secreto es que es una élite la que controla los medios de comunicación, y nos dan una dieta constante de supuesto debate entre la derecha y la izquierda que nos mantiene a todos centrados -me atrevería a decir- en el campo de la izquierda o en el campo de la derecha. Y nos perdemos lo que realmente ocurre en el centro, por así decirlo.

Lisa Guliani: Y lo que acaba ocurriendo es que las noticias reales no se ponen a disposición del público.

Michael Collins Piper: No, no es así. Y eso es lo que realmente me irrita. Alguien ha mencionado hoy un artículo de *AFP* de esta semana en el que se señalaba que había habido mucha cobertura en la prensa generalista sobre la tragedia que rodea a esta mujer, Laci Peterson, en California. Perdónenme, es muy trágico, pero déjenme decirles algo: aquí en Washington, D.C., la gente es brutalmente asesinada cada dos días, y eso sólo en Washington. Incluso asesinan a gente en State College y no llega a los titulares nacionales, mientras que estos otros asesinatos son a veces muy sensacionalistas.

Así que tenemos que preguntarnos por qué los medios de comunicación han convertido el asunto de Laci Peterson en una noticia nacional. ¿Qué pretenden? ¿Están intentando distraernos de las verdaderas noticias que afectan a todos los americanos? Eso es lo que me temo. De hecho, sé que eso es lo que está pasando.

Victor Thorn: Como "Long Island Lolita", tiene los ingredientes adecuados.

Michael Collins Piper: Exactamente. Es una verdadera ofensa para mí, como persona razonablemente educada, que me alimenten con estas no-noticias disfrazadas de noticias, cuando hay asuntos reales como la Reserva Federal, que afecta a nuestro sistema monetario, o como la Guerra del Golfo. Todas estas cosas afectan a nuestra vida cotidiana, a nuestra supervivencia y a nuestra existencia, no sólo como estadounidenses, sino también como seres humanos de este planeta. Es en este contexto en el que nos centramos en el caso Peterson o, me atrevería a decir, en el caso O.J. Simpson.

Lisa Guliani: O, como dice Edward Aboud, "la cobertura de las tormentas por parte del equipo".

Michael Collins Piper: ¡Exacto! En serio, a eso se reduce todo, y por eso es tan importante tener medios de comunicación independientes. Estos grandes monstruos de los medios de comunicación, este monopolio de los medios de comunicación - su excusa para poder comprar más y más medios de comunicación es que todo el mundo tiene acceso a Internet. Pero lo que se olvidan de decir, es que muchas de estas grandes empresas - incluso hoy - cuando la gente busca noticias e información, hay personas en Peoria, Illinois o Lincoln, Nebraska, que piensan que realmente tienen acceso a las noticias reales porque pueden ir a Internet y acceder al *New York Times* y al *Washington Post*, que no podían conseguir por suscripción, simplemente porque no existían. En realidad, la misma información se repite ad infinitum a través de un gran número de canales diferentes.

Una vez le preguntaron a Walter Cronkite, el bisabuelo de los informativos de televisión (o tal vez de la propaganda televisiva): "¿Cómo se decide lo que va a salir en las noticias de la noche?". Respondió: "Siempre es seguro que si quieres decidir lo que va a salir en las noticias, es lo que aparece en la portada *del New York Times"*. Si así es como Walter Cronkite tomó la delantera, significa que quien decide lo que aparece en la portada del *New York* Times también decide lo que aparece en las noticias de la CBS esa noche.

Victor Thorn: Michael, ¿qué crees que significará esta decisión de la FCC dentro de unos años? ¿Cómo ves el mercado de los medios de comunicación dentro de unos años

Michael Collins Piper: En este momento, varios miembros del Congreso han planteado preguntas al respecto. Lo bueno es que parece que intentan utilizarlo como tema de campaña contra George Bush. Algunos miembros del Congreso están probablemente tan preocupados como usted y yo. Si podemos aprovecharnos de ello porque los demócratas quieren utilizarlo contra George Bush, estoy totalmente a favor porque es importante. Tenemos que seguir centrándonos en esta cuestión, aunque no vuelvan a cambiar estas normas, aunque el Congreso no tome medidas para obligar a la FCC a dar marcha atrás - que puede hacerlo-, tenemos que seguir luchando por esta cuestión. Ese es otro punto importante que hay que mencionar.

Otros países, como Nueva Zelanda, Canadá y Australia, han creado partidos políticos alternativos y terceros partidos que han hecho del desmantelamiento de los monopolios mediáticos una cuestión política de primer orden.

Y estos son partidos políticos que tienen un impacto. Si pueden hacerlo en otros países, en un país como Estados Unidos donde tenemos tantos medios de comunicación, tanta capacidad para poner de relieve los problemas, entonces creo que tenemos que hacerlo también aquí en Estados Unidos.

Lisa Guliani: El problema al que nos enfrentamos es ampliar el círculo, porque la información en Internet está tan deliberadamente confinada dentro de la caja que es prácticamente imposible intentar difundirla al público en general.

Michael Collins Piper: Es cierto, y ése es uno de los problemas que tengo con Internet; pero, por otra parte, el círculo se ha ampliado considerablemente gracias a Internet.

Francamente, eso ha sido un problema para publicaciones como *American Free Press*. Nunca diría que tenemos un monopolio, pero en cierto modo, hace unos años, cuando trabajaba para *The Spotlight* -hace *unos* 20 años-, *The Spotlight* era un gran periódico, y había muchas pequeñas publicaciones independientes. Hoy, por desgracia, muchas de esas pequeñas publicaciones independientes han desaparecido, como consecuencia directa de Internet. Sólo gracias a la lealtad de sus lectores, un periódico como *American Free Press ha* podido sobrevivir.

Lisa Guliani: Tienes todo nuestro respeto.

Michael Collins Piper: De eso se trata. Por eso *American Free* Press ha podido sobrevivir, únicamente gracias a sus partidarios. Quiero hacer otra observación, no para insistir en el punto, pero un periódico como *American Free Press* o su publicación en Internet, dependemos de nuestros partidarios para financiar literalmente nuestros esfuerzos, porque si no tuviéramos ese apoyo, no podríamos existir. Por el contrario, los principales medios de comunicación de este país, los grandes periódicos, las cadenas de televisión y las emisoras de radio reciben literalmente miles de millones de dólares en financiación de los anunciantes y las grandes empresas.

Y lo irónico es que la mayoría de la gente no lo sabe, pero la mayoría de los estadounidenses piensa que su periódico es una especie de servicio público. Como el teléfono, la radio o la televisión. La mayoría de la gente tiene la impresión de que es "gratis". Lo encienden y reciben la información "gratis". Puede que paguen 10, 15 o 25 céntimos al día por su periódico. No lo ven como un coste, así que piensan que personas como Tom Brokaw están ahí para ser amables y ofrecerles la información que necesitan.

Pero, de hecho, Tom Brokaw es miembro del Consejo de Relaciones Exteriores. Ciertas familias poderosas tienen importantes intereses financieros en las tres grandes cadenas. Así que es un monopolio mediático. *American Free Press* dice que los medios son el enemigo, y lo creemos.

Lisa Guliani: Nosotros también creemos en ello.

Victor Thorn: Michael, pasemos un momento a los asuntos exteriores. Díganos qué piensa de esta hoja de ruta para la paz.

Michael Collins Piper: El concepto básico de la hoja de ruta es algo que a todo el mundo le gustaría apoyar. Sin embargo, hay críticos de la llamada Derecha Cristiana aquí en Estados Unidos que dicen que George Bush, a quien elogiaban hace apenas unas semanas por bombardear el infierno de Irak; estas mismas personas dicen ahora que George Bush va a ir al infierno porque está abandonando a Israel.

Por otro lado, ciertos elementos entre los palestinos dicen que esta hoja de ruta es una capitulación de los palestinos y que no se sentarán. Se niegan a participar en esta capitulación. Parte del problema, y esto viene de mis propios estudios del Mossad, es que si empiezas a estudiar algunos de estos grupos fundamentalistas islámicos y grupos palestinos de línea dura, descubres a lo largo de los años que los israelíes financiaron realmente a Hamás en un momento dado. Hamas es su enemigo más acérrimo.

Los israelíes se han infiltrado en un gran número de estos grupos "terroristas". Saben lo que hacen y cuándo van a detonar las bombas. Por mucho que a todos nos gustaría ver la paz en Oriente Medio, francamente no creo que vaya a suceder. No creo que esté a nuestro alcance a corto plazo porque hay demasiados elementos intransigentes en ambos bandos; y sorprendentemente, hay elementos intransigentes incluso en la derecha israelí que financian y fomentan elementos extremistas entre los palestinos y otros grupos porque les beneficia.

Si pueden hacer creer a los palestinos que no quieren la paz, entonces pueden darse la vuelta y decir que no se sentarán a negociar. Es una verdadera trampa para serpientes. Es una verdadera tragedia porque hay mucha gente inocente en ambos bandos -musulmanes, cristianos y judíos- entre todas las personas implicadas aquí.

No se trata realmente de una cuestión religiosa, aunque la cuestión de la religión siga apareciendo. Se trata de una verdadera política de poder, y hay que preguntarse si los verdaderos dueños del poder -los controladores secretos de este mundo- no lo quieren así. Es como si quisieran este tipo de problemas porque les da el poder de moldear el mundo. Quiero que haya un Estado palestino, y si los israelíes se comportan, quiero que tengan su propio Estado.

Pero tal y como están las cosas, no veo cómo puede ocurrir.

Victor Thorn: Estás conteniendo la respiración tanto como nosotros. ¿Qué pasa con Perle, Wolfowitz, Cheney y Rumsfeld? ¿Quieren mantener la máquina de guerra en marcha

Michael Collins Piper: Me temo que sí. Al principio pensé que su objetivo era Siria, pero de repente las cosas parecen haberse evaporado. Ahora, de repente, el foco parece estar en Irán.

El otro día oí que Condoleezza Rice había hecho saber discretamente que no habría más acciones militares bajo la primera administración Bush. No quieren correr el riesgo de estropear las cosas. Creo que probablemente se deba a que saben que el asunto de Irak aún no ha terminado. Todavía hay cadáveres que vuelven a casa. La guerra está lejos de haber terminado, a pesar de la gran aparición de nuestro Presidente en el portaaviones y de todas esas maravillosas fotos de tropas sonrientes dándole la bienvenida. No es tan sencillo.

Creo que lo que más me preocupa -y esto es algo terrible- es que esta noche estaba hablando con alguien en la calle sobre esto, y me preguntó si iba a haber otro atentado terrorista. Le dije: "Bueno, ya sabes, puede que lo haya".

Y cuando digo "ellos", no me refiero al puñado de terroristas árabes que operan desde cuevas en Afganistán. Estoy hablando de la gente que ordenó este crimen. No sé quién lo hizo, pero no creo que lo hiciera un puñado de terroristas.

Victor Thorn: ¿Cree que algún día se revelará la verdad sobre el 11-S a gran escala

Michael Collins Piper: No. ¿Sabes por qué nunca sucederá a gran escala? Se van revelando trozos de la verdad aquí y allá, a su manera. El otro día, una de las esposas de una de las personas que murieron en uno de los aviones el 11 de septiembre declaró ante una comisión especial y planteó todas estas cuestiones tan serias. Los medios de comunicación nunca lo cubrieron.

CAPÍTULO XVI

WING TV Los sumos sacerdotes de la guerra
Entrevista 24 de mayo de 2004

Victor Thorn: Hoy en WING TV nos enorgullece anunciar a nuestro primer invitado, alguien a quien consideramos el mejor escritor político del país: el Sr. Michael Collins Piper. Es el autor del recientemente publicado *The High Priests of War* y del libro seminal sobre el asesinato de JFK, *Final Judgment*, ahora en su sexta impresión. Michael también escribe para *American Free Press*. ¿Cómo estás, Michael

Michael Collins Piper: Estoy listo para empezar. Hoy en día están pasando muchas cosas en nuestro mundo, Víctor y Lisa, así que tenemos que estar más atentos que nunca, me temo.

Lisa Guliani: Michael, estamos encantados de tenerte con nosotros.

Michael Collins Piper: Sí, me alegro de volver a su programa. He estado en su programa de radio antes, pero esta es una nueva experiencia para mí con WING TV. Será una experiencia de aprendizaje para todos nosotros, supongo.

Victor Thorn: Eres nuestro primer invitado, ¡así que empezaremos con un BANG! Así que vayamos al meollo de la cuestión. ¿Hasta qué punto nuestra política exterior está dictada por los intereses de Israel

Michael Collins Piper: Le diré que en un tiempo habría dicho que era una influencia muy fuerte. Ahora diría, basándome en lo que he observado y en lo que he aprendido escribiendo *Los sumos* sacerdotes *de la guerra*, que una camarilla pro israelí -este grupo al que he llamado los "sumos sacerdotes de la guerra", los neoconservadores- controla absolutamente el aparato de toma de decisiones de política exterior de Estados Unidos. Esto no significa que todos los miembros de la administración Bush, por ejemplo, pertenezcan a esta camarilla. Pero aquellos que son miembros de los sumos sacerdotes de la guerra, esa camarilla neoconservadora vativa, son el factor predominante en la toma de decisiones políticas.

El propio senador Fritz Hollings -senador retirado de Carolina del Sur- ha declarado que el objetivo de la guerra de Irak se centraba en la política del presidente Bush de proteger a Israel.

Precisamente de eso se trataba. No tenía nada que ver con armas de destrucción masiva. No tenía nada que ver con la difusión de la democracia. No tenía nada que ver con liberar al pueblo iraquí de Saddam Hussein. Simplemente formaba parte de una política para proteger a Israel de Sadam Husein.

Esta política ha sido definida por estos neoconservadores y forma parte de una política mucho más amplia en la que no sólo quieren ampliar las fronteras de Israel desde el Nilo hasta el Éufrates (lo llaman el Gran Israel), sino que también es una conspiración. Llamémoslo por su nombre: un complot para utilizar el poderío militar de Estados Unidos -los hombres y mujeres, niños y niñas que están muriendo allí- para apoyar toda esta agenda secreta neoconservadora.

Lisa Guliani: Voy a mencionar algunos nombres y me gustaría que hablara de su papel en esta camarilla. En primer lugar, Paul Wolfowitz.

Michael Collins Piper: De acuerdo, Paul Wolfowitz es subsecretario de Defensa bajo las órdenes de Donald Rumsfeld, pero la verdad es que Wolfowitz y su lugarteniente, Douglas Feith, son probablemente los verdaderos poderes detrás del trono en el Pentágono. Wolfowitz ha formado parte de esta cábala neoconservadora durante 25 o 30 años, pero obviamente fue sólo con la guerra de Irak y las circunstancias que la rodearon cuando la gente empezó a interesarse por estos neoconservadores y su agenda bélica. Wolfowitz existe desde hace mucho tiempo.

Lisa Guliani: ¿Y Richard Perle

Michael Collins Piper: Richard Perle es probablemente el gran mago de los neoconservadores, si es que alguna vez hubo uno. Es sin duda su principal estratega geopolítico entre bastidores.

Sobre todo, es el más influyente en los círculos militares y de defensa. Ex subsecretario de Defensa en la administración Reagan, más recientemente "asesoró" al presidente Bush como miembro del aparentemente independiente Consejo de Política de Defensa. Richard Perle tiene fuertes vínculos con Israel. Ha sido miembro registrado de grupos de presión de la industria armamentística israelí y fue investigado por el FBI -nuestro propio FBI- por espiar para Israel. Por supuesto, nunca fue procesado. Así que éste es uno de los hombres que manipuló la política dentro y fuera de la administración Bush.

Victor Thorn: Además, su "Príncipe de las Tinieblas".

Michael Collins Piper: Richard Perle es conocido como el "Príncipe de las Tinieblas". Es bastante apropiado, en realidad.

Lisa Guliani: William Kristol.

Michael Collins Piper: William Kristol es editor *del Weekly Standard,* publicado por Ruppert Murdoch. *The Weekly Standard* es una revista semanal que se hace eco de los neoconservadores. Le decía a alguien el otro día que esta revista está tan centrada en Israel que ni siquiera puede hacer un artículo sobre béisbol sin mencionar a Israel en algún contexto. Esta revista es la clave para entender la política neoconservadora: creen que cada aspecto de la política exterior estadounidense, tanto si trata directamente de Oriente Próximo como si no, incluso si se trata de Islandia o Irlanda o Indonesia; cada política que Estados Unidos lleve a cabo, quieren que esté cuidadosamente integrada con los intereses de Israel. Si Estados Unidos decide concluir un acuerdo comercial amistoso con Indonesia, ese acuerdo debe echarse por tierra si resulta que interfiere con la comercialización de productos israelíes en Estados Unidos. Esto demuestra la intensidad con la que los neoconservadores han correlacionado e integrado a Israel en su propio pensamiento político.

Puede comprobarlo usted mismo leyendo la revista de William Kristol. Él y su padre Irving Kristol fueron los principales coordinadores políticos del movimiento neoconservador en el Washington oficial. Pusieron sus manos en numerosas fundaciones. Gracias a esta influencia, pudieron controlar la distribución del dinero de las fundaciones a numerosos grupos de servicio neoconservadores. Así, si no cuentas con el favor de William Kristol y su padre, Irving Kristol y los neoconservadores, no recibes dinero. ¿Qué dicen siempre? ¿Seguir el dinero? Bueno, si sigues el dinero, siempre te lleva de vuelta a la familia Kristol.

Lisa Guliani: ¿Qué hay del papel de Henry Kissinger en todo esto

Michael Collins Piper: Henry Kissinger es un personaje muy interesante en todo esto porque, tradicionalmente, no se le consideraba parte de la red neoconservadora. Sin embargo, desde que dejó su cargo de Secretario de Estado en 1977 y se dedicó a los negocios privados, se ha sumergido de hecho en la red de poder neoconservadora a través de sus asociaciones con William Kristol, Irving Kristol y la red neoconservadora.

Irónicamente, muchos de estos neoconservadores modernos criticaban abiertamente las políticas defendidas por Henry Kissinger cuando era Secretario de Estado en las administraciones de Nixon y Ford. Pero ahora Kissinger, en cierto modo, se ha unido a los neoconservadores, defendiendo esencialmente esas mismas políticas. Ahora que ya no está en el cargo, puede hacer precisamente lo que quiera sin ser gobernado por nadie más.

Victor Thorn: Siempre el oportunista.

Michael Collins Piper: Sí, es un oportunista.

Kissinger no es generalmente reconocido como un neoconservador per se, debido a sus antecedentes políticos, pero ha llegado a respaldar las políticas que defienden. Eso es interesante.

El leopardo puede cambiar sus manchas.

Victor Thorn: Cuando hablamos de los neoconservadores, es fácil ver lo diabólicos y engañosos que son, pero siempre existe ese elemento de intriga a su alrededor, como si fueran una secta a la que de algún modo se le ha dado una amplia notoriedad. ¿Qué puede decirnos de este elemento "intrigante" que parece seguirles

Michael Collins Piper: Sabes, es muy interesante que plantees esta cuestión porque tienes que tener en cuenta que he mencionado al padre de William Kristol, Irving Kristol, que fue el padrino intelectual de este movimiento neoconservador. Fue el padrino intelectual de este movimiento neoconservador, y lo que hay que recordar es que aunque hoy se les reconoce como conservadores, empezaron intelectualmente -y siempre es muy complejo- pero empezaron como comunistas trotskistas.

Eran discípulos de León Trotsky. Permítanme volver a la década de 1930. Irving Kristol era un comunista trotskista.

Odiaban a Josef Stalin, el dictador nacionalista de la Unión Soviética, y seguían a León Trotsky, expulsado de Rusia por Stalin. Trotsky tenía la idea de extender la revolución mundial. Stalin no estaba de acuerdo con esta idea. Quería mantener las cosas más o menos dentro de Rusia y ver el mundo desde un punto de vista nacionalista ruso. Eso no hacía de Stalin un buen tipo, pero los otros tipos eran los inter-nacionalistas, los trotskistas.

Estos seguidores estadounidenses de Trotsky -gente como Norman Podhoretz, Irving Kristol y un puñado de otros- empezaron a "evolucionar" intelectualmente. Con el tiempo, de repente se convirtieron en lo que ellos mismos llamaron neoconservadores. En otras palabras, no son más que una nueva forma de trotskismo al viejo estilo.

Victor Thorn: Eran seguidores de Henry 'Scoop' Jackson, y cuando los demócratas dejaron de prestar tanta atención a Israel, fue cuando se produjo la ruptura.

Michael Collins Piper: Sí, eso es lo interesante. Cuando la mayoría de la gente piensa en 1972, piensa en Nixon contra McGovern, y todo el mundo tiene la impresión de que la comunidad judía es muy liberal y vota automáticamente a los candidatos demócratas. De hecho, lo que ocurrió en 1972 fue que los judíos de línea dura que apoyan a Israel, que son de hecho lo que podríamos llamar la columna vertebral de los neoconservadores, rompieron con McGovern, y McGovern no recibió mucho dinero de fuentes que normalmente darían al Partido Demócrata.

Fue en ese momento cuando el grupo neoconservador, los líderes de lo que ahora llamamos los neoconservadores, empezaron a abandonar el Partido Demócrata y a unirse al Partido Republicano. Alrededor de 1980, todos ellos apoyaron firmemente a Ronald Reagan. Es por eso que vimos una acumulación masiva de armas bajo Ronald Reagan en la década de 1980. Los neoconservadores estaban allí para decir: "Oh, la Unión Soviética se está preparando para participar en todas estas grandes empresas militares en todo el mundo y necesitamos una acumulación masiva de armas, y sólo si seguimos acumulando armas podremos apoyar al Estado de Israel, que es nuestro gran aliado en la guerra contra el comunismo."

Por supuesto, gastamos miles y miles de millones de dólares en construir nuestras defensas, mientras dejábamos pasar muchas cosas en casa; y resultó que la Unión Soviética se derrumbó de todos modos. Y eso no tuvo nada que ver con nuestra política armamentística. La Unión Soviética se derrumbó como estaba previsto.

Pero lo interesante es que, una vez más, los neoconservadores nos mintieron. Nos dijeron que la CIA subestimó el poder soviético y que, por lo tanto, necesitábamos este armamento masivo. Los neoconservadores mintieron. Mintieron, mintieron, mintieron... igual que mintieron sobre Saddam Hussein. Hay un viejo refrán que dice: "Fool me once, shame on you": Engáñame una vez, avergüénzate. Fool me twice, shame on me.

Victor Thorn: Bueno, en este país, ahora tenemos mucho de "qué vergüenza".

Michael Collins Piper: Sí, nos han vuelto a engañar porque estos neoconservadores son los mentirosos que nos trajeron los últimos días del armamentismo masivo de la guerra fría, un armamentismo que era innecesario y costoso para la economía estadounidense; y también ahora nos han traído la guerra de Irak en la que estamos perdiendo gente todos los días. Por supuesto, el presidente Bush declaró la victoria hace un año, pero a mí eso no me parece una victoria.

Lisa Guliani: Teniendo en cuenta que los neoconservadores empezaron siendo un pequeño grupo con poco poder, ¿cómo consiguió esta camarilla adquirir tanto poder dentro de nuestro gobierno

Michael Collins Piper: Es un punto muy interesante, y creo que todo se reduce a los medios de comunicación. Un buen ejemplo es este tipo, William Kristol. Aunque sólo es el editor de una revista con una tirada relativamente pequeña, esa revista se considera de "lectura obligada" en los círculos políticos republicanos. Todo joven republicano inteligente lleva ahora un ejemplar del *Weekly* Standard en su maletín.

Victor Thorn: Probablemente lo veas por todo Washington, ¿verdad

Michael Collins Piper: Sí, y es una revista bastante aburrida, para ser sincero. Aparte de eso, es influyente. Además -y usted mismo se dará cuenta de esto- no puede encender la televisión o abrir un periódico nacional que informe sobre un acontecimiento político importante sin encontrar a William Kristol citado o entrevistado. Está omnipresente en la prensa. Él y otros neoconservadores tienen esta feliz habilidad de ser seleccionados para ser citados en televisión. No porque se promocionen a sí mismos, que lo hacen, sino porque gozan del apoyo benevolente y amistoso de la prensa estadounidense.

En otras palabras, puede haber otras diez o quince personas que sean igual de citables, o incluso más citables, por así decirlo, pero la prensa siempre acude a William Kristol. O Richard Perle.

Ellos fueron los que coordinaron todo esto; y luego, por supuesto, con todo el dinero que mencioné antes a través de sus fundaciones, pudieron tener mucha influencia en los círculos republicanos de formulación de políticas en Washington colocando a su gente, a sus aliados, en lugares clave y ascendiéndolos. Como resultado, cuando cada uno de estos nuevos colaboradores comienza a construir su propia red de poder, siempre están conectados con la familia Kristol.

Victor Thorn: Uno de los puntos fuertes de su libro es que muestra que los neoconservadores forman parte de un movimiento globalista mucho más amplio, como los Bilderbergs, el CFR y el Royal Institute of International Affairs; y muestra que están controlados, o , que forman parte de este panorama más amplio.

Michael Collins Piper: Sí, es algo a lo que es fácil señalar con el dedo. Mucha gente escribe sobre política exterior y dice: "El Consejo de Relaciones Exteriores está detrás de esto", o "El Grupo Bilderberg está detrás de esto", o "El lobby sionista está detrás de esto". El hecho es que todos estos grupos están interconectados y se solapan de muchas maneras, y es imposible alejarse del Consejo de Relaciones Exteriores sin mirar a la familia Rothschild en Europa, que es uno de los principales patrocinadores de Israel.

Aunque el CFR es una organización estadounidense creada con el apoyo de la familia Rockefeller y otras familias neoyorquinas, lo cierto es que el Council on Foreign Relations es en cierto modo el pariente pobre estadounidense del Royal Institute of International Affairs, financiado en Europa, en Londres, por la familia Rothschild. De nuevo, todo es parte de una red. Todos estos grupos operan en tándem. Hay diferencias de opinión dentro de estos grupos, como las hay dentro del Grupo Bilderberg. Muchos miembros europeos del grupo Bilderberg no querían que Estados Unidos entrara en Irak. Francia y Alemania se opusieron categóricamente a la intervención estadounidense en Irak.

Así, incluso dentro de los círculos más altos, hay diferencias de opinión, y gran parte de ellas están de hecho vinculadas a la división entre los partidarios de Israel y los que sólo buscan dinero y poder y no están ideológicamente motivados por la preocupación por Israel. Esto es característico del movimiento neoconservador.

Pero esta red neoconservadora de línea dura de la que hablamos está muy vinculada al grupo Likud de Ariel Sharon y a Israel, y refleja a fundamentalistas islámicos de línea dura. Resulta que son fundamentalistas judíos de línea dura y están aliados con fundamentalistas cristianos de línea dura en Estados Unidos. Es una dicotomía extraña.

Lisa Guliani: ¿Se han vuelto impotentes el resto del Congreso y la clase política ante el poder de esta camarilla? ¿Y cuál cree que es el futuro de Estados Unidos? La gente nos pregunta todo el tiempo qué podemos hacer para luchar contra ellos.

Michael Collins Piper: Vaya, ésa será probablemente la pregunta más difícil. En cuanto al resto del Congreso, creo que es muy revelador que en los últimos años uno de los críticos más abiertos de Israel y de la política estadounidense al respecto haya sido Jim Traficant. Actualmente está encarcelado en una prisión federal del Estado de Nueva York, y su apelación para un nuevo juicio fue rechazada recientemente. Así que pasará siete años en prisión. Por supuesto, Fritz Hollings estuvo aquí el otro día para denunciar la influencia israelí en Washington, pero se jubila. Tiene 84-85 años y se retira del Senado.

Victor Thorn: Y la diputada Cynthia McKinney...

Michael Collins Piper: Sí, Cynthia McKinney fue destituida en Georgia, pero ha vuelto. Hay algunos aspectos positivos en el Congreso sobre diversas cuestiones, pero en general, el Congreso es impotente. El dinero del lobby israelí que fluye a través de él es muy poderoso. Pero los medios de comunicación son aún más poderosos. Eso es lo que siempre hay que tener en cuenta, porque cualquier miembro del Congreso que se salga de la línea es seguro que recibirá un aluvión de publicidad negativa en los medios de comunicación. Los medios de comunicación pueden hacerte ganar o perder. Lo que nos depara el futuro inmediato no parece demasiado bueno en lo que se refiere a la elección entre Bush y Kerry, ya que Kerry sólo promete manejar la guerra un poco mejor.

Victor Thorn: Entrégalo a la ONU...

Michael Collins Piper: Sí, y yo no contaría con eso. Kerry forma parte de la élite de la política exterior. No hay que olvidar que es Skull & Bones junto a George W. Bush. Así que esa es una de las no-opciones que tenemos. Personalmente, votaré a Ralph Nader si está en la papeleta.

Lisa Guliani: ¿Qué podemos hacer

Michael Collins Piper: Es una buena pregunta. Supongo que tenemos que seguir haciendo lo que estamos haciendo hasta que un movimiento político nacional se una y tenga una oportunidad real de entrar y empezar a ganar elecciones. Pero cuando se trata de elecciones locales, todo el mundo piensa en presentar un candidato presidencial cada cuatro años. La gente tiene que hacer cosas en sus comunidades locales para agitar las cosas y conseguir un debate público sobre los acontecimientos y demás.

Todavía hay una oportunidad que aprovechar.

La mayoría de la gente no tiene un foro nacional, pero sí contactos en su comunidad local. Difundir el mensaje por cualquier medio posible es, de momento, lo mejor que se puede hacer. Gracias a Internet y a las nuevas tecnologías, el mundo es cada vez más pequeño y probablemente tengamos más oportunidades.

Digámoslo así. Aunque la situación en Estados Unidos se ha deteriorado considerablemente en los últimos 25 años, seguimos disponiendo de medios de comunicación más inmediatos que hace 25 años, lo que nos brinda nuevas oportunidades para ponernos en contacto con otras personas, con gente de ideas afines, para crear coaliciones y desafiar a los poderes fácticos.

De momento, supongo que lo más inmediato que me gustaría es deshacerme de George Bush y los neoconservadores, pero no estoy seguro de que John Kerry nos ofrezca algo mejor.

Victor Thorn: John McCain ha estado mucho en las noticias últimamente, y cuando hicimos un vídeo sobre el *U.S.S Liberty*, vimos que su padre (McCain) había estado implicado en el encubrimiento de lo que le ocurrió al *U.S.S Liberty* en 1967. En su libro, usted cita al senador John McCain de Arizona: "La supervivencia de Israel es uno de los compromisos morales más importantes de este país". ¿No lo resume todo

Michael Collins Piper: Sí, es cierto. John McCain...

Podría pasarme una hora hablando de John McCain, pero baste decir que tiene algunas conexiones muy extrañas en su familia... y su suegro.... John McCain es uno de esos políticos que francamente ha hecho mucho dinero por estar conectado en los lugares correctos, y algunas de esas conexiones se remontan a las personas que documenté en *Juicio* Final que estuvieron involucradas en el asesinato de Kennedy.

Lisa Guliani: En lugar de decir que la supervivencia de Estados Unidos es uno de nuestros compromisos morales más fuertes, McCain dice que es Israel.

Michael Collins Piper: Sí, nunca he podido entenderlo.

Sabes, siempre digo que como estadounidense, no oigo a la gente decir que la supervivencia de Islandia o Indonesia o Irlanda es integral para la seguridad estadounidense. Simplemente no lo entiendo. Es una cuestión de ideología, es casi un culto. El sionismo tiene cierto atractivo para un pequeño grupo de personas que tienen mucho dinero e influencia.

Algunos de los mejores críticos de Israel que conozco son judíos. Ni siquiera creen, como cuestión de fe judía, que el Estado de Israel deba existir. Y eso desde un punto de vista teológico purista. Sin embargo, un puñado de personas como John McCain son esclavos del dinero y el poder sionistas y han prestado su nombre, prestigio y reputación a toda esta causa. Y estamos viendo los resultados de eso ahora mismo en Oriente Medio, cada vez que vuelve una bolsa con un cadáver estadounidense dentro.

CAPÍTULO XVII

Entrevista de WING TV con la American Free Press
29 de octubre de 2004

Victor Thorn: Michael, bienvenido a WING TV.

Michael Collins Piper: Siempre es bueno estar en... no se puede encontrar un lugar mejor para estar en Internet.

Victor Thorn: Hoy estaba pensando que usted fue el primer invitado de WING TV.

Michael Collins Piper: Lo había olvidado, pero tiene toda la razón. Recuerdo que me contó cómo creó este programa. Sin duda ha recorrido un largo camino desde entonces. Ayer estuve en un programa de radio en una pequeña emisora del Oeste. Es una emisora de AM independiente muy bien establecida, pero le dije a la gente que no creo que se den cuenta de hasta qué punto los medios de comunicación de este país están en manos de unos pocos privilegiados, este monopolio mediático del que siempre hablamos en *American Free Press*. Por eso es bueno que haya otras voces independientes, recursos mediáticos independientes de los que la gente pueda disfrutar. WING TV es uno de ellos.

Victor Thorn: *American Free Press* hace un buen trabajo cubriendo los medios corporativos y señalando lo que *no* cubren. Michael, me gustaría empezar hoy haciéndote esta pregunta: Si alguien no ha leído *Juicio Final*, ¿qué es lo que podría llevarse de este libro sobre el asesinato de Kennedy que ningún otro libro o medio de comunicación haya cubierto

Michael Collins Piper: Supongo que es el hecho de que hubo una guerra secreta entre John F. Kennedy e Israel. JFK intentaba impedir que Israel construyera armas nucleares de destrucción masiva.

Creo que la conclusión es la siguiente: si JFK no hubiera sido asesinado, Israel probablemente nunca habría obtenido armas nucleares y, en consecuencia, Irak nunca habría intentado construir armas nucleares y no habríamos tenido la guerra de Irak a la que nos enfrentamos hoy.

Lisa Guliani: Cuando se publicó por primera vez *Juicio Final*, hubo una gran controversia, sobre todo por parte de ciertos grupos de presión, que intentaron que se prohibiera su libro. ¿A qué se debió

Michael Collins Piper: Bueno, en realidad no está permitido decir nada crítico sobre Israel, o al menos hasta cierto punto; desde luego no una idea que sugiera que Israel estuvo implicado en el asesinato de Kennedy. Esa es una crítica muy extrema. No extrema en el sentido de que no sea una posibilidad, sino que se considera más allá de los límites de lo que se puede o no se puede decir sobre Israel. No se trata sólo de Israel, hay muchas otras áreas controvertidas en la vida estadounidense en las que existen límites a lo que se puede decir. Pero Israel es quizá el más delicado de todos.

Lisa Guliani: Su tesis gira en torno al hecho de que el Mossad, la CIA y el crimen organizado desempeñaron un papel clave en el asesinato de JFK, que allanó el camino a la influencia sionista en Estados Unidos, ¿no es

Michael Collins Piper: Exactamente. Eso es más o menos lo que ocurrió tras el asesinato de JFK. El lobby israelí ganó más influencia en Washington de la que había tenido nunca, y la política estadounidense en Oriente Medio dio un giro de 180 grados tras la muerte de JFK. Sin embargo, los que creen en una conspiración en torno al asesinato de JFK siguen debatiendo. Algunos todavía cuestionan las intenciones precisas de JFK con respecto a Vietnam, por ejemplo.

Pero el hecho es que, en lo que respecta a la política de Oriente Próximo, se produjo un giro de 180 grados cuando murió JFK. Aunque fue en 1963, todavía sentimos el impacto de ese giro repentino y del inmenso crecimiento del poder del lobby israelí, porque todo Oriente Próximo hoy, todo Oriente Próximo árabe, no albergaría el deseo de tener armas nucleares -y mucho menos albergar armas nucleares- si no fuera porque durante años Israel tuvo este arsenal secreto de armas de destrucción masiva y no quiso admitirlo.

Victor Thorn: Escribí una serie de artículos para WING TV.

sobre un tal John Lehman, miembro de lo que llamamos el Comité de Blanqueo del 11-S. Este comité se llamó originalmente Comisión Independiente del 11-S, pero cuando se investiga a este personaje, se descubre que fue uno de los firmantes de las cartas del PNAC. También es miembro del "Equipo B", así como del CPD, el Comité para el Peligro Actual. También está asociado con Wolfowitz, Perle y Feith. En el artículo de hoy, remití a los lectores a su libro, *Los Sumos Sacerdotes de la Guerra*. Háblele a todo el mundo del "Equipo B", del PNAC y de todos los demás grupos en los que está implicado John Lehman.

Michael Collins Piper: Creo que la característica clave de todos estos grupos es que son parte integrante, a muy alto nivel, de la formulación de políticas del lobby israelí dentro del establishment de seguridad nacional estadounidense, al menos aquí en Washington. Lehman ha participado en negocios de armas con Israel, ha ocupado obviamente altos cargos y tiene todas las conexiones que usted ha mencionado. Forma parte de ese grupo muy pequeño y unido de neoconservadores que dictan la política -al menos de momento- dentro de la administración Bush. Durante muchos años, intentaron torcer la política estadounidense de la forma en que lo han conseguido hoy. Él formaba parte de este "equipo B". Se trataba de personas que, a partir de la década de 1970, participaron en un complejo programa creado cuando se criticó a la CIA por subestimar las intenciones militares e imperiales soviéticas. Las personas que hacían estas críticas eran en su mayoría partidarios de Israel que habían determinado que la mejor manera de obtener ayuda militar y apoyo para Israel era decir que Israel era una parte clave de la defensa de Estados Unidos contra el expansionismo soviético.

Victor Thorn: Recuerda a Irak y a las armas de destrucción masiva, ¿no

Michael Collins Piper: Exactamente. Así que dijeron que no podían confiar en la CIA, así que iban a crear una institución alternativa para analizar los análisis de la CIA, es decir, para analizar a los analistas. El grupo del "Equipo B" al que Perle, su amigo Lehman y toda esa gente estaban asociados era un esfuerzo por contrarrestar el trabajo de la CIA y decir: "La CIA está equivocada y nosotros tenemos razón". Esa primera experiencia del "equipo B" cimentó la relación entre muchos de esos neoconservadores que han llegado a desempeñar un papel tan importante en nuestro mundo actual. Personalmente, John Lehman es un buen ejemplo. Fue una de las últimas personas que deberían haber sido nombradas para la Comisión del 11-S, precisamente por sus estrechos vínculos con los neoconservadores de Israel.

Lisa Guliani: Hemos visto cómo la política exterior estadounidense favorece a Israel cuando se trata de Oriente Próximo y Asia Central, pero esto también se aplica a otros países y naciones de Europa, ¿no es

Michael Collins Piper: Sí, eso es lo extraño.

Como saben, acabo de estar en Malasia, y uno de los accesorios que tenía en la mano era un ejemplar del *Journal of International Security Affairs*, publicado por el Jewish Institute for National Security Affairs (JINSA). Había un número especial titulado *Asia Now*, que analizaba la política de Estados Unidos hacia Asia: US policy towards Asia.

Pero, de hecho, estos neoconservadores tienen una visión muy amplia del mundo, y tanto si se trata de la política hacia Europa como hacia Asia, África, Sudamérica, etc., están constantemente preocupados por una cosa y sólo una cosa: qué es lo mejor para Israel.

Así que si Estados Unidos firma un acuerdo comercial con Colombia, por ejemplo, los defensores de Israel en estos círculos neoconservadores van a mirar ese acuerdo comercial y decir: "Miren, si importan aceitunas de Colombia, ¿afectará eso a las importaciones estadounidenses de aceitunas del Estado de Israel? Ni siquiera sé si hay aceitunas en Colombia; era sólo un ejemplo.

Pero algo tan mundano como eso implica que todos estos analistas se sienten, observen las políticas estadounidenses y traten de decidir si son buenas para Israel. En segundo lugar, se plantea la cuestión -quizá incluso en un tercer nivel- de si son buenas para Estados Unidos

Victor Thorn: Un subproducto.

Michael Collins Piper: Sí, así es.

Victor Thorn: Hoy he charlado con una mujer iraní que es ingeniera eléctrica y hemos tenido unos 25 minutos para hablar.

Empezamos a hablar de ciertas cosas, y me dijo que podría haber elementos de la CIA dentro del gobierno iraní intentando provocar una nueva guerra en Oriente Próximo. Después de oír eso, me referí a su libro de hoy en el que escribe: "¿Es el mundo árabe, junto con el resto de la humanidad, sólo un peón en un juego mucho mayor en el que los neoconservadores son sólo herramientas para ellos mismos?". Y todo parecía encajar.

Michael Collins Piper: Sí, es realmente aterrador porque a lo largo de los años, por mucho que los estadounidenses hayan disfrutado con la caída de Sadam Husein, tengo entendido -sin entrar en demasiados detalles- que la razón por la que el ejército y el gobierno de Sadam se derrumbaron tan rápidamente en la última guerra fue que Estados Unidos sobornó a algunos de sus hombres clave para que entraran y consiguieran que el ejército se retirara. No quiero menospreciar el trabajo de las tropas estadounidenses que estuvieron allí, pero a veces hay elementos que operan entre bastidores, y me temo que ése es también el caso de Irán.

He oído cosas similares a lo largo de los años, a saber, que ciertas facciones dentro del gobierno iraní tienen "conexiones externas", por así decirlo. Es muy posible que no trabajen en interés de su propio país. De hecho, puede que a Estados Unidos le interese que haya un cambio de gobierno en ese país.

Por otra parte, si hay una agenda más amplia en marcha, como de la que hablé en *Los Sumos Sacerdotes de la Guerra*, si la agenda es la guerra por la guerra, para remodelar el mundo según los planes de estos grandes jugadores de ajedrez, no sé si eso beneficia a Estados Unidos , o a Irán tampoco.

Pero sí, la conclusión es que la CIA y otras agencias de inteligencia tienen gente dentro de los gobiernos, gente a la que sobornan, gente a la que chantajean, lo que sea. Así que lo que se ve no siempre es lo que hay.

Lisa Guliani: Sobre el tema del uranio empobrecido y nuestras tropas, *la American Free Press* ha informado de que ocho de los veinte hombres que sirvieron en una unidad durante la ofensiva militar de 2003 en Irak tienen ahora tumores malignos. Esto representa el 40% de los soldados de esta unidad que se han visto afectados por tumores malignos en 16 meses. ¿Cómo están ocultando esta información sobre el uranio empobrecido a nuestras tropas? ¿Cree que es la causa definitiva del síndrome de la Guerra del Golfo

Michael Collins Piper: Estaba echando un vistazo a algunos de los artículos que hemos escrito y me he acordado del Síndrome de la Guerra del Golfo, como se denominó tras la primera invasión estadounidense de Irak. Desde el principio, estaba claro que se estaban desarrollando graves problemas entre los veteranos de la Guerra del Golfo, pero el gobierno estadounidense rechazó categóricamente la idea de que estuviera pasando algo. Los que discutían el tema eran, por supuesto, "teóricos de la conspiración", "propagadores del miedo" y "no hay que prestar atención a esta gente porque no son más que alborotadores". Y sin embargo, hemos visto las consecuencias.

Han pasado diez años desde la primera invasión de Irak... y gracias al trabajo de Christopher Bollyn, la *American Free Press* y muchos otros investigadores independientes de todo el país y de todo el mundo, sabemos mucho más sobre este uranio empobrecido, y creo que es bastante obvio que hay algo mal.

Pero, ¿cuánto tardará? ¿Harán falta otros diez años para que el resto del mundo se dé cuenta de lo que está ocurriendo? ¿Cuántos casos más de cáncer tendremos que registrar

Lisa Guliani: ¿Cree usted que fue Henry Kissinger quien diseñó el uso de uranio empobrecido? Está destruyendo códigos genéticos y poblaciones futuras de árabes y musulmanes, y nuestros soldados están transportando este polvo radiactivo por todo el mundo y contaminando a otros.

Michael Collins Piper: Es interesante porque hace unos años, creo que fue en el *Sunday Times de Londres*, salió una noticia de que los israelíes estaban trabajando en armas genéticas que apuntarían específicamente a personas con genes árabes. Lo mencioné en un discurso que pronuncié ante la Liga Árabe en Oriente Próximo, y fui atacado por ello aquí en Estados Unidos por la Liga Antidifamación. Dijeron que yo había *afirmado* que los israelíes estaban trabajando en una bomba de ese tipo.

En otras palabras, sugirieron que era algo que yo me había inventado, cuando en realidad, como ya he dicho, el *Times de* Londres informó de ello hace varios años. Así que podría muy bien ser una consecuencia de eso.

Es muy posible que se hayan utilizado tratamientos genéticos, y es inevitable que un gran número de personas, sea cual sea la causa, se vean afectadas. Hoy lo sabemos.

No cabe duda. Las consecuencias son inmensas.

Aunque se ha mencionado en algunos medios de comunicación convencionales, no recibe la publicidad y la atención que merece debido a la magnitud de lo que representa. Quiero decir, ¿cuántos soldados creen ustedes -incluso el más valiente de los soldados estadounidenses- cuántos de ellos creen que estarían realmente dispuestos a luchar en una guerra en la que pueden sufrir las consecuencias sin siquiera ser heridos por fuego enemigo? Es increíble.

Lisa Guliani: Es una sentencia de muerte.

Victor Thorn: Michael, volvamos por un momento al aspecto sensacionalista de los grandes medios de comunicación. Hoy se ha sabido que Bill O'Reilly ha llegado a un acuerdo extrajudicial con el productor de FOX News que le había demandado.

Según los medios de comunicación, el importe del acuerdo oscilaría entre 2 y 10 millones de dólares. Además, la mujer no aceptaría ninguna responsabilidad por el incidente, ni tampoco O'Reilly. ¿Qué opina de toda esta debacle

Michael Collins Piper: Oh, llegaron a un acuerdo extrajudicial - muy, muy interesante. Que alguien llegue a un acuerdo extrajudicial no significa necesariamente que sea culpable. A veces es más fácil financiera y emocionalmente hacer algo así. Pero creo que lo que tengo que decir sobre Bill O'Reilly y mucha de esta gente -y todos forman parte de la red neoconservadora- es que Bill O'Reilly y mucha de esta gente forman parte de la red neoconservadora. Sabes, Bill O'Reilly trabaja para FOX.

Siempre me ha hecho gracia -y no soy nada mojigato, créanme-, pero estos neoconservadores hablan constantemente de valores familiares y de la necesidad de limpiar la televisión. Sin embargo, les encanta FOX News y todos los comentaristas de FOX. Pero les garantizo que si ponen la televisión de FOX, encontrarán una programación más, cómo decirlo, babosa.

Victor Thorn: Y luego está Dick Morris y sus chupatintas.

Michael Collins Piper: Sí, eso es lo que estoy diciendo. Te diré algo, hay un poco de hipocresía allí. Incluso Pat Robertson, si mal no recuerdo, tenía acuerdos de difusión con la cadena de televisión FOX. Aquí está Pat Robertson que ha pasado los últimos 40 años hablando de limpiar la televisión, y no hay nada malo en ello. Como he dicho, no soy un mojigato. Pero por otro lado, hay muchas cosas en la televisión que son bastante viscosas, a falta de una palabra mejor. Y prefiero no verlas en televisión.

Lisa Guliani: Hoy le hemos oído (a Bill O'Reilly) mentir en la radio.

Dijo: "No hay ninguna autoridad que controle a los medios de comunicación". Pero, ¿saben qué es curioso? Últimamente también tiene esa propensión a intentar separarse de los grandes medios de comunicación.

Michael Collins Piper: Es gracioso. Intenta fingir que es diferente, cuando no es más que otra parte de su cuadra de caballos bien entrenados que salen y actúan. Es como un caballo bailarín o un oso bailarín. Eso es todo lo que es. Tiene un juego particular, una agenda particular, y eso es lo que hacen todos estos osos bailarines y caballos bailarines, estos monos entrenados, que actúan para los "órganos de noticias" de los principales medios de comunicación.

Victor Thorn: Michael, en esta larguísima temporada electoral, creo que el momento más refrescante llegó cuando Ralph Nader empezó a hablar de los titiriteros israelíes que entran en la Casa Blanca... y son los mismos titiriteros que entran en los pasillos del Congreso... y salen y devuelven a Israel lo que quieren.

De hecho, esta cita apareció en la página central del *American Free Press* esta semana. ¿Cuáles cree que serán las consecuencias para Ralph Nader de esta cita tan peligrosa

Michael Collins Piper: Le diré una cosa. En lo que respecta a Ralph Nader, creo que se ha ganado sin duda un lugar muy alto en la "lista de vigilancia" del lobby israelí y de otras personas que se dedican a controlar la libertad de expresión en este país, porque Nader es probablemente el primer político de la "corriente dominante", si se le puede llamar así; supongo que es de la corriente dominante en el sentido de que ha sido una especie de figura célebre de la corriente dominante durante muchos años. Es el primero en utilizar ese tipo de terminología. Otros han hablado del poder del lobby israelí en Washington, pero llegar a utilizar la expresión "titiriteros" pone realmente en perspectiva todo el debate sobre el poder del lobby israelí. Ofrece una perspectiva más clara que la que nadie haya presentado antes. Desgraciadamente, tiene mucha razón. Ojalá pudiera decir que exagera.

Lisa Guliani: A principios de este año, usted escribió sobre la HR 3077, la legislación contra la incitación al odio que ataca directamente la Primera Enmienda, así como sobre la influencia del lobby sionista en este proyecto de ley y cómo consiguieron que se aprobara en la Cámara de Representantes. Háblenos un poco de ello.

Michael Collins Piper: También es muy interesante, porque si lees la legislación en sí, es bastante inocua. No debería decir que es inocua, sino que está redactada de forma inocua. Es un lenguaje legislativo muy árido que el ciudadano medio no entendería si lo sacara de contexto.

Pero lo que esta legislación hace precisamente es poner en marcha un mecanismo mediante el cual el gobierno federal puede silenciar de manera efectiva la disidencia de Israel en los campus estadounidenses, ya sean profesores universitarios o instructores, e implícitamente esto tendría ramificaciones de gran alcance para todo el propio sistema universitario. Establecería un tribunal designado para examinar el modo en que se imparten los estudios sobre Oriente Próximo en los campus estadounidenses. La intención de la legislación -obviamente si hemos de creer a sus promotores (el lobby israelí)- era impedir que los profesores universitarios estadounidenses criticaran a Israel.

Victor Thorn: Antes de irse, ¿podría compartir con nosotros su opinión sobre lo que depara el futuro al Nuevo Orden Mundial y a Estados Unidos

Michael Collins Piper: En lo que se refiere al futuro de este Nuevo Orden Mundial, creo que mucho de eso lo determinarán todavía las elecciones, aunque en general no creo que las elecciones marquen una gran diferencia a largo plazo. Creo que estas elecciones podrían tener un impacto mayor que las otras, precisamente por la presencia de estos sumos sacerdotes neoconservadores de la guerra en el bando de Bush. Si consiguen otros cuatro años, podrían hacer un daño inmenso que no sería posible si John Kerry y su "pandilla" fueran elegidos. Si me haces esta pregunta el martes después de las elecciones, creo que podré darte una respuesta más definitiva.

Sólo quiero decir, sin embargo, que hay -gracias a WING TV y *American Free Press* y muchas otras voces independientes en Internet, en la radio y en la prensa- hay tantas voces de disidencia que se alzan, que no va a ser tan fácil para la banda del Nuevo Orden Mundial llevarnos a donde nos quieren. Siguen presionando, y tienen mucho poder e influencia, pero podemos contraatacar. Eso es lo que estamos haciendo hoy aquí.

CAPÍTULO XVIII

WING TV La nueva Jerusalén entrevista 17 de junio de 2005

Victor Thorn: Recibí *The New Jerusalem: Zionist Power in America* hace unas semanas, y es fenomenal. Estábamos deseando estar hoy aquí con ustedes. Para empezar, creo que el punto más importante que toda persona de este país necesita saber está en la primera página de la introducción de este libro, donde usted dice que las dos grandes tragedias de este todavía joven siglo son el 11 de septiembre, por supuesto, y también la invasión estadounidense de Iraq, que es consecuencia directa de la política estadounidense en Oriente Próximo, dictada por el lobby israelí. Mi primera pregunta es la siguiente: díganos por qué es tan importante comprender esta noción fundamental.

Michael Collins Piper: Es muy sencillo, Víctor. Como señalo en mi libro, estamos inmersos en esta guerra sangrienta, absurda y sin sentido en Irak, que no hace más que convertir a Estados Unidos en un enemigo en todo el mundo, y hemos tenido 3.000 bajas estadounidenses a causa de una tragedia terrorista que se ha atribuido a terroristas de Oriente Medio. Francamente, tengo serias dudas sobre quién fue el responsable del 11-S, pero por el bien de la discusión, aceptemos la afirmación del Presidente de que fuimos atacados por musulmanes furiosos de Oriente Medio.

Ha habido dos cosas en mi vida contra las que he luchado desesperadamente desde que tuve edad suficiente para pensar políticamente. La primera es la implicación de Estados Unidos en la guerra, especialmente en Oriente Medio. Vi lo que ocurrió en Vietnam y no veo ninguna razón por la que alguien deba ser sometido de nuevo a la brutalidad de la guerra. Afectó a mi propio hermano. Era veterano de Vietnam, nunca se recuperó del todo y su prematura muerte fue consecuencia directa de su experiencia en Vietnam.

La otra cosa que me preocupaba mucho eran los atentados terroristas en Estados Unidos, y ahora por fin hemos tenido uno. Y todo por culpa, siento decirlo, de Israel. Esto no tiene nada que ver con el petróleo. Tiene que ver con Israel, y es obvio que tenemos un lobby muy poderoso en este país, llámese lobby israelí, lobby proisraelí o lobby judío -como quiera llamársele-, el hecho es que existe. No es una teoría conspirativa.

Algunos dicen que es una teoría conspirativa o un cuento de viejas basado *en los Protocolos de los Sabios de Sión*, que según ellos son falsos. Pero no lo es. No es un cuento de hadas.

Tenemos este poderoso lobby israelí, y quienes lo financian son un grupo de personas muy ricas e influyentes que resultan ser judías. Han acumulado este poder y riqueza, y ahora estamos en una posición en la que tenemos efectivamente una élite que puede dictar nuestra política exterior. Esta política exterior está diseñada para promover los intereses de otro país. Me parece extraordinario.

Lisa Guliani: Michael, hace poco asistimos al *Día de la Verdad organizado* en Oklahoma City con motivo *del décimo aniversario del atentado* de OKC, junto con tu colega de *American Free Press*, Pat Shan-nan. En su libro, usted señala que decenas de personalidades públicas de todos los ámbitos han sido tachadas de antisemitas.

Cuando regresamos de Oklahoma City, descubrimos que la ADL había incluido este acto, el Día de la Verdad, en la "lista del odio" de su sitio web. ¿Podría explicarnos cómo actúa la ADL como policía del pensamiento de la élite sionista estadounidense

Michael Collins Piper: Es una pregunta muy interesante, formulada en un contexto muy revelador. Era consciente de que la ADL había calificado, de hecho, este acto como un acto de "odio" o "extremista", y eso me parece extraordinario en sí mismo porque no creo que nadie asistiera a este acto con la intención de difamar a un grupo de personas, y eso es lo que la Liga Antidifamación afirma que intentaba evitar: la difamación de grupos.

Se trataba simplemente de un grupo de personas sinceras que intentaban averiguar quién asesinó a todas esas personas en Oklahoma City y, por supuesto, sabemos que la versión oficial del gobierno no se sostiene.

Así que me parece muy interesante que la Liga Antidifamación se esté posicionando efectivamente como defensora del gobierno.

De hecho, la Liga Antidifamación tiene una historia interesante. Comenzó -y lamento decir esto- porque había muchos judíos implicados en actividades delictivas en Nueva York a finales del siglo XIX. La gente empezó a hacer comentarios despectivos sobre los judíos, y por eso crearon la Liga Antidifamación, para contrarrestar esos comentarios, porque los funcionarios y las fuerzas del orden se quejaban mucho.

A lo largo de los años, la Liga Antidifamación se ha convertido en un canal y un órgano de propaganda muy eficaz para el Estado de Israel tras su creación. La ADL, por supuesto, espía - literalmente espía - a miles y miles de estadounidenses. Incluso el FBI y la policía de San Francisco llevaron a cabo una investigación exhaustiva sobre las actividades de espionaje de la ADL y descubrieron que tenía archivos sobre miles de estadounidenses. Y no sólo la gente de derechas, sino mucha gente que se consideraba liberal pensaba que la ADL sólo espiaba a esos repugnantes miembros del Ku Klux Klan y a los nazis, y resultó que espiaban a todo tipo de personas de todas las tendencias políticas.

Básicamente, la ADL es una policía del pensamiento. Su objetivo es impedir que nadie diga nada crítico sobre el Estado de Israel, a menos que la ADL lo apruebe de antemano. Cualquiera que se atreva siquiera a mencionar el hecho de que los israelíes tienen un inmenso poder en este país es considerado antisemita. En eso consiste la ADL. Es una policía del pensamiento.

Victor Thorn: En su libro, *Juicio Final*, usted revela que obviamente hubo tensiones entre John Kennedy y David Ben Gurion, y todo el mundo sabe lo que Richard Nixon pensaba de los judíos. Pero en su nuevo libro también revela lo que Harry Truman, Gerald Ford, Jimmy Carter e incluso James Baker pensaban del lobby judío. Háblenos un poco de ello.

Michael Collins Piper: Puedo decirle una cosa - todas las personas que ha mencionado han sido citadas en fuentes de noticias de la corriente principal utilizando un lenguaje bastante grosero que no me gustaría decir en su programa en referencia al poder del pueblo judío en América *en relación con* su influencia, en particular en la política exterior de EE.UU. Harry Truman - sus diarios han sido descubiertos - es un héroe del pueblo judío por el papel que desempeñó en la creación del Estado de Israel. Harry Truman -se han descubierto sus diarios- es un héroe del pueblo judío por el papel que desempeñó en la creación del Estado de Israel.

Por supuesto, reconoció el Estado de Israel y siempre fue un héroe. Pero en su diario, que fue citado por *el Washington Post*, voy a leer esta cita: Esto es lo que Harry Truman, ex Presidente de los Estados Unidos, dijo en su diario el 21 de julio de 1947

> "Los judíos no tienen sentido de la proporción ni criterio sobre los asuntos mundiales. Creo que los judíos son muy, muy egoístas. No les importa cuántos estonios, letones, finlandeses, polacos, yugoslavos o griegos son asesinados o maltratados como desplazados, siempre que los judíos reciban un trato especial. Sin embargo, cuando ostentaban el poder -físico, financiero o político- ni Hitler ni Stalin tuvieron que preocuparse por la crueldad o los malos tratos infligidos a los que quedaban atrás.

Es una afirmación muy fuerte. Es ciertamente más fuerte que cualquier cosa que yo haya dicho, o que mucha gente haya dicho. Pero quiero decirles algo. De mi estudio de la historia -y estoy en mi biblioteca- sólo en esta habitación tengo unos 6.000 libros. Soy muy culto. Tengo que decir que, por lo que he leído, lo que dijo Harry Truman es absolutamente cierto. Es lo que estamos viendo hoy.

Nos encontramos con que las élites judías gobernantes en Estados Unidos - y no estoy hablando de cada persona judía ahora - estoy hablando de estas grandes y poderosas élites judías que literalmente controlan miles de millones de dólares y utilizan esa influencia debido a su deseo de hacer avanzar el Estado de Israel. A estas personas no les importa cuántos niños estadounidenses han sido masacrados en Irak. No les importa. No les importa en absoluto. Están muy dispuestos a arrastrarnos a una guerra contra Irán, contra Siria, y predigo que al final tratarán de encontrar la manera de invadir Arabia Saudí. Y esto es probablemente sólo el principio.

Estas personas están realmente sedientas de sangre - tal vez sediento de sangre no es la palabra correcta. Es sólo que no les importa. Saben que los niños estadounidenses serán utilizados como carne de cañón, pero no los suyos.

Lisa Guliani: Usted ha citado el libro de Benjamin Ginsberg, *The Fatal Embrace*, en el que afirma que el 75% del presupuesto estadounidense de ayuda exterior se destina a los intereses de seguridad de Israel. Michael, ¿cree que esta cifra escandalizaría a la mayoría de los estadounidenses

Michael Collins Piper: Sabe, es curioso... es un punto interesante. La respuesta rápida a esa pregunta es SÍ, porque a mucha gente no le gusta la ayuda exterior, y punto. Y a los que les gusta la ayuda exterior piensan que se trata de ayudar a los niños hambrientos de Etiopía.

Tienen estas ideas sinceras, afectuosas, muy sentimentales. Somos un país hermoso, rico y poderoso aquí en Estados Unidos, y damos nuestro dinero a gente que se muere de hambre. Bueno, no les estamos dando el dinero a ellos.

La mayor parte de nuestra ayuda exterior se destina a Israel, y una parte sustancial va a Egipto para pagarle para que sea amable con Israel. El pueblo de Israel, según tengo entendido, tiene uno de *los* niveles de renta per cápita más altos del mundo. Y eso se debe precisamente a que Estados Unidos apoya al Estado de Israel.

Este pequeño país es muy, muy rico, sólo porque Estados Unidos lo mantiene.

Lo sabes todo sobre las maravillas de la tecnología israelí, la ciencia israelí, esto y lo otro. Sólo existe porque Estados Unidos invierte dinero en ella. Así que cualquier otro país del mismo tamaño podría lograr las mismas cosas con la ayuda de Estados Unidos. Es esencialmente un Estado mendigo.

No podría existir sin Estados Unidos y, sin embargo, toda la política exterior estadounidense actual -ya sea en Oriente Medio o en cualquier otra parte del mundo- se basa en lo que es necesario para los intereses de Israel.

Victor Thorn: Recientemente hemos visto una cinta de vídeo que confirma mucho de lo que usted dijo en *La Nueva Jerusalén*. Este vídeo echa un vistazo histórico al pueblo judío y al Estado de Israel.

Básicamente, lo que está diciendo es que dondequiera que el pueblo judío ha estado a lo largo de la historia, una de tres cosas ha sucedido.

Han sido esclavizados, cazados o asesinados en masa. ¿A qué atribuye esta situación? ¿Algún otro grupo de personas en la historia ha experimentado el mismo fenómeno

Michael Collins Piper: Déjeme decirle lo que le dije a un amigo judío. Le dije: miro los periódicos de tu comunidad judía y la mayor parte del contenido trata de personas que no gustan a los judíos y que los judíos creen que no les gustan.

Solía suscribirme a una revista de la comunidad polaca, y vi muchas otras revistas de comunidades étnicas. Un redactor de nuestro antiguo periódico, *The Spotlight*, tenía muchos amigos de Europa del Este, así que recibíamos muchas publicaciones de comunidades étnicas. Todas eran muy positivas, muy progresistas. Había bonitos artículos sobre la patria y artículos sobre actos comunitarios que conmemoraban a un estadounidense de origen polaco o a un famoso estadounidense de origen italiano o eslavo, etcétera.

Pero si lees un periódico judío, es un panorama de ira y odio hacia todo el mundo. Se quejan constantemente.

Así que, si así es como actúan y piensan los judíos como grupo -y eso es lo que reflejan los periódicos de la comunidad, el pensamiento de grupo, por así decirlo-, si así es como actúan en Estados Unidos hoy en día, cuando tienen más poder e influencia de los que han tenido nunca en ningún otro país del mundo, incluido Israel, por cierto, no quiero saber cómo actuaban en el pasado, cuando fueron expulsados de todos estos países.

Todos los grupos han tenido, en un momento u otro, a alguien que no les gustaba. Pero por una razón u otra, a lo largo de la historia, el pueblo judío ha sido expulsado en un momento u otro de todos los países europeos.

Lisa Guliani: Michael, hay una nueva ola dentro de la élite mediática sionista, como William Kristol. Están marcando la pauta: si criticas a Israel, no sólo eres antisemita, eres antiamericano y anticristiano. ¿Podría comentar esto, por favor

Michael Collins Piper: Por supuesto, es una absoluta tontería. Esa es la verdadera línea propagandística que están tratando de lanzar hoy, que es que (como usted dice) cualquiera que sea anti-Israel es por lo tanto antiamericano. Es una afirmación extraordinaria, y también dicen que si eres antiisraelí, automáticamente eres anticristiano. Esto sorprenderá mucho a los pastores cristianos que critican a Israel. Pero como dijo Harry Truman, no tienen sentido de la proporción, y esta gente mentirá, dirá las mayores mentiras, y esperará que la gente les crea.

Como siempre digo, la política exterior estadounidense en Oriente Próximo es una red de mentiras apuntalada por la intimidación, la fuerza bruta y un montón de dobles raseros. Si vemos esto en nuestra política estadounidense en Oriente Medio, también lo veremos en todas las facetas de la influencia de estos sionistas de línea dura y sus apoderados mediáticos.

Victor Thorn: "Garganta Profunda" ha sido noticia en las últimas semanas, y se ha revelado que se trataba de un hombre llamado Mark Felt. Una de las personas que confirmó esta información fue Bob Woodward, quien tiende a publicar este tipo de información sólo cuando la persona no puede confirmarla. Un buen ejemplo es la entrevista en el lecho de muerte con William Casey. Hoy, Mark Felt tiene 91 años y no puede confirmar mucha de esta información. Describa su opinión sobre "Garganta Profunda", así como el hecho de que fuera un fumador empedernido, cosa que Mark Felt no era.

También era muy culto, lo que no era el caso de Mark Felt y James Jesus Angleton.

Michael Collins Piper: En lo que se refiere a Mark Felt, no suscribo necesariamente la idea de que fuera el único "Garganta Profunda", por así decirlo. Otras personas han escrito sobre esto y todas están convencidas de que es posible sospechar la existencia de otras fuentes. Pero por la razón que sea, y aunque Mark Felt puede haber sido una de las fuentes principales, probablemente no actuó como un 'ángel solitario'. De hecho, se le presenta como una especie de héroe.

Probablemente trabajaba para alguien más entre bastidores; e irónicamente, por lo que tengo entendido, y todavía estoy buscando, es muy probable que Mark Felt tuviera alguna conexión con James Angleton, de quien hablabas antes.

Felt participó en COINTELPRO, el programa secreto del FBI para infiltrarse en grupos políticos y desorganizarlos. James Angleton, de la CIA, dirigió su propia "Operación Caos", un programa similar que era totalmente ilegal, ya que se suponía que la CIA no podía operar en suelo estadounidense. El adjunto de James Angleton en este programa era Richard Ober; y Debra Davis, en su libro *Katharine the Great* sobre Katharine Graham del *Washington Post*, presenta un caso muy convincente de que Richard Ober podría haber sido, y fue, en su opinión, "Garganta Profunda". Como ya he dicho, el caso está directamente relacionado con Mark Felt, ya que tanto Felt como Ober dirigían operaciones relacionadas.

Ober era ayudante de James Angleton. Ahora, James Angleton era conocido por ser un fumador empedernido, un notorio fumador empedernido y, en el momento de su muerte, un alcohólico empedernido. Era bastante delirante. Bob Woodward y Bernstein, en su libro *Todos los hombres del presidente*, describen a "Garganta Profunda" como un fumador empedernido y un bebedor empedernido.

Pero esa descripción no encaja con Mark Felt. Así que por qué eligieron usar esa descripción es interesante, porque si estaban mintiendo sobre "Garganta Profunda" tratando de encubrirlo, me parece interesante que dieran una descripción que sonaba mucho a James Angleton.

Lisa Guliani: Según un informe, la candidatura de ensueño del Partido Republicano para 2008 sería la de John McCain y Jeb Bush. No sabemos si esto es plausible, pero ¿podría darnos alguna información entre bastidores que vincule a la familia McCain con la figura del crimen organizado Jim Hensley y la familia Bronfman, que son figuras destacadas del Congreso Judío Mundial

Michael Collins Piper: Sí, es una historia interesante. He hablado de ello con personas que quieren a John McCain, y no quieren creerlo, o intentan explicarlo. La situación es la siguiente: la esposa de John McCain, Cindy, es hija de un personaje bastante interesante llamado Jim Hensley. Jim Hensley fue a la cárcel hace unos años -creo que ya está muerto-, pero ocupó el puesto de su jefe, un tipo llamado Kemper Marley. Kemper Marley dirigía el estado de Arizona, los partidos Demócrata y Republicano.

Por muy poderoso que fuera Kemper Marley, en realidad era el testaferro de la familia Bronfman de Canadá. Extraordinario cuando se piensa que una familia que operaba en Canadá dirigía en realidad un estado norteamericano. De hecho, puede que no sea tan extraordinario como todo eso, porque Arizona todavía tiene una población relativamente pequeña. Es un estado grande, pero tiene una población muy pequeña. Si te mudas a un lugar como ese, estás muy bien situado para hacer algo como esto. Eso es exactamente lo que hizo la familia Bronfman. Estaban cerca de Nevada, un puesto de avanzada del sindicato del juego.

Los Bronfman también tenían fuertes lazos con el sindicato del crimen Meyer Lansky, así que todo estaba interconectado. Y Jim Hensley, que era el suegro de John McCain, era la figura clave en esta empresa criminal que dirigía el estado de Arizona.

Su recompensa por hacerse cargo de Kemper Marley fue un importante acuerdo de distribución de la cerveza Budweiser, que le hizo muy rico. Hoy, por supuesto, ha hecho de John McCain un hombre muy rico.

Victor Thorn: Afortunadamente, no todos los dirigentes del mundo están bajo control sionista. Dos buenos ejemplos son Hugo Chávez en Venezuela, y el Primer Ministro de Malasia, Mahathir Mohamad. ¿Cree usted que otros seguirán este ejemplo, particularmente a la luz de una reciente reunión que fue prácticamente ocultada en Estados Unidos - una reunión a la que asistieron representantes de doce países sudamericanos y veintidós naciones árabes

Michael Collins Piper: Lo que está ocurriendo en estos países sudamericanos es que todo el mundo está harto del poder de Israel y culpa de ello a Estados Unidos, que está dejando que Israel se salga con la suya. Así que hay cada vez más gente -cada vez más países- que se siente muy libre para hablar del poder sionista en Estados Unidos.

Incluso Vladimir Putin en Rusia, aunque no ha sido *muy* comunicativo, el lobby sionista estadounidense realmente no confía en Putin ni le importa. Si pudieran derrocar a Putin e instalar a alguien a su gusto, lo harían.

Sí, es una expresión muy grave de desprecio por el poder del sionismo, y creo que es malo para Estados Unidos porque nos estamos adhiriendo a una entidad por la que los pueblos del mundo sienten muy poca estima.

Lisa Guliani: Me gustaría saber su opinión sobre el reciente "no" francés y holandés a la Carta de la UE.

Michael Collins Piper: Solíamos decir que el nacionalismo era malo, anticuado y muerto. Creo que lo que vemos hoy son expresiones de nacionalismo. La gente quiere mantener la integridad de su país y de su grupo étnico. No hay nada malo en ello. Siempre han intentado decirnos que todos debemos mezclarnos, casarnos y abandonar nuestras tradiciones. No hay nada malo en preservar y conmemorar tu nación y tu grupo étnico. Yo diría que de eso trata esencialmente este voto contra la Unión Europea.

Conozco a mucha gente que piensa que la Unión Europea es una buena idea. También conozco a mucha gente que piensa que es una muy mala idea. Francamente, yo tampoco estoy seguro. En realidad no tengo una opinión muy firme sobre el asunto porque he oído muchos argumentos válidos en ambos lados, pero la conclusión es que el voto neerlandés es una expresión de nacionalismo.

Victor Thorn: Miremos hacia las elecciones de 2008. ¿Cree que Hillary Clinton ganará la nominación demócrata y que es posible que acabe de nuevo en la Casa Blanca

Michael Collins Piper: Se supone que va a salir un libro sobre Hillary Clinton.

Victor Thorn: *La verdad sobre Hillary* por Ed Klein.

Michael Collins Piper: Sí, y escribe para la revista *Parade*, propiedad de la familia Newhouse, uno de los grandes imperios editoriales judíos. Son dueños del *Harrisburg Patriot*, entre otros periódicos. De todos modos, tengo una copia del artículo de *Vanity* Fair que extrae este libro sobre Hillary, y en grandes letras resaltadas en negrita en medio de la página hay una cita de la esposa del senador Pat Moynihan, Liz, dirigiéndose a Hillary: "La razón por la que no tienes éxito en Nueva York", dijo Liz Moynihan, "es porque no les gustas a los judíos". Ves, así hablan los políticos poderosos.

Sé que esto puede resultar chocante para muchos de sus telespectadores, pero se trata de un verdadero discurso de poder y política. Eso es lo que la Sra. Moynihan le dijo a Hillary.

El hecho es que existen numerosas acusaciones de sospecha contra Hillary Clinton en el seno de la comunidad judía. El estadounidense medio pensaría que Hillary es la gran favorita de los judíos. De hecho, cuando se presentó y ganó las elecciones al Senado por Nueva York, sólo obtuvo el 55% del voto judío. Si tenemos en cuenta que Al Gore - que se presentaba en la misma candidatura ese año- obtuvo el 80% del voto judío, creo que eso demuestra que hay cierta preocupación por Hillary.

También se ha afirmado que su tono privado es bastante antisemita. Cuando estudiaba en la universidad y conoció a Bill Clinton, era conocida por sus virulentas críticas a Israel y a sus partidarios palestinos, así como por su desprecio por la política estadounidense en Oriente Próximo. El pueblo judío tiene el máximo poder en la selección del candidato demócrata, cosa que por supuesto no admiten, pero tienen mucho poder en este sentido. Creo que la élite judía desconfía lo suficiente de Hillary como para hacer todo lo que esté en su mano para detenerla.

Victor Thorn: Una última pregunta. Todo el mundo está esperando lo que creen que será el próximo gran acontecimiento. Vemos que la Carta de la UE está colapsando en Europa. Vemos que se derrumba el apoyo a la guerra en este país. Vemos una fuerte resistencia a este nuevo tratado CAFTA. Vemos que la estafa de la privatización de la seguridad social de George Bush está colapsando. Los neoconservadores han fracasado en su intento de conquistar Oriente Próximo y, por último, está el memorándum de Downing Street y el asunto del 11-S que sigue causando revuelo. ¿Cree que se avecina algo similar al 11-S

Michael Collins Piper: Es una pregunta que da mucho miedo, Victor. Me preocupa que cuando estas élites de poder empiezan a perder su control, siempre necesitan algo para recargar sus motores. Necesitan restablecerse, reafirmar su autoridad. ¿Y qué mejor manera que otro ataque "terrorista"

Victor Thorn: Así lo vemos nosotros, porque a estos tíos no les gusta perder, y parece que ahora están arrinconados; y Dios no lo quiera, esperamos que no haya otra.

Michael Collins Piper: Sabemos que nos mintieron sobre el 11-S, así que ¿quién fue el responsable? No estoy seguro, pero tengo una buena idea, y no creo que fuera Osama Bin Laden.

CAPÍTULO XIX

Radio Free America Entrevista con Tom Valentine sobre el atentado de Oklahoma City 6 de julio de 1997

(Publicado originalmente en *The Spotlight*) Cada vez está más claro que la Liga Antidifamación (ADL) de B'nai B'rith seguía de cerca las actividades de Timothy McVeigh, condenado por el atentado de Oklahoma City, mucho antes del trágico atentado del 19 de abril de 1995.

Además, parece que la propia ADL pudo haber manipulado a McVeigh a través de un agente encubierto en el círculo íntimo de McVeigh.

El 6 de julio de 1997, el veterano corresponsal *de Spotlight* Michael Collins Piper apareció como invitado especial en el foro de debate semanal de Tom Valentine en *Radio Free America* y discutió las pruebas de la implicación de la ADL en las actividades de McVeigh y aportó pruebas concluyentes de que la ADL había intentado activamente "inculpar" a Liberty Lobby, editor de *Spotlight*, de su implicación en el crimen.

La siguiente es una transcripción editada de la charla del Sr. Piper en *RFA*.

Tom Valentine: La Liga Antidifamación (ADL) de B'nai B'rith intentó sugerir que Liberty Lobby y *The Spotlight* estaban de algún modo "vinculados" a Timothy McVeigh y, por tanto, implicados en el atentado de Oklahoma City.

Michael Collins Piper: Irónicamente, la verdad es todo lo contrario. Liberty Lobby y *The Spotlight* tienen pruebas irrefutables de que la llamada división "investigadora" de la ADL tenía una fuente en el círculo íntimo de Timothy McVeigh mucho antes del atentado, y que la ADL (a través de esa fuente) bien pudo haber dirigido algunas de las actividades de McVeigh antes del atentado. Parte de la manipulación de McVeigh por parte de la ADL parece haber sido un plan deliberado para implicar al Liberty Lobby en las actividades de McVeigh . Sin embargo, en cada caso podemos ver la fina mano de la ADL. Así que la gran pregunta es: "¿Qué sabía la ADL y cuándo lo supo?".

Parece bastante claro que Timothy McVeigh participó activamente en la conspiración del atentado. Sin embargo, también está bastante claro que algunas personas (en particular la ADL) sabían lo que McVeigh estaba haciendo y son tan culpables del atentado como McVeigh, aunque sólo sea por la razón de que no hicieron nada para impedirlo.

Pero lo más preocupante es que parece que la ADL incluso lo ha manipulado para sus propios fines insidiosos.

Aunque a mucha gente le gusta hablar del "conocimiento previo del gobierno" del complot del atentado de Oklahoma, el hecho es que gran parte de este "conocimiento previo del gobierno" llegó en realidad al FBI y a la BATF, y probablemente incluso a la CIA, a través de informantes de la ADL activos dentro de la "derecha" (e incluso de la "izquierda") en los Estados Unidos de hoy.

No hay que olvidar que la ADL incluso tenía espías siguiendo al Dr. Martin Luther King, y que estos espías de la ADL luego pasaron esta información al FBI. Así que en realidad no era el FBI quien espiaba a King (como dicen los medios), sino la ADL. Así que cuando se habla de "conocimiento previo del gobierno" del complot del atentado, en realidad se está hablando, en gran medida, de "conocimiento previo de la ADL" del complot, y eso es algo que la ADL no quiere que la gente sepa.

Veamos lo que la ADL sabía sobre Timothy McVeigh.

Tom Valentine: Muchos estadounidenses se han enterado por los principales medios de comunicación de que Timothy McVeigh estaba supuestamente en posesión de una tarjeta telefónica de prepago comprada en *Spotlight*. Pero usted dice que la historia es mucho más que eso.

Michael Collins Piper: Déjeme hablarle de esta tarjeta telefónica. *Spotlight* patrocinó una tarjeta telefónica de prepago.

Muchas organizaciones ofrecían este tipo de tarjetas telefónicas. Sin embargo, en *The Spotlight* nos enteramos después del atentado de Oklahoma de que alguien -el FBI dice que fue Timothy McVeigh- había comprado una tarjeta telefónica *de Spotlight* y había hecho numerosas llamadas por todo el país como parte del complot del atentado.

Allí estábamos, sentados en Washington D.C., recibiendo miles de pedidos de tarjetas telefónicas de todo el país. No teníamos ni idea de quiénes eran esas personas. Procesamos sus pedidos, enviamos las tarjetas y la gente las utilizó. Estas tarjetas están a disposición del público en general. No hace falta ser suscriptor *de Spotlight*, ni siquiera apoyar *las* opiniones políticas populistas *de Spotlight*, para comprar o utilizar esta tarjeta.

Sin embargo, hay una cosa muy extraña sobre la tarjeta que nos dijeron que fue comprada por McVeigh: la tarjeta fue comprada por alguien que usaba el nombre de "Daryl Bridges". Basado en la evidencia, parece que la tarjeta fue de hecho comprada por McVeigh.

El FBI acudió a *Spotlight* y facilitamos todos los detalles y documentación que pudimos. Pero, como ya he dicho, lo único que teníamos como prueba en nuestros archivos era el hecho de que alguien que utilizaba el nombre de "Daryl Bridges" había encargado una de estas tarjetas. El nombre "Timothy McVeigh" no aparecía en ninguno de nuestros registros, aunque la tarjeta fue enviada a "Daryl Bridges" a una dirección de Michigan en la que ahora sabemos que vivía Timothy McVeigh.

El FBI afirma que esta tarjeta se utilizó para comprar suministros para la bomba supuestamente utilizada en el atentado de Oklahoma (aunque, como muchos saben ahora, hay pruebas contundentes de que, más que probablemente, se utilizó más de una bomba).

No teníamos ningún registro de llamadas en nuestra oficina de Washington. Todos los registros de llamadas se conservan en la oficina de servicios que gestiona el programa de tarjetas telefónicas para *The Spotlight*. No sabíamos de dónde procedían las llamadas, a dónde iban o quién utilizaba la tarjeta. Todo lo que sabíamos era que una tarjeta había sido comprada por alguien llamado "Daryl Bridges".

Esto es lo interesante: El FBI volvió a *The Spotlight* y nos preguntó: "¿Por qué *The Spotlight* hizo llamadas a Timothy McVeigh usando la tarjeta de visita de Daryl Bridges?". Nos sorprendió, no hace falta decirlo, que el FBI hiciera esta alegación.

Esto es lo que parece haber ocurrido. Un empleado *de Spotlight* que procesaba los pedidos de tarjetas telefónicas recuerda haber recibido llamadas aquí en Washington de alguien que decía: "¿Podría devolvernos la llamada utilizando la tarjeta telefónica para ver si funciona?" (es decir, la tarjeta estaba registrada a nombre de "Daryl Bridges").

Un empleado *de Spotlight* utilizó el número de acceso a la tarjeta telefónica registrado a nombre de "Daryl Bridges" para devolver la llamada a esta persona y comprobar que la tarjeta funcionaba. Se realizó una grabación de esta llamada o, como se conoce en la jerga de los servicios de inteligencia, un "caption".

En otras palabras, un empleado inocente *de Spotlight* utilizó ese mismo número de acceso a la tarjeta telefónica para devolver la llamada a la persona que había llamado a *Spotlight*, y luego concluyó que la tarjeta telefónica funcionaba efectivamente. De hecho, este escenario parece haber ocurrido varias veces con otros clientes de tarjetas telefónicas. Supusimos, por supuesto, que la persona que utilizaba la tarjeta estaba experimentando un problema de usabilidad y que nosotros simplemente intentábamos ayudar al titular de la tarjeta a resolver el problema.

Después del atentado de Oklahoma, cuando el FBI nos informó de que McVeigh tenía una tarjeta de visita *de Spotlight*, le dijimos, por supuesto, que cooperaríamos en todo lo que pudiéramos. Sin embargo -y esto es muy preocupante- nos enteramos hace poco, en un informe del Scripps-Howard News Service, de que el FBI ya estaba intentando en aquel momento (entre bastidores y sin nuestro conocimiento) utilizar las "pruebas" de la tarjeta telefónica para demostrar de alguna manera que *The Spotlight* había ayudado a McVeigh en la trama del atentado.

Tom Valentine: En otras palabras, el papel de *The Spotlight* en este escenario era completamente inocente, pero el FBI estaba tratando de sugerir que *The Spotlight* estaba en comunicación con McVeigh, presumiblemente ayudándole con su plan de atentado.

Michael Collins Piper: Eso es lo más loco. Estábamos recibiendo estas llamadas en Washington de alguien. Recibimos cientos de llamadas al día. Realmente no sabemos quién está al otro lado de la línea. Sin embargo, después de que saliera toda esta información sobre McVeigh comprando la tarjeta de visita (y supuestamente utilizándola), uno de nuestros empleados recordó las llamadas sobre la tarjeta "Daryl Bridges".

La conclusión es que quienquiera que llamara *a The Spotlight* (ya fuera McVeigh u otra persona) estaba intentando *que The Spotlight* realizara llamadas salientes utilizando la tarjeta telefónica que, según el FBI, estaba en posesión de McVeigh. De hecho, el FBI parece sugerir (aunque sin duda no es cierto) que el propio McVeigh había acudido *a la* oficina de *The Spotlight* en Washington y estaba utilizando nuestro teléfono para hacer llamadas salientes con cargo a la tarjeta telefónica de prepago registrada a nombre de "Daryl Bridges". Además, lo realmente interesante es que no sabemos realmente si fue McVeigh quien llamó a *The Spotlight*. Por lo que sabemos, podría haber sido otra persona. Todo lo que sabemos es que la persona que llamó estaba preguntando por la tarjeta "Daryl Bridges".

Pero eso es sólo la punta del iceberg. Las cosas son mucho más profundas e interesantes. Lo único que sabemos con certeza es que hay personas -personas que desde hace tiempo mantienen estrechos vínculos con el FBI y la BATF- que intentaron deliberadamente implicar a *The Spotlight* y a su editor, Liberty Lobby, en el atentado de Oklahoma. Les acusamos de hacerlo porque sabían de antemano que se iba a producir el atentado y querían que la gente creyera que *The Spotlight* estaba implicado en esta conspiración.

Tom Valentine: Usted dice que esto es sólo la punta del iceberg. Qué otros factores le llevan a concluir que hubo un intento deliberado de "inculpar" al Liberty Lobby

Michael Collins Piper: Bien, dos días después del atentado, estábamos sentados aquí en Washington, ocupándonos de nuestros asuntos, y *el Washington Post* informó -para nuestra sorpresa, debo asegurárselo- de que la Liga Antidifamación (ADL) de B'nai B'rith había anunciado que un año antes del atentado, Timothy McVeigh, utilizando de nuevo un seudónimo, esta vez "T. Tuttle", había publicado un anuncio clasificado en *The Spotlight*.

No tenemos nuestro archivo informático de anuncios clasificados, así que eso nos sorprendió, como ya he dicho. Inmediatamente nos preguntamos cómo podía saber la ADL que McVeigh había puesto un anuncio así, sobre todo porque estaba bajo el nombre de "T. Tuttle".

Lo interesante es lo siguiente: hice varias llamadas telefónicas para comprobar lo que estaba pasando. Una de ellas fue a una fuente amiga con conexiones de muy alto nivel. Le conté lo del "T. Tuttle" y se rió y me dijo: "¿Sabes cómo supo la ADL que McVeigh se había anunciado en *The Spotlight*?".

Le dije: "No, dime". Me contestó: "La ADL tenía un tipo en el círculo íntimo de McVeigh, cercano a McVeigh".

Así que la muy respetada ADL, que se autodenomina "organización de derechos civiles", tenía a alguien trabajando estrechamente con McVeigh. Al parecer, McVeigh le había dicho a esta persona que iba a publicar un anuncio en *The Spotlight* o -y este es probablemente el caso- este agente de la ADL sugirió a McVeigh que publicara un anuncio en *The Spotlight*.

Sólo McVeigh y la ADL saben con certeza lo que ocurrió realmente. Pero si McVeigh lee estas palabras tal como aparecen en *The Spotlight*, podría estar haciendo un verdadero servicio público al hacernos saber lo que sucedió. A estas alturas, creo que McVeigh probablemente ha averiguado por sí mismo lo que ocurrió realmente y sabe con precisión quién es este agente de la ADL.

El anuncio de "T. Tuttle" era de una pistola de bengalas, pero la ADL dijo que era un arma de algún tipo: un lanzacohetes. Era una simple pistola de bengalas diseñada para parecer un arma militar.

En aquella época, es interesante señalar que *The Spotlight* tenía la política de no difundir publicidad de armas de ningún tipo.

Sin embargo, basándose en la distorsión deliberada de la verdad por parte de la ADL, *el Washington Post* -y posteriormente los medios de comunicación nacionales- informaron *de que The Spotlight* había publicado un anuncio de un lanzacohetes. Huelga decir que hay una gran diferencia entre una pistola de bengalas y un lanzacohetes.

Como ya he dicho, estábamos tratando de entender cómo la ADL había sabido que se había publicado este anuncio, y cuando nuestra fuente nos informó de que la ADL tenía un "banderillero" en el círculo íntimo de McVeigh, eso explicó muchas cosas. Sin embargo, nuestra investigación posterior nos ha proporcionado datos adicionales que confirman aún más que la ADL estaba metida hasta el cuello en los asuntos secretos de McVeigh mucho antes del atentado.

La situación es aún más interesante, como verá. El artículo *del Washington Post* sobre "T. Tuttle" (basado en un comunicado de prensa de la ADL) no apareció en la primera edición *del Washington Post* hasta el 21 de abril, dos días después del atentado.

Sin embargo, ese mismo artículo se publicó, casi textualmente, en la edición posterior de ese día, pero en esa edición posterior el *Post* eliminó la referencia a la ADL y sus acusaciones sobre "T. Tuttle".

Se trata de una especulación personal, pero creo que tiene cierta base en la realidad: la razón por la que *el Washington Post* suprimió esta información es que, en el período inmediatamente posterior a la publicación del artículo, la ADL descubrió que su propia información era incorrecta, y entonces (la ADL) se dio cuenta de que la naturaleza incorrecta de su información ponía de manifiesto un pequeño (o gran) problema: el hecho de que la ADL dispusiera de información incorrecta indica en realidad que la ADL conocía de antemano los planes de Tim McVeigh de anunciarse en *The Spotlight*.

Aquí están las pruebas de que la ADL conocía los planes de Timothy McVeigh de realizar una campaña publicitaria en *The Spotlight:* aunque "T. Tuttle" (presumiblemente McVeigh) se comprometió a publicar un anuncio en cuatro números consecutivos de *The Spotlight*, el anuncio no apareció en la primera semana (en el número del 9 de agosto de 1993) en que debía aparecer. El anuncio no apareció hasta una semana después, en el número del 16 de agosto de 1993.

Sin embargo, cuando la ADL se puso en contacto con el *Washington Post* y le comunicaron que McVeigh había puesto un anuncio en *The Spotlight*, la ADL afirmó que el anuncio había aparecido en el número del 9 de agosto.

La ADL sabía que McVeigh se había comprometido a publicar un anuncio en el número del 9 de agosto, pero lo que no sabían era que habíamos tenido un problema de producción en *The Spotlight* y el anuncio no se había publicado como estaba previsto en un principio.

Lo que ocurrió fue que la ADL, basándose en su propio conocimiento previo de las intenciones de McVeigh de anunciarse en *The Spotlight*, se apresuró a anunciar públicamente tras el atentado que McVeigh se había anunciado en *The Spotlight*. La ADL se dio cuenta entonces de su error y dio marcha atrás, hablando con el *Post* y pidiéndole ostensiblemente que "se callara y se olvidara del asunto", cosa que el *Post* hizo. Ni siquiera se encuentra esa primera edición del *Post* en la Biblioteca del Congreso. Ha caído en el olvido.

He aquí otro artículo bastante interesante. El redactor jefe de *Spotlight* se fijó en el anuncio "T. Tuttle" y pensó que había algo raro en él. Retiró el anuncio, diciendo "No publicamos anuncios de armas en *Spotlight*", y el anuncio sólo se publicó en tres números en lugar de los cuatro previstos. Sin embargo, la ADL tenía en sus archivos información según la cual Timothy McVeigh, bajo el nombre de "T. Tuttle", se había anunciado en *The Spotlight* más de un año antes del atentado de Oklahoma.

El FBI no necesita acudir a mí, ni a ningún miembro del equipo *de The Spotlight*, para interrogarnos sobre nuestros vínculos con Timothy McVeigh. Yo le diría a Louis Freeh, del FBI: "¿Qué sabía la ADL sobre Timothy McVeigh y cuándo lo supo?". *Spotlight* no sabía nada. Esa es una gran pregunta.

El gran jurado de Oklahoma City que investiga el atentado podría, y debería, llamar a declarar a miembros de la ADL como Abe Foxman, director nacional de la ADL, Irwin Suall, director de investigación de la ADL desde hace mucho tiempo, y Mira Lansky Boland, una "ex" agente de la CIA que dirige la oficina de la ADL en Washington.

Si el gran jurado impulsa el caso, podría de hecho acusar a Foxman, Suall y Boland por conocimiento previo de las actividades de Timothy McVeigh y acusarles de conspiración para cometer el atentado.

Hay mucha información reveladora ahí fuera, información de la que no se ha informado en ningún otro sitio salvo en *The Spotlight, pero* la gente tiene que pensar en ello detenidamente y empezar a preguntarse: "¿Qué está pasando aquí?".

Tom Valentine: Pero la conspiración para inculpar a Liberty Lobby va más allá, ¿no

Michael Collins Piper: Así es. Y en este punto, voy a relatar algunos hechos bastante inquietantes que prueban más allá de toda sombra de duda que alguien que no era Timothy McVeigh sabía que se iba a llevar a cabo un atentado en Oklahoma City. Sin embargo, los fiscales federales afirman que sólo McVeigh y Terry Nichols estaban implicados en la conspiración, y que sólo Michael Fortier y su esposa conocían la conspiración. Sin embargo, hay pruebas convincentes de que alguien más también estuvo implicado.

El atentado de Oklahoma City tuvo lugar el 19 de abril de 1995. El 20 de abril, al día siguiente del atentado, un empleado de correos de *The Spotlight* abrió un sobre con el matasellos de "Oklahoma City" que había sido enviado a *The Spotlight* el 17 de abril, dos días antes del atentado. El matasellos lo puso el gobierno de Estados Unidos, la oficina de correos. No hay nada más "oficial" que eso. Esto no es una teoría de la conspiración. Es un hecho. *Spotlight* no puso ese matasellos allí. La oficina de correos lo hizo. Este sobre y su contenido fueron enviados antes del ataque.

El sobre contenía una postal. La recibimos el día después del atentado, cuando todo el país sabía que la tragedia había tenido lugar en Oklahoma City. La postal del sobre era una fotografía de la época de la Depresión de una tormenta de polvo sobre Oklahoma. La leyenda decía que la fotografía mostraba una tormenta de polvo acercándose a Oklahoma y que la fotografía (que es bastante famosa y estoy seguro de haberla visto antes) se llamaba *Domingo Negro*.

No creo que sea una coincidencia que, hace unos años, una película muy popular de Hollywood sobre el terrorismo en Estados Unidos se llamara también *Domingo Negro*.

Puede imaginarse la reacción de las señoras de nuestra sala de correo cuando vieron esta postal (enviada desde Oklahoma City dos días antes del atentado) que representa un "Domingo Negro" sobre Oklahoma, al día siguiente de un trágico atentado en Oklahoma City en el que murieron 168 hombres, mujeres y niños.

Había algo más en el sobre. Era una fotocopia de un artículo publicado en *The Spotlight* doce años antes. Era un artículo sobre Gordon Kahl, un patriota estadounidense cuya historia conocen bien los lectores de *The Spotlight*. Kahl era un crítico del gobierno federal y, en 1983, murió a manos de agentes federales.

El hecho de que el sobre contuviera también un artículo sobre Gordon Kahl (así como la postal del "Domingo Negro") es interesante porque, tras la muerte de Kahl, se alegó que admiradores de Gordon Kahl habían conspirado para volar el Edificio Federal Murrah de Oklahoma City en represalia por la muerte de Kahl. Al parecer, una de las personas supuestamente implicadas en el complot llevaba un explosivo en la mano, y ésta es una de las razones por las que el complot nunca se llevó a cabo.

Para cualquier persona normal, el sobre que contenía la postal y el artículo sobre Gordon Kahl era claramente una especie de "advertencia" o indicación de que algo iba a ocurrir en Oklahoma City. Así que, efectivamente, hubo una "tormenta de polvo" sobre Oklahoma el 19 de abril de 1995, y la persona que envió ese sobre y su contenido lo sabía de antemano. Así de sencillo. No es una teoría conspirativa. Es un hecho.

Tom Valentine: ¿No había ningún nombre ni remitente en el sobre ni en su contenido, ningún mensaje directo de ningún tipo

Michael Collins Piper: Así es. La producción era totalmente anónima, pero se publicó desde Oklahoma City dos días antes del atentado. El contenido nos pareció la prueba de que alguien sabía que iba a haber una "tormenta de polvo" (un "domingo negro") en Oklahoma. Nos quedamos estupefactos y llamamos a nuestro abogado, Mark Lane, que acudió inmediatamente a nuestro despacho.

A continuación, Mark metió este sobre, la postal y el artículo que lo acompañaba en un sobre y lo envió directamente a la Fiscal General Janet Reno. Mark conoce personalmente a Janet Reno y lo envió directamente a su oficina. De hecho, la esposa de Mark llevó el sobre directamente al Departamento de Justicia, por lo que en ese momento supimos que el Departamento de Justicia había recibido efectivamente los documentos en cuestión.

Aunque en las semanas y meses siguientes cooperamos con el FBI y les facilitamos información de nuestros archivos sobre la compra por Timothy McVeigh de la tarjeta telefónica de prepago, nunca volvimos a tener noticias suyas sobre el correo de Oklahoma City.

Mientras tanto, he pasado esta información a Jim Ridgeway, un periodista de renombre nacional que escribe para el periódico de izquierdas Village Voice. Ni Ridgeway ni el *Village* Voice sienten la menor simpatía por *The Spotlight*.

Sin embargo, Ridgeway se puso en contacto con el FBI, que inicialmente respondió que no sabía nada de este "aviso".

Sin embargo, yo había enviado a Ridgeway fotocopias de la postal, el sobre y el artículo que Mark Lane había guardado para nuestros propios archivos. Así que Ridgeway presionó al FBI, que respondió "Oh, sí", y el portavoz del FBI tuvo finalmente que dar una respuesta: "No hemos dicho nada públicamente al respecto".

En otras palabras, el FBI admitió que había recibido esta información explosiva -sin juego de palabras, se lo aseguro- y que no había dicho nada públicamente al respecto. ¿Y por qué no? Es la prueba de que alguien sabía de antemano que el atentado era inminente, pero como el sobre no parece ser de puño y letra de Timothy McVeigh, el Gobierno federal es el aliado -en sentido figurado- que lo encubre.

Si en *The Spotlight* no hubiéramos transmitido esta información al FBI a través de nuestro abogado, estamos convencidos de que el FBI se habría "enterado" de alguna manera (probablemente por la ADL) de que el sobre (esta "advertencia") había sido enviado a *The Spotlight* y de que nosotros mismos podríamos haber sabido de antemano que algo iba a suceder. Esto habría dado a la ADL y a sus amigos del FBI algo sólido para colgar *el Spotlight*, y las consecuencias podrían haber sido verdaderamente trágicas.

Todo esto ilustra lo que dijimos en un informe especial enviado a los lectores de *The Spotlight*: alguien implicado en el atentado estaba tratando de implicar a Liberty Lobby en la conspiración, ¡casi dos años antes del crimen

Francamente, pensamos que ese "alguien" es exactamente quien sugerimos: la ADL -un servicio de inteligencia del gobierno de Israel- que lleva años intentando destruir Liberty Lobby, furiosa porque Liberty Lobby ha sido la única voz coherente que ha hablado en contra de la manipulación de la ADL de la política exterior estadounidense.

Al reunir los hechos conocidos, las pruebas se suman para llegar a una conclusión indiscutible:

(1) *Alguien* intentó establecer repetidos vínculos entre LIBERTY LOBBY y Timothy McVeigh y hacer creer que sabíamos lo del atentado

(2) Que "alguien" tenía conocimiento previo de la trama de la bomba; y

(3) Cualquiera que supiera del atentado formaba parte de la conspiración que condujo al asesinato a sangre fría de 168 estadounidenses inocentes.

Basándose en esta información, LIBERTY LOBBY acusa a la ADL y a sus altos cargos de tener conocimiento previo del inminente atentado. Si estos funcionarios de la ADL y/u otros tenían conocimiento del complot, deberían unirse a Timothy McVeigh en el corredor de la muerte por su papel en el peor acto terrorista de la historia estadounidense.

Ahora hay pruebas de que algunos funcionarios federales del FBI y la BATF también conocían de antemano la conspiración del atentado. También es muy posible que informadores federales encubiertos actuaran como *agentes provocadores* y participaran activamente en el complot. El papel de Andreas Strassmeir y su abogado, el enigmático Kirk Lyons, por ejemplo, aún está por desvelar.

Pero la conclusión es la siguiente: está claro que Timothy McVeigh no es la única persona que debería ser condenada a muerte. Sin embargo, a pesar de todas estas pruebas reales, las autoridades federales, empujadas por la ADL, trataron de encontrar a LIBERTY LOBBY cómplice de la conspiración.

No quieren que se sepa la verdad. La verdad está clara: los mismos criminales que volaron el edificio Murrah intentaron implicar al Liberty Lobby y a *The Spotlight* en el crimen.

SECCIÓN CUARTA

REVISIÓN

CAPÍTULO XX

Vista previa del libro Juicio Final de Michael Collins Piper: El eslabón perdido en la conspiración del asesinato de JFK 10 de enero de 2003

Victor Thorn

Antes de adentrarme en este análisis en profundidad de El *juicio final*, de Michael Collins Piper, quiero dejar clara una cosa: cuestionar o criticar a Israel no es sinónimo de antisemitismo, y cualquier argumento en sentido contrario es mera ofuscación. He estado estudiando el asesinato de Kennedy durante más de una década, y mi único objetivo al escribir este análisis no es sólo exponer las fuerzas que fueron en última instancia responsables del asesinato de JFK, sino también mostrar cómo esta tragedia es paralela a ciertos acontecimientos que tienen lugar en el mundo de hoy.

No pretendo atacar injustamente a ningún grupo o clase de personas en particular, ni albergo prejuicios contra ningún grupo o clase de personas en particular. Si las objeciones de alguien a la premisa de este resumen se basan únicamente en la raza o la religión, son deshonestas, engañosas o intentan desviar la atención de la tesis principal. Lo mismo puede decirse del libro del Sr. Piper, ahora en su quinta edición y con más de 25.000 ejemplares en circulación. De hecho, el Sr. Piper dice de *Juicio Final*: "Ni una sola persona se ha presentado todavía para refutar en modo alguno un solo hecho relacionado con mi teoría tal como aparece en *Juicio Final*".

Con el anterior descargo de responsabilidad en mente, es importante entender tres puntos importantes que se abordarán en el curso de este ensayo en:

1) Es innegable que el estado psicológico de ciertos dirigentes israelíes antes del asesinato de JFK desempeñó un papel importante en su desaparición.

2) Una de las brutales realidades de la vida es que la Agencia Central de Inteligencia de Estados Unidos es una entidad criminalmente corrupta que trabaja constantemente mano a mano con ciertos elementos del crimen organizado.

3) La nación de Israel (a través del Mossad), al unísono con la CIA y la Mafia, orquestó el asesinato de nuestro 35° Presidente.

Aunque esta premisa es muy controvertida, Piper difiere de otros investigadores en un punto muy importante. Mientras que ellos se refieren a los asesinos en términos vagos e inespecíficos, como el "complejo militar-industrial", la "mafia", la "CIA", los "cubanos" y los "rusos", Piper es muy meticuloso a la hora de identificar a las personas que considera responsables del asesinato de JFK. Y lo que es más importante, las mismas fuerzas que movieron los hilos en 1963 siguen actuando hoy en día, y los acontecimientos ocurridos desde el 11 de septiembre guardan un asombroso parecido con los de hace 40 años. Así que, en aras de recordar el pasado y exponer lo que realmente sucedió para que no estemos condenados a repetirlo, voy a presentar una visión general de El *Juicio* Final de Michael Collins Piper. Te garantizo que verás algunas fuerzas históricas bajo una luz que nunca antes habías considerado.

JFK, la bomba atómica y la maquinaria de guerra israelí

"Israel no tiene que disculparse por el asesinato o la destrucción de quienes pretenden destruirlo. Lo primero que debe hacer un país es proteger a su pueblo.

Washington Jewish Week, 9 de octubre de 1997

En marzo de 1992, el representante de Illinois Paul Findley declaró en el *Washington Report on Middle East Affairs:* "Es interesante - pero no sorprendente - que en todo lo que se ha escrito y dicho sobre el asesinato de Kennedy, la agencia de inteligencia israelí, el Mossad, nunca ha sido mencionada".

Teniendo en cuenta que el Mossad es probablemente la agencia de inteligencia más despiadada y eficaz del mundo, es curioso que nunca haya sido examinada en relación con el asesinato de Kennedy, especialmente cuando prácticamente todas las demás entidades del mundo (con la excepción de los imitadores de Elvis) estaban implicadas. Pero todo cambio en enero de 1994 con la publicación *de Juicio Final* por Michael Collins Piper. En este libro, Piper afirma: "El Mossad de Israel fue un actor importante (y crítico) entre bastidores en la conspiración que acabó con la vida de JFK. Con sus vastos recursos y contactos internacionales en los círculos de la inteligencia y el crimen organizado, Israel tenía los medios, la oportunidad y el motivo para desempeñar un papel protagonista en el crimen del siglo, y así lo hizo".

¿Su motivo? El primer ministro israelí David Ben-Gurion, que dirigió el país desde su creación en 1948 hasta su dimisión el 16 de junio de 1963, estaba tan furioso con John F. Kennedy por no permitir que Israel se convirtiera en una potencia nuclear que, según Piper, en los últimos días de su mandato ordenó al Mossad que participara en un complot para matar al presidente estadounidense.

Ben-Gurion estaba tan convencido de que la propia supervivencia de Israel corría grave peligro que en una de sus últimas cartas a JFK declaró: "Señor Presidente, mi pueblo tiene derecho a existir, y esa existencia está en peligro".

En los días previos a la dimisión de Ben-Gurion, éste y JFK se enzarzaron en un polémico debate no mediático sobre la posibilidad de que Israel adquiriera capacidad nuclear. Su desacuerdo acabó convirtiéndose en una auténtica guerra de palabras que fue prácticamente ignorada por la prensa.

Ethan Bronner escribió sobre esta batalla secreta entre JFK y Ben-Gurion años más tarde en un artículo *del New York Times* del 31 de octubre de 1998, calificándola de "tema ferozmente oculto". De hecho, las conversaciones entre Kennedy y Ben-Gurion siguen siendo clasificadas por el gobierno estadounidense. Quizás esto se deba a que la rabia y frustración de Ben-Gurion llegaron a ser tan intensas - y su poder tan grande en Israel - que Piper afirma que estaban en el corazón de la conspiración para matar a John Kennedy. Esta posición es apoyada por el banquero neoyorquino Abe Feinberg, que describe la situación de la siguiente manera: "Ben-Gurion podia ser vicioso y tenia tal odio por el viejo [Joe Kennedy, el padre de JFK]. Ben-Gurion despreciaba a Joe Kennedy porque consideraba que no sólo era antisemita, sino que también se había puesto del lado de Hitler en los años treinta y cuarenta. [Trataremos este aspecto de la historia más adelante en este artículo].

En cualquier caso, Ben-Gurion estaba convencido de que Israel necesitaba armas nucleares para garantizar su supervivencia, mientras que Kennedy se oponía categóricamente. La imposibilidad de llegar a un acuerdo provocó problemas obvios. Uno de ellos fue la decisión de Kennedy de hacer de Estados Unidos su prioridad en política exterior, ¡y no de Israel! Kennedy pretendía cumplir la Declaración Tripartita de 1950, que estipulaba que Estados Unidos tomaría represalias contra cualquier nación de Oriente Medio que atacara a otro país. Ben-Gurion, por su parte, quería que la administración Kennedy le vendiera armas ofensivas, en particular misiles Hawk.

Por ello, los dos líderes se enzarzaron en un brutal intercambio de cartas, pero Kennedy no cedió. Ben-Gurion, obsesionado por el asunto, se volvió totalmente paranoico, creyendo que la obstinación de Kennedy suponía una flagrante amenaza para la propia existencia de Israel como nación. Piper escribe: "Ben-Gurion había dedicado su vida a crear un estado judío y a guiarlo en la arena mundial. Y, a los ojos de Ben-Gurion, John F. Kennedy era un enemigo del pueblo judío y de su amado Estado de Israel". Y continúa: "La opción nuclear no sólo estaba en el corazón de la visión personal del mundo de Ben-Gurion, sino que era el fundamento mismo de la política de seguridad nacional de Israel".

Ben-Gurion estaba tan preocupado por la obtención de armas nucleares que el 27 de junio de 1963, once días después de dimitir de su cargo, anunció: "No conozco ninguna otra nación cuyos vecinos declaren que desean acabar con ella, y no sólo lo declaren, sino que se preparen para ello con todos los medios a su alcance. No debemos hacernos ilusiones: lo que se dice cada día en El Cairo, Damasco e Irak son sólo palabras. Este es el pensamiento que guía a los dirigentes árabes... Estoy seguro... de que la ciencia es capaz de proporcionarnos las armas que servirán a la paz y disuadirán a nuestros enemigos".

Avner Cohen, en *Israel and the Bomb*, publicado por Columbia University Press, refuerza este sentido de urgencia cuando escribe: "Impregnado de las lecciones del Holocausto, Ben-Gurion estaba consumido por el miedo a la seguridad..... La angustia del Holocausto fue más allá de Ben-Gurion para impregnar el pensamiento militar de Israel". Añade que "Ben-Gurion no tenía reparos en cuanto a la necesidad de Israel de contar con armas de destrucción masiva" y que "la visión del mundo y el estilo de gobierno decisivo de Ben-Gurion determinaron su papel esencial en la evolución nuclear de Israel".

Kennedy, por su parte, se negó categóricamente a promover el ascenso de Israel a la arena nuclear. Avener Cohen, en *Israel and the Bomb*, señala: "Ningún presidente estadounidense estaba más preocupado por el peligro de la proliferación nuclear que John Fitzgerald Kennedy. Estaba convencido de que la proliferación de armas nucleares haría del mundo un lugar más peligroso y socavaría los intereses de Estados Unidos". Cohen continúa al final de este pasaje: "El único ejemplo que Kennedy utilizó para defender este punto fue Israel".

Al darse cuenta de que Kennedy no cambiaría de opinión, Ben-Gurion decidió unir fuerzas con la China comunista. Ambos países estaban muy interesados en crear programas nucleares, y así comenzaron sus tratos secretos. Trabajando al unísono a través de Shaul Eisenberg, asociado con el traficante de armas y contable del Mossad Tibor Rosenbaum, Israel y China procedieron a desarrollar sus propias capacidades nucleares sin el conocimiento de Estados Unidos.

Si este escenario le parece improbable, le insto a que lea el excelente libro de Gordon Thomas, *Seeds of Fire*, que explica cómo el Mossad y el CSIS (el servicio secreto chino) conspiraron en numerosas ocasiones no sólo para robar secretos militares estadounidenses, sino también para manipular programas de inteligencia estadounidenses como el software PROMISE del Departamento de Justicia. Este ejemplo, me temo, es sólo el primero en el que los ecos del asesinato de JFK todavía pueden sentirse hoy, reverberando en nuestro mundo posterior al 11-S. El riesgo de que Israel desarrolle la bomba al unísono con China se ha convertido en una situación extremadamente volátil y ha sido vigilada de cerca por la CIA.

Decididos a seguir por ese camino, los israelíes construyeron una instalación nuclear en Dimona. Cuando Kennedy exigió que EE.UU. inspeccionara esta instalación, Ben-Gurion se enfureció tanto que construyó otra instalación falsa que no contenía ninguna prueba de investigación y desarrollo nuclear. (¿No suena este escenario inquietantemente similar al juego que estamos jugando con Saddam

Hussein en Irak?) Plenamente consciente de sus travesuras, JFK le dijo a Charles Bartlett: "Estos hijos de puta me mienten constantemente sobre su capacidad nuclear".

Avner Cohen, en *Israel and the Bomb*, reitera esta afirmación, diciendo que Ben-Gurion se había tomado tan a pecho la cuestión nuclear que "llegó a la conclusión de que no podía decir la verdad sobre Dimona a los dirigentes estadounidenses, ni siquiera en privado".

Gerald M. Steinberg, profesor de Ciencias Políticas en el Centro BESA de Estudios Estratégicos de la Universidad Bar-Ilan de Tel Aviv, añade: "Entre 1961 y 1963, la administración Kennedy ejerció una fuerte presión sobre Ben-Gurion para que aceptara la inspección internacional de Dimona y renunciara a sus armas nucleares. Esta presión aparentemente no cambió la política israelí, pero contribuyó a la dimisión de Ben-Gurion en 1963".

Para apreciar la gravedad de la situación actual, basta con ver lo que está ocurriendo en Irak, donde equipos de seguridad de las Naciones Unidas inspeccionan palacios reales y búnkeres en busca de armas y materiales nucleares. La urgencia es tal que nuestra nación está al borde de la guerra. Hace cuarenta años, la presión ejercida por JFK sobre Ben-Gurion era tan fuerte como la que George Bush ejerce hoy sobre Sadam Husein.

En *Israel y la bomba*, Avner Cohen refuerza este punto.

"Para obligar a Ben-Gurion a aceptar las condiciones, Kennedy ejerció la palanca más útil de que dispone un presidente estadounidense en sus relaciones con Israel: la amenaza de que una solución insatisfactoria comprometería el compromiso y el apoyo del gobierno estadounidense a Israel.

La presión sobre Ben-Gurion era tan grande que finalmente dimitió. Pero Kennedy, como un pit bull, no soltó al sucesor de Ben-Gurion, Levi Eshkol, como informa Avner Cohen.

"Kennedy dijo a Eshkol que el compromiso y el apoyo de EE.UU. a Israel 'podrían verse seriamente comprometidos' si Israel no permitía a EE.UU. obtener 'información fiable' sobre sus esfuerzos nucleares.

Las demandas de Kennedy no tenían precedentes. Equivalían, de hecho, a un ultimátum". Cohen concluye diciendo que "la carta de Kennedy precipitó una situación casi de crisis en la oficina de Eshkol".

Al final, como todos sabemos, Kennedy fue asesinado en noviembre de 1963; pero lo que es menos conocido es que China llevó a cabo su primera prueba nuclear en octubre de 1964. Lo que hace que este acontecimiento sea aún más profundo es la afirmación de Piper de que, aunque Israel afirmó que sus primeras pruebas nucleares tuvieron lugar en 1979, en realidad tuvieron lugar en octubre de 1964, ¡al mismo tiempo que las de China! Si esto es cierto, entonces, con la excepción de agosto de 1945, cuando Estados Unidos lanzó bombas atómicas sobre Hiroshima y Nagasaki, octubre de 1964 bien podría haber sido el mes más peligroso de la historia del siglo XX.

Pero volvamos al asesinato de JFK y a sus consecuencias directas para el lobby judío, la política exterior estadounidense y la militarización de Israel. Para comprender lo poderoso que es el lobby israelí en este país, el venerable senador J. William Fulbright declaró a CBS *Face the Nation* el 15 de abril de 1973: "Israel controla el Senado de Estados Unidos. El Senado es servil, demasiado servil; deberíamos preocuparnos más por los intereses de Estados Unidos que por obedecer las órdenes de Israel". La gran mayoría del Senado estadounidense - alrededor del 80%- apoya totalmente a Israel; todo lo que Israel quiere, Israel lo consigue. Esto se ha demostrado una y otra vez, y ha dificultado [la política exterior] de nuestro gobierno."

¿Has oído lo que ha dicho el senador Fulbright? No es un teórico de la conspiración ni un antisemita del KKK. Es un senador estadounidense muy respetado que afirma que alrededor del 80% del Senado está en el bolsillo de Israel. El representante Paul Findley, citado en el *Washington Report on Middle East Affairs* en marzo de 1992, añade peso a este argumento: "Durante la campaña presidencial de John F. Kennedy, un grupo de judíos de Nueva York se ofreció en privado a pagar sus gastos de campaña si les dejaba fijar su política en Oriente Medio. No aceptó... Como Presidente, sólo dio un apoyo limitado a Israel".

Para comprender la importancia de las decisiones tomadas por Kennedy durante su efímera presidencia, tenemos que fijarnos en la cuestión de la financiación de las campañas. Dada la influencia del lobby israelí en el Senado estadounidense (si nos atenemos a las palabras del senador Fulbright), debieron de enfurecerse cuando el presidente Kennedy realmente quiso tirar de la manta bajo los métodos actuales de financiación de campañas, que hacían a los políticos tan dependientes de las enormes contribuciones en efectivo de los grupos de interés.

Desafortunadamente, Kennedy no tuvo tiempo de implementar este programa y, a día de hoy, nuestro sistema político sigue monopolizado por los grupos de presión de estos mismos grupos de interés. Uno sólo puede imaginar los cambios que habrían tenido lugar en nuestra política exterior si Kennedy hubiera erradicado a estas víboras y chupasangres de los pasillos del Congreso.

Trágicamente, las ideas de Kennedy nunca fructificaron, y su amarga batalla con el primer ministro Ben Gurion sobre si se debía permitir a Israel desarrollar un programa nuclear terminó en derrota. La razón fue que Lyndon Baines Johnson, a quien Kennedy había pretendido apartar de su programa en 1964 debido a su extrema aversión hacia él, dio un giro de 180 grados en política exterior. Como verán, el programa nuclear de Israel no sólo ha progresado sin freno, sino que se ha convertido en el principal beneficiario de nuestra ayuda exterior.

Pero este giro de 180 grados no se habría producido si Kennedy no hubiera sido asesinado. Hasta que LBJ se convirtió en presidente, Kennedy trató Oriente Medio de la forma que más beneficiaba a Estados Unidos. Su principal objetivo -el que tenía más probabilidades de mantener la paz- era un equilibrio de poder en Oriente Medio en el que todas las naciones estuvieran a salvo. Esta decisión estaba en consonancia con la Declaración Tripartita que Estados Unidos había firmado en 1950. Pero bajo la administración de Johnson, este frágil equilibrio se trastocó y, en 1967 -sólo cuatro años después del asesinato de Kennedy-, Estados Unidos era el principal proveedor de armas de Israel ¡y nuestros intereses se situaban muy por detrás de los de Israel

Como escribe Michael Collins Piper: "La conclusión es ésta: JFK estaba firmemente comprometido a impedir que Israel construyera la bomba nuclear. LBJ simplemente miró hacia otro lado. La muerte de JFK sí benefició las ambiciones nucleares de Israel, y los hechos lo demuestran."

Reuven Pedatzer, en una reseña de *Israel y la bomba*, de Avner Cohen, publicada en el diario israelí *Ha'aretz* el 5 de febrero de 1999, escribe: "El asesinato del presidente estadounidense John F. Kennedy puso fin abruptamente a la presión masiva ejercida por la administración estadounidense sobre el gobierno israelí para que abandonara su programa nuclear". Y continúa: "Kennedy dejó claro al Primer Ministro israelí que bajo ninguna circunstancia aceptaría que Israel se convirtiera en un Estado nuclear".

Pedatzer concluye: "Si Kennedy hubiera seguido vivo, es dudoso que Israel tuviera hoy una opción nuclear" y que, "la decisión de Ben-Gurion de dimitir en 1963 se tomó en gran parte en el contexto de la enorme presión que Kennedy estaba ejerciendo sobre él por la cuestión nuclear".

Si todavía no estás convencido, ¿qué tal unas cuantas cifras? En el último año presupuestario de Kennedy, 1964, la ayuda israelí ascendió a 40 millones de dólares. En el primer presupuesto de LBJ, en 1965, ascendió a 71 millones de dólares y, en 1966, se triplicó con creces en comparación con los dos años anteriores, ¡alcanzando los 130 millones de dólares

Además, bajo la administración Kennedy, casi ninguna de nuestra ayuda a Israel era de naturaleza militar. Por el contrario, se dividió a partes iguales entre préstamos para el desarrollo y ayuda alimentaria en el marco del programa PL480. Sin embargo, en 1965, bajo la administración Johnson, el 20% de nuestra ayuda a Israel se destinó al ejército, mientras que en 1966, el 71% de esta ayuda se utilizó para material bélico.

Del mismo modo, en 1963, la administración Kennedy vendió 5 misiles Hawk a Israel como parte de un sistema de defensa aérea. En 1965-1966, sin embargo, LBJ proporcionó a Israel 250 tanques, 48 aviones de ataque Skyhawk, así como cañones y artillería, todos ellos de naturaleza ofensiva. Si alguna vez se ha preguntado cuándo se creó la maquinaria de guerra israelí, ¡es aquí! LBJ fue el padre.

Según Stephen Green en *Taking Sides: America's Secret Relations with a Militant* Israel, "Los 92 millones de dólares en ayuda militar proporcionada en el año fiscal 1966 fueron mayores que el total de toda la ayuda militar oficial proporcionada a Israel acumulada en todos los años que se remontan a la fundación de esa nación en 1948".

El Sr. Green continuó: "El 70% de toda la ayuda oficial estadounidense a Israel es militar. Estados Unidos ha dado a Israel más de 17.000 millones de dólares en ayuda militar desde 1946, casi toda ella -más del 99%- desde 1965".

¿Ve lo que está ocurriendo aquí? Dos años después del asesinato de JFK, Israel pasó de ser un miembro débil y anticuado de la inestable comunidad de Oriente Medio, al que no se le permitía desarrollar armas nucleares, a un país en vías de convertirse en una fuerza militar innegable en la escena mundial.

John Kennedy se mantuvo firme y se negó a permitir que Israel desarrollara un programa nuclear, mientras que LBJ se inclinó para facilitarlo y apoyarlo. O, como escribió Seymour Hersh en *La opción Samson*, "en 1968, el Presidente no tenía intención de hacer nada para detener la bomba israelí".

El resultado de este cambio de enfoque de la administración Kennedy a la administración Johnson es, en mi opinión, la razón principal de nuestros problemas actuales en Oriente Medio, que culminaron con los atentados del 11 de septiembre y nuestra próxima guerra con Irak (y más allá). Estoy muy seguro de esta afirmación, porque como señala Michael Collins Piper, estos son los resultados del asesinato de John F. Kennedy:

1) Nuestra ayuda exterior y militar a Israel aumentó drásticamente tras la llegada de LBJ a la presidencia.

2) En lugar de intentar mantener un equilibrio en Oriente Próximo, Israel se ha convertido de repente en la fuerza dominante.

3) Desde la administración LBJ, Israel siempre ha tenido más armas que sus vecinos directos.

4) Como resultado de este innegable y evidente aumento de la maquinaria bélica israelí, se ha perpetuado una lucha constante en Oriente Medio.

5) LBJ también permitió a Israel continuar su desarrollo nuclear, convirtiéndolo en la quinta fuerza nuclear del mundo.

6) Por último, nuestro enorme gasto en ayuda exterior a Israel (unos 10.000 millones de dólares al año al fin y al cabo) ha creado una situación de interminables ataques y represalias en Oriente Medio, así como un desprecio y enemistad absolutos hacia Estados Unidos por desempeñar el papel de apoyo militar de Israel.

A los ojos de Israel, y de David Ben-Gurion en particular, ¿cuáles eran las alternativas: permanecer debilitado (o al menos equilibrado) frente a sus vecinos y maniatado por la negativa de JFK a plegarse a su voluntad, o matar al único hombre que les impedía dominar Oriente Próximo, beneficiarse de una considerable ayuda militar y disponer de una de las principales fuerzas nucleares del mundo? Es una pregunta para reflexionar. Mientras estos pensamientos te rondan por la cabeza, pregúntate lo siguiente. Si Kennedy, LBJ y todas las administraciones posteriores se hubieran adherido a la Declaración Tripartita de 1950 y hubieran hecho todo lo posible por mantener el equilibrio en Oriente Próximo en lugar de empujar a Israel a la vanguardia, ¿habrían sido atacadas nuestras torres el 11 de septiembre de 2001 y estaríamos ahora al borde de una guerra potencialmente catastrófica? En cualquier caso, es una pregunta sobre la que debemos reflexionar.

EL PAPEL DE LA CIA EN EL ASESINATO DE JFK

Podría decirse que el juicio más importante de la década de 1990 (sí, incluso más importante que el de O.J. Simpson) fue el que enfrentó a E. Howard Hunt y el periódico *The Spotlight*. No voy a entrar en las circunstancias de ese juicio, pero el miembro del jurado Leslie Armstrong dijo a *The Spotlight* en su edición del 11 de noviembre de 1991: "El Sr. Lane [representante del acusado] nos estaba pidiendo [al jurado] que hiciéramos algo muy difícil. Nos estaba pidiendo que creyéramos que John Kennedy fue asesinado por nuestro propio gobierno. Sin embargo, cuando examinamos las pruebas de cerca, nos vimos obligados a concluir que la CIA había matado al presidente Kennedy". Esta información es extremadamente importante para la historia del siglo XX, pero los principales medios de comunicación apenas informaron sobre ella debido a su naturaleza explosiva. Supongo que lo estaban guardando todo para ver si el guante de O.J. encajaba.

El punto esencial planteado, y confirmado por el Comité Church en 1975, es que sí existió una conspiración para asesinar al presidente Kennedy, y que se extendió directamente al gobierno estadounidense. Para comprender plenamente las ramificaciones de esta información, es necesario saber lo que la CIA ha estado haciendo desde que fue creada a partir de la OSS después de la Segunda Guerra Mundial. Aunque el tiempo no me permite extenderme, deberías investigar sobre el "Proyecto Paperclip", en el que científicos nazis fueron trasladados en secreto a Estados Unidos después de la guerra. También puede informarse sobre los experimentos ilegales de la CIA en materia de control mental, las pruebas de drogas ilícitas realizadas sin su conocimiento, sus actividades de narcotráfico, cómo consiguió infiltrarse en los medios de comunicación estadounidenses y los asesinatos de varios líderes mundiales. En otras palabras, estos tipos estaban, y siguen estando, sucios hasta las cejas.

Para comprender no sólo esta rama de la inteligencia, sino también el espectro más amplio del funcionamiento de nuestro mundo, tenemos que darnos cuenta de que lo que se retrata en las noticias de la noche no es una representación exacta de la realidad. De hecho, el ímpetu real, o la fuerza motriz de nuestro sistema político mundial, rara vez es visto por el público estadounidense. Los verdaderos responsables de la toma de decisiones acechan en las sombras, conspirando y planificando, y luego utilizando sus "brazos operativos", como la CIA, el Mossad, otras agencias de inteligencia y el crimen organizado para cumplir sus órdenes. Como explica Michael Collins Piper, estos grupos - blanqueadores de dinero, narcotraficantes, asesinos y estafadores- son las únicas entidades capaces de operar al margen de las leyes y las costumbres de la sociedad. Los controladores -banqueros internacionales, ejecutivos de multinacionales y miembros de alto rango de sociedades secretas- "guían" nuestro mundo y luego utilizan a sus "ejecutores" para aplicar sus decisiones. Los políticos son una de las "figuras" utilizadas entre bastidores, mientras que la CIA, el Mossad y la Mafia se ocupan de sus asuntos sucios lejos de la mirada pública. Siento decirlo, pero así funciona nuestro mundo.

Una de las principales razones por las que John F. Kennedy fue asesinado fue que se atrevió a interferir en este tenue marco de poder. Más concretamente, JFK, al darse cuenta de lo fuera de control que estaban estas diversas agencias, quiso ponerlas bajo control y bajo un mismo techo, dando a su hermano Bobby jurisdicción sobre todas ellas.

También planeaba deshacerse del maestro manipulador J. Edgar Hoover (que estaba perfectamente al tanto de sus planes, pero que, por puro interés propio, no tenía ningún interés en descubrir la verdad sobre el asesinato de Kennedy). Para empeorar las cosas, Kennedy despidió al director de la CIA Allen Dulles, que era uno de los traficantes de influencias más sucios de todos los tiempos (¡Increíblemente, Dulles formaría parte más tarde de la Comisión Warren! Eso es lo que llamamos tener rienda suelta).

Arthur Krock escribió en el *New York Times* sobre esta batalla entre Kennedy y la CIA el 3 de octubre de 1963, diciendo que la CIA "representa un enorme poder y una total falta de responsabilidad ante nadie". Krock también se refirió a alguien cercano a Kennedy en la Casa Blanca que dijo que si alguien intentaba apoderarse del gobierno de EEUU, sería la CIA, y que JFK ya no estaba en posición de mantenerla atada. No hay que olvidar que estas palabras fueron pronunciadas apenas un mes y medio antes del fatídico día de Dallas.

Reforzando la pérdida de control de la CIA en aquella época, el abogado e investigador Mark Lane escribió en *The Spotlight* el 17 de febrero de 1992: "El presidente Kennedy envió a Henry Cabot Lodge, su embajador en Vietnam, órdenes a la CIA en dos ocasiones distintas, y en ambas la CIA ignoró estas órdenes, diciendo que eran diferentes de lo que la agencia pensaba que debía hacerse. En otras palabras, la CIA había decidido que ella, y no el Presidente, tomaría las decisiones sobre cómo debía llevarse a cabo la política exterior estadounidense."

¿Empieza a tener clara esta situación? ¿Puede ver hasta qué punto ha crecido la CIA? Kennedy estaba pisando aguas muy peligrosas, pero la gota que colmó el vaso no fue denunciada hasta años más tarde por el *New York Times*, el 25 de abril de 1966. Parece que Kennedy estaba tan decidido a ejercer los poderes que había elegido y no permitir que fueran usurpados por individuos ávidos de poder dentro de la comunidad de inteligencia que amenazó con "romper la CIA en mil pedazos y dispersarla a los vientos". Con estas palabras, el destino de Kennedy estaba sellado, ¡ya que ahora había golpeado el corazón mismo del centro de poder de los Controladores

En esencia, Michael Collins Piper señala que Kennedy había hecho, o pretendía hacer, cuatro cosas que enfurecieron a la CIA

1) Destitución de Allen Dulles.

2) estaba a punto de crear un grupo de expertos para investigar los numerosos crímenes cometidos por la CIA.

3) Limitar el alcance y el ámbito de actuación de la CIA.

4) Limitar su capacidad de actuación en el marco del Memorando de Seguridad Nacional 55. El coronel Fletcher Prouty se refirió a la reacción de la CIA. "Nada en lo que yo haya participado en toda mi carrera ha causado tanta indignación. El NSAM 55 privó a la CIA de su preciado objetivo de realizar operaciones encubiertas, con la excepción de algunas acciones menores. Era un documento explosivo. El complejo militar-industrial no estaba contento.

Una de esas personas indignadas era el jefe de contrainteligencia de la CIA, James Jesus Angleton. Habiendo asumido el cargo en 1954 bajo las órdenes de dos auténticos polis corruptos -Allen Dulles y Richard Helms-, Peter Dale Scott escribió en *Deep Politics and the Death of JFK* que Angleton "dirigía una 'segunda CIA' dentro de la CIA". Angleton operaba tan fuera de sus parámetros legales que él y William Harvey formaron el Equipo ZR/Rifle y contrataron a los pistoleros que dispararían al líder cubano Fidel Castro. Y aunque no entraré en detalles en este momento, Piper señala en *Juicio* Final que estos fueron los mismos gatillos utilizados en el asesinato de Kennedy.

Y lo que es más importante, Angleton forjó relaciones extremadamente estrechas con el Mossad y David Ben-Gurion, y era muy consciente del odio del Primer Ministro israelí hacia JFK. Angleton se hizo tan amigo de los israelíes que incluso les ayudó a desarrollar su programa nuclear secreto, mientras que la CIA y el Mossad se convertían en uno solo en Oriente Próximo: una entidad prácticamente indistinguible que trabajaba al unísono para lograr sus objetivos mutuos.

El Mossad, deberían saber, fue descrito por Michael Collins Piper como la "fuerza motriz de la conspiración" para matar a JFK.

Andrew Cockburn, en el programa *Booknotes* emitido en C-Span el 1 de septiembre de 1991, describió su relación con la inteligencia estadounidense. "Desde los primeros días del Estado israelí y los primeros días de la CIA, ha existido un vínculo secreto que permite a la inteligencia israelí trabajar para la CIA y el resto de la inteligencia estadounidense. No se puede entender lo que está pasando con las operaciones encubiertas estadounidenses y las operaciones encubiertas israelíes hasta que no se entienda este acuerdo secreto.

Otro punto extremadamente importante que Michael Collins Piper plantea en *Juicio Final* es que en el momento del asesinato de Kennedy, Yitzhak Shamir (el futuro Primer Ministro israelí) estaba a la cabeza de un equipo de asesinos a sueldo del Mossad que contrató a un esbirro del SDECE (el servicio de inteligencia francés) para matar al Presidente Kennedy. Esta información fue confirmada por el periódico israelí *Ha'aretz* el 3 de julio de 1992, que informó de que Yitzhak Shamir era un terrorista del hampa convertido en agente del Mossad, y que dirigió un equipo de asesinos de 1955 a 1964. *El Washington Times da* aún más credibilidad a esta posición al informar el 4 de julio de 1992 que no sólo existió este equipo secreto de asesinos, sino que "llevó a cabo ataques contra enemigos percibidos y presuntos criminales de guerra nazis". Si recuerdan, David Ben-Gurion llamó a JFK "enemigo del Estado de Israel". En mi opinión, ¡eso lo convierte en un ENEMIGO PERCIBIDO

Si consideramos por un momento que Yitzhak Shamir contrató a uno de los sicarios del servicio secreto francés -el SDECE-, lo que hace aún más extraña esta situación es la persona con la que James Jesus Angleton -la principal fuerza de la CIA detrás del asesinato de Kennedy- estaba la tarde del 22 de noviembre de 1963. Era el coronel Georges de Lannurien, ¡jefe adjunto del SDECE! Ambos estaban en el cuartel general de la CIA en Langley preparándose para el control de daños en caso de que algo saliera mal. De hecho, tenemos la triangulación de tres agencias de inteligencia -la CIA, el Mossad y el SDECE-, todas convergiendo en el asesinato del presidente Kennedy, ¡mientras se aseguraban de que Lee Harvey Oswald ya había establecido vínculos con Cuba y la Unión Soviética para que una historia de encubrimiento comunista de la "Guerra Fría" pudiera ser difundida en la prensa

¿Cómo lo consiguieron estas agencias de inteligencia? Permítanme citar al piloto retirado de las Fuerzas Aéreas Fletcher Prouty, a quien Michael Collins Piper recurrió para arrojar algo de luz sobre esta situación. Prouty nos dice: "Uno de los principales pasos necesarios en un complot de asesinato es el proceso de eliminar o romper la cobertura de seguridad de la víctima prevista". Y continúa: "No es necesario que nadie dirija un asesinato, simplemente ocurre. El papel activo se desempeña en secreto al permitir que ocurra... Esta es la pista más importante: ¿quién tiene el poder de anular o reducir las medidas de seguridad habituales que se aplican siempre que viaja un presidente

¿Quién cree que tenía los medios y la motivación para acabar con la seguridad del presidente Kennedy aquella tarde en Dallas? ¿Los rusos? No. ¿Los cubanos? No. ¿La mafia? No. ¡Apuesto por la CIA! ¿Empiezan a aclararse las cosas

(Por cierto, ¿quién cree que tenía los medios y la motivación para ocultar la verdad sobre los atentados terroristas del 11-S en los medios de comunicación: un grupo de terroristas deshonestos o la CIA? Es una pregunta sobre la que merece la pena reflexionar).

LA CIA Y LA DELINCUENCIA ORGANIZADA: DOS CARAS DE LA MISMA MONEDA

Una vez que un investigador pela la chapa, corta a través de las capas de ilusión, ignora años de propaganda y desinformación, y finalmente ve la historia en su verdadera perspectiva, él o ella descubre que toda la estructura de poder global controlada por las corporaciones del gobierno mundial no es en realidad más que una vasta red de sindicatos del crimen entrelazados. Sí, ¡UNIONES DEL CRIMEN! En este artículo, echaremos un breve vistazo al turbio pasado de la familia Kennedy y cómo ciertas alianzas y traiciones con la Mafia dirigida por Meyer Lansky (en conjunción con elementos del gobierno estadounidense y la CIA) condujeron finalmente al asesinato de JFK. Como tan brillantemente señala Michael Collins Piper, todos estos grupos -los servicios de inteligencia, el gobierno y el crimen organizado- están entrelazados y operan al margen de la ley (y del escrutinio público) para preservar y promover sus intereses personales. Por desgracia, todos ellos unieron sus fuerzas en 1963 para eliminar al último presidente estadounidense que no estaba comprado, vendido y controlado por los intereses financieros globalistas.

Para entender cómo JFK se encontró en semejante dilema el 22 de noviembre de 1963, primero hay que remontarse a su padre, Joseph padre. Como mucha gente sabe, el mayor de los Kennedy construyó su fortuna con el comercio ilegal de licores, y después beneficiándose de la caída de la bolsa (es decir, confiando en información privilegiada).

Pero poca gente sabe hasta qué punto Kennedy estaba vinculado al crimen organizado. Para hacerse tan increíblemente rico vendiendo alcohol, Kennedy tuvo que hacer tratos con personajes desagradables, tratos que más tarde volverían a perseguirle.

Otro aspecto de la personalidad de Joe Kennedy que su familia intenta ocultar son sus simpatías pronazis.

DeWest Hooker, ejecutivo del mundo del espectáculo de Nueva York y mentor de George Lincoln Rockwell (fundador del Partido Nazi Americano), dijo de Kennedy: "Joe admitió que cuando era embajador en Inglaterra había sido pro-Hitler. Sin embargo, según Kennedy, 'nosotros' perdimos la guerra. Con 'nosotros' no se refería a los Estados Unidos. Cuando Kennedy decía 'nosotros', se refería a los no judíos.

Joe Kennedy pensaba que fueron los judíos quienes ganaron la Segunda Guerra Mundial". Continúa citando a Kennedy. "Hice todo lo que pude para luchar contra el poder judío en este país. Intenté detener la Segunda Guerra Mundial, pero fracasé. Gané todo el dinero que necesitaba y ahora estoy pasando todo lo que aprendí a mis hijos".

Pero antes de entrar en política como embajador en Inglaterra, Joe Kennedy fue un criminal de mucho éxito que se ganó muchos enemigos poderosos. Uno de ellos fue Meyer Lansky, cuyo socio, Michael Milan, cuenta la siguiente historia en *Juicio Final*. "Pregúntale a Meyer Lansky lo que piensa de Joe Kennedy y descubrirás que en una de las raras ocasiones al Sr. L. le dará un violento ataque de nervios. Lo que decían en los días de la Prohibición era que no se podía confiar en que Kennedy mantuviera su palabra. Robó tanto a sus amigos que no podía ayudarles. Robó tanto a sus amigos que no tenía ninguno. Y justo antes de la Segunda Guerra Mundial, ese hijo de puta se dio la vuelta y dijo que todos deberíamos estar del lado de Hitler; que los judíos podían irse al infierno".

La enemistad entre Kennedy y Lansky se remonta a los años 20, cuando se dedicaban al contrabando. Michael Collins Piper cuenta cómo Lucky Luciano y Lansky robaron un cargamento entero de brillo de Kennedy y mataron a todos sus guardias, lo que le costó mucho dinero. Debido a la deshonestidad de Kennedy y a la feroz lealtad de Lansky a su herencia judía, Milan dice que Lansky maldijo a toda la familia Kennedy con una venganza, que luego transmitió a sus hijos. Las cosas se pusieron tan mal que la vida de Joe Kennedy corrió peligro por un contrato ordenado por la Mafia. Afortunadamente para Kennedy, Sam Giancana intervino y llegó a un acuerdo con el mayor de los Kennedy para arreglar las cosas con la mafia. Para devolverle el favor, Kennedy le dijo a Giancana que si uno de sus hijos entraba en la Casa Blanca, él tendría una "entrada". Pero para mantener esa promesa, el viejo Kennedy necesita de nuevo la ayuda de Sam Giancana.

Si esto le resulta difícil de aceptar, recuerde que una de las mujeres más famosas con las que JFK tuvo un romance (con la excepción de Marilyn Monroe) fue la señorita Judith Exner. ¿Y quién era ella

¡La amante de Sam Giancana! Es más, según David Heyman en *A Woman Named Jackie*, los documentos del FBI y las escuchas telefónicas demuestran que JFK mantuvo comunicaciones directas, de persona a persona, con Meyer Lansky durante su campaña presidencial de 1960. Es más, se cita al propio Sam Giancana diciendo: "Ayudo a Jack a salir elegido y, a cambio, él reduce sus gastos. Será como siempre".

Como todos sabemos hoy, fue gracias a Sam Giancana que JFK pudo derrotar a Richard Nixon en 1960 dándole Chicago ("vota pronto y vota a menudo"). Sin embargo, los problemas surgieron cuando, en lugar de dar la espalda a lo que hacían los mafiosos, JFK y su hermano Bobby los traicionaron y lo incendiaron todo.

Aquí es donde se pone un poco difícil y requiere un poco de psicología. Según todas las apariencias, los hermanos Kennedy fueron tras la mafia, lo que fue una de las decisiones más estúpidas de todos los tiempos. En primer lugar, el viejo Kennedy era un contrabandista con estrechos lazos con el crimen organizado. Sabía como pensaba y actuaba la Mafia.

Es más, quería crear una dinastía presidencial Kennedy, empezando por Jack, seguido por Bobby y Teddy. Y, con gente como Sam Giancana detrás de ellos, podrían amañar otras elecciones en el futuro.

Así que, con todo eso en mente, ¿por qué Jack y Bobby empezarían a intentar meterlos a todos en la cárcel? Suena ridículo. Pero John Kennedy no era tonto, ni mucho menos. Sabía que cuanto más durara su presidencia, más le pediría cuentas la mafia. Y como la familia Kennedy tenía muchos esqueletos en su armario - las relaciones sexuales de Jack, las simpatías nazis de Joe y sus vínculos con el crimen organizado - John Kennedy sabía que acabaría siendo sobornado y tomado como rehén por los gángsters. Si no cedía a sus deseos, empezarían a "filtrar" esta información a la prensa.

Y, dado el odio que Kennedy inspiraba en mucha gente, si la Mafia sentía que no estaba recibiendo su parte justa del pastel (es decir, los sobornos del gobierno), simplemente habrían colgado a Kennedy como una marioneta de una cuerda, amenazando continuamente con desenmascararlo. Este escenario habría sido un desastre para JFK, razón por la cual él y Bobby decidieron deshacerse de ellos.

Por supuesto, la Mafia no podía ignorar los esfuerzos de Bobby como Fiscal General, especialmente porque Joe y Giancana habían hecho un pacto. Ahora los hermanos Kennedy estaban renegando de él, y tal actitud no podía ser tolerada. O, como Sam Giancana describió la situación: "Es un golpe de genio por parte de Joe Kennedy. Va a hacer que Bobby nos elimine para cubrir sus propias huellas y todo se hará como parte de la 'guerra contra el crimen organizado' de los Kennedy. Brillante".

Todo este subterfugio ya era bastante malo para Kennedy, pero si a eso le añadimos la larga afiliación de la Mafia con la Agencia Central de Inteligencia (que también despreciaba a Kennedy), es fácil ver cómo las llamas sólo podían intensificarse.

Y aunque no puedo entrar en detalles sobre los diversos vínculos entre estas dos entidades, Michael Collins Piper cuenta la historia de cómo el gobierno estadounidense se involucró con Lucky Luciano y la Mafia durante la Segunda Guerra Mundial, para luego pasar a los intentos de asesinato de Fidel Castro ('Operación Mangosta' y ZR/Equipo Rifle), por no mencionar el transporte y tráfico de drogas desde el Triángulo de Oro durante la Guerra de Vietnam.

Sam Giancana describió los vínculos entre la CIA y la mafia en términos muy sucintos. "Eso es lo que somos, el Outfit y la CIA, dos caras de la misma moneda.

Algunos se preguntarán por qué otras destacadas figuras políticas no han denunciado esta espantosa situación. Probablemente podrían haberlo hecho si no hubieran estado tan implicados como la familia

Kennedy. En *Mafia Kingfish*, publicado por McGraw-Hill, John Davis cuenta cómo Carlos Marcello pagaba a Lyndon Baines Johnson más de 50.000 dólares al año, mientras que James Jesus Angleton y Meyer Lansky tenían fotos comprometedoras de J. Edgar Hoover (relacionadas con la homosexualidad de este último).

Así que él también fue sobornado para guardar silencio. Para hacer las cosas aún más precarias, Michael Collins Piper destaca los vínculos de la ADL con el crimen organizado y con el altamente secreto COINTELPRO, donde la ADL recogía informes de inteligencia sobre altos funcionarios.

Estos mafiosos judíos que operaban a través de la ADL eran los mismos que legitimaron y controlaron la industria del alcohol dirigida por la familia Bronfman.

Ahora que he mencionado un vínculo entre los judíos y el crimen organizado, podría referirme a una de las afirmaciones clave de Michael Collins Piper en *Juicio final, a saber, que* Meyer Lansky era el "capo di tuti capi", el líder indiscutible del vasto submundo del crimen organizado, y que los judíos eran los que llevaban la voz cantante, mientras utilizaban a los italianos como tapadera para ganar ventaja y desviar la atención de su lado. En este sentido, los judíos eran los verdaderos cerebros de la mafia, mientras que todos los demás nombres -Giancana, Trafficante, Marcello, etc.- eran subordinados de Meyer. - eran subordinados de Meyer Lansky.

Hank Messick, en *Lansky*, publicado por Berkley Medallion Books en 1971, escribió: "Los verdaderos jefes del crimen han permanecido ocultos mientras las fuerzas del orden del país han perseguido a matones de poca monta". Y añadía: "Los jefes de la mafia se han escondido durante décadas tras la sociedad de la vendetta [la mafia italiana]".

Esta percepción se ha visto reforzada en la conciencia pública durante años por las películas y los programas de televisión de Hollywood. Es bien sabido que los judíos fundaron Hollywood y aún hoy ejercen una influencia considerable, perpetuando el estereotipo del mafioso italiano con producciones *como El Padrino y Los Soprano*.

Para quienes no crean que Hollywood fue fundado por personas de origen judío, basta con mirar los nombres de sus fundadores:

- Universal Studios - Carl Laemmle - Judío

- 20th Century Fox - William Fox - Judío

- Warner Brothers - HM Warner - Judío

- Paramount Pictures - Adolph Zukor - Judío

- MGM - Samuel Goldwyn - Judío

- MGM - Louis B. Mayer - Judío

Neil Gabler afirma en *An Empire of Their Own, How the Jews Invented Hollywood*, publicado por Crown en 1988: "Los judíos de Hollywood crearon un poderoso conjunto de imágenes e ideas... tan poderoso que, en cierto sentido, colonizó la imaginación estadounidense.

Al fin y al cabo, los valores estadounidenses estaban definidos por películas hechas por judíos. Así que, al igual que las tácticas utilizadas por los controladores, en las que ciertos grupos o individuos ocupan el centro del escenario, aquí también los italianos se convirtieron en los chivos expiatorios mientras Lansky y sus compinches acechaban entre bastidores.

Como muestra Michael Collins Piper, Meyer Lansky se dio a conocer por sus operaciones de tráfico de drogas, que luego le pusieron en contacto con la OSS y la Inteligencia Naval en el marco de una operación denominada "Operación Underworld". La Operación Underworld tenía su cuartel general en el Rockefeller Center de Nueva York y estaba dirigida por William Stephenson, en quien Ian Fleming modeló su personaje de James Bond.

Lo que sigue es sólo un esbozo de los vínculos entre ciertas fuerzas judías, el hampa y los programas secretos de inteligencia, y ciertamente no lo hago con la misma justicia que Michael Collins Piper. Sea como fuere, aquí está la cosa. William Stephenson dirigió operaciones antinazis en la ADL y el FBI, y luego ayudó a crear el Mossad. (La ADL acabó convirtiéndose en un brazo de recopilación de inteligencia y propaganda del Estado de Israel). En cualquier caso, la mano derecha de Stephenson era Louis Bloomfield, abogado de los Bronfman (magnates del contrabando y el alcohol).

¡Y ahí es donde las cosas se tuercen! Stephenson y Bloomfield eran también traficantes de armas para la resistencia judía (en la jerga actual se les llamaría terroristas), ¡y estas son las mismas personas que se convirtieron en el gobierno de Israel! Una vez más, esto confirma mi opinión de que los gobiernos del mundo no son más que un vasto sindicato del crimen organizado. Todos son criminales

En cualquier caso, fue Louis Bloomfield quien coordinó las actividades de tráfico de armas en el Instituto Judío Sonneborn. ¿Y quién le ayudó? Los Bronfman y Meyer Lansky. Meyer Lansky es especialmente relevante en este contexto porque creó los bancos utilizados para blanquear el dinero del Mossad.

Por cierto, si no crees que este tipo de operaciones gubernamentales ilegales existen hoy en día, lee *The Truth and Lies of 9-11* de Mike Ruppert. Nuestro gobierno y muchos otros siguen implicados en el blanqueo de dinero, el tráfico de armas y el narcotráfico a gran escala. Es más, si miras los antecedentes de la gente que dirige el mundo -los Bronfman, los Kennedy, los Rockefeller, los Bush, los fundadores de Skull & Bones y muchos otros- verás que todos son criminales. Y no estoy hablando de criminales risibles como Richard Nixon, sino de actividades ilegales muy reales.

En cualquier caso, Meyer Lansky llegó a ser tan poderoso que Anthony Summers relata en *Conspiracy* (McGraw-Hill) cómo, para proteger sus intereses en el juego, la prostitución y las drogas, convenció al dictador cubano Fulgencio Batista de que dimitiera temporalmente en la década de 1940.

Además de sus empresas criminales (y dada su herencia judía), la otra lealtad inquebrantable de Lansky era el Estado de Israel, al que hizo enormes contribuciones. Cuando fue testigo del enfado de David Ben-Gurion por la negativa de JFK a ayudar (o incluso autorizar) las aspiraciones nucleares de Israel, su viejo rencor contra la familia Kennedy se convirtió en odio declarado. Y, dado que el viejo Kennedy era un delincuente, los controladores sintieron una enorme traición cuando se tomaron tantas molestias para llevar a John Kennedy al poder, y luego éste se dio la vuelta y trató de destruir sus dos brazos más poderosos de aplicación y ejecución: la CIA y la Mafia. Alguien como Sam Giancana nunca podría perdonar a Kennedy por traicionarles, especialmente cuando el viejo Kennedy vendió su alma para salvar su vida. Al renegar de un acuerdo de larga data, y luego tomar represalias con fuerza destructiva, JFK literalmente firmó su propia sentencia de muerte. Los controladores estaban tan furiosos por haber sido traicionados que *tuvieron que* matarlo. Y puesto que Michael Collins Piper afirma que Meyer Lansky era el jefe de la estructura de poder del crimen organizado, fue, junto con el Mossad y James Jesus Angleton de la CIA, la fuerza motriz "operativa" del asesinato de Kennedy.

Al final, fue Sam Giancana quien mejor resumió el éxito con estas escalofriantes palabras. "Los políticos y la CIA han simplificado las cosas.

Cada uno proporcionaría hombres para el trabajo. Yo supervisaría la parte del Outfit y añadiría a Jack Ruby y algunos refuerzos más, y la CIA pondría a sus propios hombres para encargarse del resto".

VIETNAM Y EL NARCOTRÁFICO DE LA CIA

Quizás el mayor secreto de la guerra de Vietnam fue que nuestra Agencia Central de Inteligencia se hizo con el control del tristemente famoso Triángulo de Oro durante este periodo y luego, con la ayuda de varios elementos del crimen organizado, envió enormes cantidades de heroína desde esa región a nuestro país. Como se podía ganar mucho dinero con ésta y muchas otras prácticas, los que salían ganando con esta horrible guerra -los fabricantes de armas, banqueros, militares y narcotraficantes- recibieron inmediatamente con consternación cualquier sugerencia de retirada de Vietnam.

Pero eso es exactamente lo que John F. Kennedy pretendía hacer tras su reelección. De hecho, ya había planeado decirle al pueblo estadounidense que sus tropas volverían a casa en 1965. Piensa en esa trascendental decisión por un momento. Si hubiéramos salido de Vietnam en 1965, se podrían haber mitigado ocho años de derramamiento de sangre en la selva y de disturbios civiles en las calles y los campus estadounidenses.

Michael Collins Piper escribe en *Juicio Final*: "El pretendido cambio de Kennedy en la política de Vietnam -su plan para una retirada unilateral del embrollo- enfureció no sólo a la CIA, sino también a elementos del Pentágono y a sus aliados en el complejo militar-industrial.

Para entonces, por supuesto, el sindicato de Lansky ya había creado una red internacional de tráfico de heroína desde el sudeste asiático a través de la mafia corsa vinculada a la CIA en la región mediterránea. Las operaciones conjuntas de Lansky y la CIA en el tinglado internacional de la droga fueron una empresa lucrativa que floreció gracias a la profunda implicación de Estados Unidos en el sudeste asiático como tapadera de las actividades de contrabando de drogas".

La explicación de un párrafo de Piper es quizá la visión más concisa de la guerra de Vietnam que se haya escrito jamás. Los militares y los contratistas de defensa se enriquecieron como bandidos con la maquinaria bélica, mientras que los estafadores de la CIA y los mafiosos dirigidos por Lansky (a través de Santo Trafficante como principal traficante) también se llenaron los bolsillos. El autor Peter Dale Scott, en *Deep Politics and the Death of JFK*, dijo de este fenómeno: "La afluencia de drogas a este país desde la Segunda Guerra Mundial fue uno de los principales secretos 'inconfesables' que ayudaron a encubrir el asesinato de Kennedy".

Para dar una perspectiva más amplia a esta situación, el profesor Alfred McCoy afirma en *The Politics of Heroin*: "Desde la prohibición de los estupefacientes en 1920, las alianzas entre los traficantes de drogas y las agencias de inteligencia han protegido el comercio mundial de estupefacientes.

Dada la frecuencia de estas alianzas, parece existir una atracción natural entre los servicios de inteligencia y las organizaciones delictivas.

Ambos practican lo que un agente retirado de la CIA denominó las "artes clandestinas", es decir, el arte de operar fuera de los canales normales de la sociedad civil. De todas las instituciones de la sociedad moderna, las agencias de inteligencia y los sindicatos criminales son los únicos que mantienen grandes organizaciones capaces de llevar a cabo operaciones encubiertas sin temor a ser descubiertos".

Por parte del gobierno, los dos máximos responsables del Triángulo de Oro fueron Ted Schackley y Thomas Clines, los mismos dos hombres que dirigieron *la Operación Mangosta* (el complot para "eliminar" a Fidel Castro).

De 1960 a 1975, la CIA desplegó una fuerza secreta de 30.000 miembros de la tribu Hmong para luchar contra los comunistas laosianos. También instaló laboratorios de heroína en la región, que luego transportaba a través de su propia compañía aérea privada, Air America.

Alfred McCoy, en *The Politics of Heroin: CIA complicity in the global drug trade (La política de la heroína: complicidad de la CIA en el tráfico mundial de drogas)*, describe cómo la CIA suministró primero heroína a nuestros propios soldados estadounidenses en Vietnam antes de enviarla a Estados Unidos, donde los mafiosos de Lansky la vendían en las calles.

Los biógrafos de Sam Giancana refuerzan este punto afirmando que mientras el crimen organizado hacía su trabajo, "la CIA hacía la vista gorda, permitiendo que drogas ilegales por valor de más de 100 millones de dólares al año pasaran por La Habana con destino a Estados Unidos. La CIA recibía el 10% de los beneficios de la venta de drogas, que utilizaba para alimentar su fondo secreto".

Una vez que la Mafia y la CIA habían generado este dinero sucio, lo blanqueaban a través de cuentas bancarias secretas controladas por banqueros internacionales. De este modo, el gobierno no podía meterle mano y los fondos podían invertirse en bolsa, prestarse a otras empresas o canalizarse hacia los presupuestos negros de los servicios secretos.

Aunque la información anterior es sólo la punta del iceberg , ahora puedes ver por qué era tan importante para la CIA, la mafia y la cábala bancaria internacional que JFK no sacara a Estados Unidos de Vietnam? El dinero (a través del comercio de drogas ilegales y para la maquinaria de guerra) era increíble, mientras que el control de otra región del globo (el Triángulo de Oro) estaba asegurado.

Finalmente, sólo cuatro días después del asesinato de John Kennedy, Lyndon Baines Johnson, su sucesor, puso su nombre a la NSAM 273, que garantizaba nuestro mayor compromiso en el Sudeste Asiático. Estos hombres no perdieron el tiempo. En el espacio de unos pocos meses, nuestro compromiso en Vietnam pasó de 20.000 hombres a un cuarto de millón. La CIA había ganado, y diez años más tarde, 57.000

Murieron soldados estadounidenses: un comportamiento verdaderamente escandaloso y abominable, una vergüenza y una lacra para la conciencia estadounidense.

LOS MEDIOS DE COMUNICACIÓN CÓMPLICES EN EL ASESINATO DE KENNEDY

Al concluir este análisis del libro de Michael Collins Piper *Juicio Final*, la última pieza del rompecabezas que debemos examinar es el papel de los medios de comunicación en el encubrimiento de la ejecución de JFK el 22 de noviembre de 1963. Como hemos visto en artículos anteriores, la organización con más medios, recursos y motivación para llevar a cabo este acto atroz fue la CIA, con la ayuda directa del Mossad y del sindicato internacional del crimen de Meyer Lansky. Para incriminar aún más a los espías de Langley, sólo tenemos que investigar el alcance de su infiltración en los medios de comunicación estadounidenses en la segunda mitad del siglo XX. Y si alguien grita "teoría de la conspiración" sobre estas acusaciones, recuerde este adagio: una cosa deja de ser una teoría una vez que se ha demostrado que es cierta. El periodista Carl Bernstein, ganador del Premio Pulitzer, lo recuerda en su famoso artículo para *Rolling Stone* del 20 de octubre de 1977, cuando relata cómo 400 periodistas financiados por la CIA se infiltraron en los medios de comunicación estadounidenses como parte de la Operación Mockingbird. Escribió: "La CIA infiltró a 400 periodistas financiados por la CIA en los medios de comunicación estadounidenses...":

"Joseph Alsop es uno de los más de 400 periodistas estadounidenses que, en los últimos 25 años, han llevado a cabo en secreto misiones por cuenta de la CIA, según documentos archivados en el cuartel general de la CIA. En los años 50 y 60, CBS News recibió el sobrenombre de "CIA Broadcasting System".

Así que tenemos que preguntarnos quién tenía los recursos y la capacidad para llevar a cabo la etapa final de este asesinato cuidadosamente concebido. La respuesta la da Jerry Pollicoff en *Government by Gunplay* (Signet Books). "El encubrimiento del asesinato de Kennedy sobrevivió tanto tiempo sólo porque la prensa, enfrentada a la elección de creer lo que se le decía o examinar los hechos independientemente, optó por lo primero.

Para confundir al público, los medios de comunicación propusieron todas las teorías imaginables, excepto que Israel estaba implicado. Como declaró el cineasta Oliver Stone al *New York* Times el 20 de diciembre de 1991, "cuando un dirigente de cualquier país es asesinado, los medios de comunicación normalmente se preguntan qué fuerzas políticas se oponían a ese dirigente y se beneficiarían de su asesinato".

Pero como señala Michael Collins Piper en *Juicio Final*, Oliver Stone no siguió la pista israelí, quizá porque el productor ejecutivo de su película sobre *JFK* era un tal Arnon Milchan, a quien Alexander Cockburn dijo a la revista *The Nation* el 18 de mayo de 1992 que era "probablemente el mayor traficante de armas de Israel". Benjamin Beit-Hallahmi también describió a Milchan como un "hombre del Mossad".

Lo que se pidió esencialmente a nuestros medios de comunicación fue:

1) transmitir y apoyar las conclusiones de la Comisión Warren;

2) perpetuar la teoría del "loco solitario".

3) Atacar a los disidentes

4) Impedir cualquier debate sobre la implicación de Israel Como muestra Michael Collins Piper, en el centro de este encubrimiento estaban los medios de comunicación WDSU, dirigidos por la familia Stern, que eran uno de los principales colaboradores de la ADL. El cerebro de la CIA, James Jesus Angleton, trabajó con estos medios y las principales cadenas. Estas fuerzas estaban en el corazón de una conspiración para alimentar a los medios con pistas falsas (desinformación), y para desviar cualquier investigación de la verdadera motivación detrás del asesinato de Kennedy.

Quizás el factor más importante que ha sido ignorado por los medios de comunicación es una entidad llamada Permindex, que sirvió de centro de coordinación para la CIA, el Mossad y la mafia de Lansky. ¿Quién era Permindex? Bueno, Permindex era un proveedor de armas con sede en Roma que también blanqueaba dinero y tenía vínculos con la CIA, Meyer Lansky y el Estado de Israel.

Aunque no estoy en condiciones de profundizar en este tema como lo hizo Michael Collins Piper en *Juicio Final,* he aquí un breve esbozo del papel de esta entidad en el asesinato de Kennedy. El presidente de la junta directiva de Permindex era el Mayor Louis M.

Bloomfield (mencionado anteriormente en esta serie), que fue una de las dos figuras principales en la creación del Mossad y del Estado de Israel. Bloomfield también poseía la mitad de las acciones de Permindex, fue empleado de J. Edgar Hoover en la infame "División 5" del FBI y se convirtió en testaferro de la poderosa familia Bronfman.

Los Bronfman, hay que recordarlo, eran contrabandistas (como Joe Kennedy), que construyeron su imperio a través del sindicato del crimen de Lansky.

Otro de los principales accionistas de Permindex era Tibor Rosenbaum, que creó una entidad en Ginebra llamada BCI (Banque de Crédit International). Rosenbaum era también director de finanzas y adquisiciones del Mossad, mientras que su BCI era el principal brazo de blanqueo de dinero de Meyer Lansky. Por último, el BCI estaba estrechamente vinculado al Mossad, mientras que su fundador, Tibor Rosenbaum, era llamado el "padrino" de la nación israelí.

Cuando consideras lo crucial que era el Estado de Israel para gente como David Ben-Gurion y los hombres mencionados anteriormente, y lo amenazada que se sentían con su propia supervivencia, no es insignificante que todas estas fuerzas (Mossad, CIA y la Mafia de Lansky) convergieran alrededor de Permindex. Cada uno tenía vínculos directos con esta entidad y cada uno tenía sus propias razones para querer a Kennedy muerto.

Pero, ¿qué ángulo eligieron los medios de comunicación estadounidenses? La teoría de un solo hombre, según la cual un individuo desventurado como Lee Harvey Oswald llevó a cabo el mayor golpe de estado del siglo XX. Es increíble.

Luego, para cubrir sus huellas y eliminar a su "chivo expiatorio" (que obviamente iba a empezar a cantar), los conspiradores llamaron a Jack Ruby para que matara a Oswald. Pero una vez más, los medios de comunicación faltaron a su deber de decir la verdad. En lugar de ser simplemente un "americano afligido" que se sintió obligado a matar a

Oswald para ahorrarle más dolor a Jackie Kennedy, ¡Jack Ruby (verdadero apellido: Rubinstein) era miembro de la mafia judía de Meyer Lansky! ¿Por qué *la revista Time* no nos contó este pequeño dato

¿O por qué no se ha difundido la grabación "perdida" del periodista John Henshaw en la que Jack Ruby es conducido por funcionarios del Departamento de Justicia a través del cuartel general de la policía de Dallas, pasando por delante de los agentes de control, los agentes del FBI y los detectives que se suponía que estaban asegurando las instalaciones? Esta es la PRIMERA PRUEBA. ¿Por qué nunca se ha hecho pública

Aún más curiosa es la decisión del juez Earl Warren de no permitir que Jack Ruby testificara ante su Comisión. ¿Por qué? Tal vez porque la Comisión Warren estaba formada por miembros del Consejo de Relaciones Exteriores, un miembro de Bilderberg (Gerald Ford, que más tarde fue recompensado con la Presidencia tras la caída de Nixon) y Allen Dulles, ¡que fue despedido por JFK! Piense en lo absurdo de esta situación. John Kennedy despidió al director de la CIA Allen Dulles y amenazó con romper su organización en un millón de pedazos y dispersarla al viento.

Y sin embargo, ¿qué ocurrió? Allen Dulles fue nombrado miembro de la Comisión Warren para "investigar" el asesinato del hombre que le había despedido.

La organización de Dulles desempeñó un papel clave en el asesinato. La investigadora Dorothy Kilgallen declaró al *Philadelphia News* el 22 de febrero de 1964: "Uno de los secretos mejor guardados del juicio de Ruby es el grado de cooperación del gobierno federal con la defensa. La alianza sin precedentes entre los abogados de Ruby y el Departamento de Justicia en Washington puede proporcionar al caso el elemento dramático que le ha faltado: el misterio".

Hay innumerables otros detalles que los medios podrían haber revelado, como que los Kennedy tenían planes futuros a gran escala para socavar la Reserva Federal controlada por los Rothschild y cómo tenía un dominio absoluto sobre la economía americana y el sistema monetario, pero en lugar de eso se contentaron con vender sus almas y decir que toda la debacle fue dirigida por un asesino solitario - Lee Harvey Oswald. Y hasta el día de hoy, a pesar de que el Comité de la Iglesia concluyó en la década de 1970 que había un complot para matar al presidente Kennedy y que nuestro gobierno estaba involucrado, los medios de comunicación y nuestras escuelas públicas siguen promoviendo la teoría del asesino solitario. Increíble.

Pero Michael Collins Piper va más allá... mucho más allá...

enumera los NOMBRES REALES de los responsables del asesinato de John F. Kennedy - los planificadores clave que tenían conocimiento directo del asesinato, así como los actores secundarios y los de la periferia. Le recomiendo encarecidamente que compre este libro y descubra por sí mismo quién estuvo detrás de este macabro acto. Una vez que se haya sumergido en *Juicio Final*, verá los papeles que desempeñó cada una de las siguientes entidades:

Mossad - el corazón ennegrecido **CIA** - la mente demente

La mafia de Lansky - el músculo

Hervé Lamarr, en *Farewell to America*, resume así la situación: "El asesinato del presidente Kennedy fue obra de magos. Fue un truco escénico, con atrezzo y espejos falsos, y cuando cayó el telón, los actores e incluso el decorado desaparecieron. Pero los magos no eran ilusionistas, eran profesionales, artistas por derecho propio".

Es una diferencia increíble con un asesino "solitario" desilusionado que realizó esta gran hazaña por su cuenta. Y si usted cree que esta horrible situación ha cambiado un ápice en los últimos cuarenta años, está tristemente equivocado. Para demostrar mi punto de vista, concluiré con este extracto de una entrevista con Greg Palast en la revista *Hustler*. Se trata del primer encubridor de la historia, Dan Rather, cuya carrera entera se construyó sobre el asesinato de Kennedy.

> Palast: Se me revuelve el estómago cuando veo a Rather, porque en realidad es periodista. Vino a mi programa, *Newsnight*, en Inglaterra, y dijo: "No puedo informar de las noticias. No se me permite hacer preguntas. Vamos a enviar a nuestros hijos y maridos al desierto y no puedo hacer preguntas porque me lincharían". Parecía derrotado y horrible, y pensé... ¿por qué me da pena este tipo que vale millones? Debería volverse hacia la cámara y decir: '¡Bueno, ahora, la verdad! Hasta luego, Greg, en

Londres". El problema es que no puede contar la historia de los agentes de inteligencia a **los** que se les dice que no investiguen a la familia Bin Laden, que **no** investiguen la financiación saudí del terrorismo.

Hustler: ¿Qué hace que Rather tenga miedo de hacer su trabajo

Palast: No se trata sólo de que haya pastores brutales como Rupert Murdoch que se dedican a **apalear** a cualquier periodista que haga las preguntas equivocadas; se trata de hacer noticias baratas... hasta cierto punto saben que hay ciertas cosas que no se pueden decir. Rather dice que le pondrían un collar por decir la verdad.

Desgraciadamente, el encubrimiento del asesinato de Kennedy hace cuarenta años es exactamente igual que el encubrimiento del 11-S hoy en día. Entonces como ahora.

CAPÍTULO XXI

Los sumos sacerdotes de la guerra por Michael Collins Piper 17 mayo 2004

Victor Thorn

Después de leer *Juicio Final*, bromeé con un conocido: "Michael Collins Piper arruinó toda mi investigación sobre JFK porque, comparado con su libro, todo lo demás parece un juego de niños". El mismo razonamiento se aplica hoy a la cobertura mediática de los hombres que orquestan nuestra guerra en Irak. Contrariamente a lo que Michael Collins Piper logró en su último libro, *The High Priests of War (Los Sumos Sacerdotes de la Guerra)*, nuestros periodistas parecen un montón de farsantes castrados que no pueden (o no quieren) decirle al pueblo estadounidense lo que realmente está pasando en los pasillos del poder en la capital de nuestra nación.

Comenzando con un breve repaso de la estafa de la Guerra Fría, representada con gran detalle y dramatismo en el escenario mundial, Piper nos muestra cómo una pequeña pero muy unida camarilla de "neoconservadores" surgió de la sombra de Trotsky para convertirse en partidarios del senador Henry "Scoop" Jackson (demócrata, por cierto), y luego se trasladó a las administraciones de Reagan y Bush padre, donde fueron ampliamente considerados como "locos" a los que había que contener.

En el camino, también descubrimos cómo estos retorcidos intelectuales están íntimamente ligados a una causa sionista subyacente, y cómo son capaces de promover sus objetivos a través de una red bien establecida de medios de comunicación, grupos de reflexión y políticos que vendieron sus almas hace mucho tiempo.

La mayor fuerza de Piper, sin embargo, reside en su habilidad para exponer e interconectar aquellos elementos furtivos que otros evitan, como el papel de Richard Perle y William Kristol en la configuración de nuestra guerra actual, sus vínculos con los Bilderbergs y el CFR, y cómo un grupo poco conocido -el Equipo B- secuestró el brazo de política exterior del Partido Republicano. Pero el autor no se detiene ahí, ya que enumera cuidadosamente a todas las personas y organizaciones implicadas en esta infame Kosher Nostra.

Dos citas de este libro son especialmente interesantes, porque muestran dónde están las lealtades de algunos de nuestros hombres de poder en Washington. Una es del senador de Arizona John McCain (sobre la supervivencia de Israel), mientras que la otra es del ex analista de la CIA George Friedman sobre los que más se beneficiaron de los atentados terroristas del 11 de septiembre. Huelga decir que estos pasajes son reveladores y revelan el tipo de fuerzas a las que nos enfrentamos.

Por último, Michael Collins Piper merece crédito por abordar probablemente el aspecto más importante del fenómeno neoconservador: la forma en que Estados Unidos de América es utilizado como peón para hacer el trabajo sucio de un grupo de globalistas en su búsqueda de un imperio internacional gobernado centralmente. En este sentido, lo que vemos en las noticias de la noche o leemos en nuestros periódicos diarios no es toda la historia, ya que hay una agenda secreta en el trabajo, una que está siendo sistemáticamente implementada para manipular y debilitar a nuestro país hasta que finalmente se doblegue ante la visión de los elitistas de un Nuevo Orden Mundial. Este libro es una lectura obligada para cualquiera que crea que los expertos de los medios de comunicación y las cabezas parlantes no están jugando limpio con nosotros.

CAPÍTULO XXII

La nueva Jerusalén por Michael Collins Piper 31 de agosto de 2005

Victor Thorn

Algunas palabras arden con la furia del ácido bórico a través del acero. Esto se aplica sin duda a una cita que Michael Collins Piper utiliza hacia el final de *La Nueva Jerusalén*, tomada del diario inédito del ex presidente Harry S. Truman: "Los judíos no tienen sentido de la proporción, ni juicio de los asuntos mundiales. Encuentro a los judíos muy, muy egoístas. No les importa cuántos estonios, letones, finlandeses, polacos, yugoslavos o griegos sean asesinados o maltratados como desplazados [después de la guerra], siempre y cuando los judíos reciban un trato especial. Sin embargo, cuando ostentaban el poder -físico, financiero o político- ni Hitler ni Stalin tuvieron que mostrar crueldad o maltrato hacia los que quedaban atrás".

Esas palabras son tan poderosas y conmovedoras como cualquier otra que se haya escrito en los anales de la historia; pero como señala Piper, Truman no fue el único presidente que sintió ese resentimiento hacia los judíos. Por supuesto, todos conocemos las opiniones de Richard Nixon (una vez llamó "judío basura" al financiero Robert Vesco y declaró que "Hacienda está llena de judíos"). Pero cuántos conocían las esperanzas de reelección de Jimmy Carter en 1980: "Si me reeligen, voy a joder a los judíos". Del mismo modo, el Secretario de Estado de George Bush padre, James Baker, dijo (mucho antes de que los neoconservadores llegaran al poder): "F- - - the Jews: "Que se jodan los judíos. De todos modos, no nos votan".

Las afirmaciones de Harry S. Truman sobre los judíos y los asuntos mundiales son aún más ciertas hoy en día, ya que Piper abre *La Nueva Jerusalén* mostrando cómo los dos acontecimientos más importantes de nuestro joven siglo XXI -el 11-S y la guerra de Irak- se basan inequívocamente en la política estadounidense sobre derechos humanos y democracia en Oriente Medio.

En cuanto al 11-S, si eres tan ingenuo como para seguir creyendo la versión "oficial" de los hechos -que 19 árabes cavernícolas planearon, orquestaron y ejecutaron los atentados terroristas del 11-S- no puedes negar que fueron causados por la complaciente relación de Estados Unidos con la nación terrorista de Israel. Pero como sabemos, el 11-S fue en realidad un trabajo interno perpetrado por una pequeña cábala dentro (y fuera) de nuestro gobierno. ¿Y por qué perpetrarían un asesinato en masa tan psicopático y sanguinario? Respuesta: porque se utilizó como pretexto para nuestra guerra en Oriente Medio, donde Estados Unidos no es más que un apoderado para hacer el trabajo sucio de Israel. En ese sentido, la afirmación de Piper es absolutamente correcta.

En la misma línea, Piper se refiere a un libro de Benjamin Ginsberg titulado *The Fatal Embrace: Jews and the State (El abrazo fatal: los judíos y el Estado)*. Como sugiere el título, los judíos siempre han "abrazado" el Estado porque, en términos puramente maquiavélicos, era su medio para alcanzar el objetivo último: el poder. Este abrazo, sin embargo, a menudo resulta fatal, ya que allí donde han residido los judíos -desde los tiempos bíblicos- han sido esclavizados, expulsados o asesinados en masa. En todas partes

Quizá se pregunte por qué. La respuesta es sorprendentemente sencilla. Los judíos siempre han manipulado el "sistema" para adquirir gran riqueza y poder. Y aunque hoy en día los judíos sólo representan el 2% de la población estadounidense, se unen a otras personas de ideas afines para crear un conjunto de organizaciones y grupos de presión muy poderosos que, en última instancia, buscan no sólo el poder político, sino también la influencia social (es decir, Hollywood, la televisión, etc.).

Esta arrogancia la expresa muy claramente el Sr. Ginsberg. "Los judíos a menudo se ven a sí mismos, en secreto o no, como moral e intelectualmente superiores a sus vecinos".

Así, los judíos empiezan inevitablemente a abusar de su poder y acaban siendo desenmascarados y tratados según los métodos descritos anteriormente. ¿Acaso les espera el mismo destino a los neoconservadores de hoy, junto con el lobby sionista de múltiples tentáculos, los corruptos capos de los medios de comunicación, el régimen genocida de Ariel Sharon y los que construyen un muro de apartheid desde el extremo norte de Cisjordania hasta Jerusalén? Si el pasado sirve de algo, la historia no tratará a esta gente de la misma manera que lo ha hecho hasta ahora.

Los "enemigos del pueblo" suavemente.

Uno de los desafortunados resultados de esta arrogante búsqueda de poder es claramente la guerra. Como explica Michael Collins Piper, tres cuartas partes del gasto en ayuda exterior de Estados Unidos están destinadas (directa o indirectamente) a garantizar la seguridad de Israel. Así que no sólo damos 10.000 millones de dólares a Israel cada año, sino que nuestro gasto anual en Egipto se administra principalmente por una razón: para que no ataque a Israel. ¿No es obvio que se ha creado un círculo vicioso por nuestro servilismo a Israel y que esto nos coloca en una posición vulnerable como nación

Peor aún, la actual debacle en Irak no es la primera guerra diseñada por elitistas judíos. Cualquiera que se preocupe de estudiar la historia objetivamente descubrirá las mismas manos ocultas detrás de la Guerra Civil Americana (donde los intereses de Rothschild financiaron tanto al Norte como al Sur), así como la Revolución Bolchevique, la Primera Guerra Mundial, la Segunda Guerra Mundial y la primera guerra de Irak "Tormenta del Desierto".

Piper tiene el mérito de ilustrar cómo este patrón existe hoy en día con nuestra orwelliana "guerra contra el terror". Mucha gente no comprende este punto esencial: el presidente George W. Bush no está al mando. Por el contrario, los controladores del Nuevo Orden Mundial han vuelto a enviar a una multitud de agentes para que cumplan sus órdenes (en la misma línea que el coronel Edward Mandel House & Woodrow Wilson, Henry Kissinger, Zbigniew Brzezinski y Samuel P. Huntington). Esta vez, el provocador es Natan Sharansky, que ha unido sus fuerzas a las de otros neoconservadores mencionados en el anterior libro de Piper, *Los sumos sacerdotes de la guerra* (Wolfowitz, William Kristol y Richard Perle ("el Príncipe de las Tinieblas"), etc.).

Piper escribe: "La agenda de Bush (más bien la agenda de los manipuladores sionistas de Bush) no es más que una forma modernizada del bolchevismo anticuado inspirado por el difunto León Trotsky".

Y aunque los efectos perjudiciales de tal infiltración son evidentes (sobre todo en relación con la política exterior), las críticas a Israel provocan represalias rápidas y vengativas en algunos círculos. De hecho, uno de los elementos más fascinantes del libro de Piper es su conciso análisis de la comunidad sionista en su conjunto, que acusa a cualquier crítica a Israel no sólo de antisemita y antiisraelí, sino también de antiamericana y anticristiana, porque (al menos a sus ojos) los objetivos de Israel y los de Estados Unidos deberían ser los mismos. Sin embargo, esta filosofía no es nueva, ya que se remonta a varias generaciones atrás, cuando familias como los Rosenwald, los Friedsam, los Blumenthal, los Schiff, los Warburg, los Lehman, los Baruch, los Bronfman y los Guggenheim alcanzaron la prominencia. Estos individuos, y los representantes y organizaciones que engendraron, acabaron convirtiéndose en lo que Ferdinand Lundberg denominó "el gobierno de facto", que "es de hecho el gobierno de Estados Unidos, informal, invisible, en la sombra" (*"America's Sixty Families"*).

Curiosamente, los temas mencionados rara vez se debaten en las tertulias de los domingos por la mañana o en las páginas de opinión de los principales periódicos. Parece que en este país podemos debatir intelectualmente sobre prácticamente cualquier tema: el aborto, el control de armas, los impuestos, la deslocalización a China, la política petrolera de Hugo Chávez, la opinión de Rusia sobre Occidente o el sida en África; pero cualquiera que critique (o incluso discuta) cómo el tesoro del lobby judío influye en los legisladores estadounidenses es tachado instantáneamente de antisemita.

Ni que decir tiene que *La Nueva Jerusalén* de Piper es un recurso inestimable para cualquiera que quiera ver con claridad cómo este país (y el mundo en su conjunto) está siendo manipulado por un poder sionista oculto (y no tan oculto). Además de los temas ya mencionados, el autor también examina los vínculos sionistas con Enron, el asunto Inslaw y el software PROMIS, la relación entre la familia del crimen Bronfman y John McCain, el control de los medios de comunicación (en particular *el Washington Post de* la difunta Katharine Graham), cómo los periodistas corporativos se vieron comprometidos por la operación Mockingbird, la posibilidad de que exista otro Garganta Profunda, Donald Trump, así como un quién es quién de la élite judía.

En el frente histórico, Piper también discute la industria del Holocausto y cómo es explotada por aquellos que buscan constantemente el papel de víctimas, el control judío del comercio transatlántico de esclavos desde África, el asesinato del autor/investigador Danny Casolaro por una subunidad de la Oficina de Investigaciones Especiales (OSI) del Departamento de Justicia, y la continuación del análisis de *Juicio Final* sobre los vínculos de Meyer Lansky con la Mafia y su papel en acontecimientos clave del siglo XX.

Una vez que haya leído este libro, le garantizo que nunca volverá a mirar el mundo que le rodea de la misma manera.

Biografía del autor

MICHAEL COLLINS PIPER

Durante unos 25 años, Michael Collins Piper, a través de medios de comunicación independientes estadounidenses, ha sido uno de los periodistas estadounidenses más francos, prolíficos y leídos que ha adoptado una postura coherente contra el apoyo incondicional de Estados Unidos a Israel y ha criticado la política estadounidense que ha dañado las relaciones de Estados Unidos con el mundo árabe y musulmán. No es de extrañar que Piper haya sido a menudo objeto de ataques publicados por la Liga Antidifamación (ADL) de B'nai B'rith, el Centro Simon Wiesenthal y el Instituto de Investigación de Medios de Comunicación de Oriente Medio (MEMRI), entre otros grupos de presión israelíes en Estados Unidos.

El libro de Piper, *Final Judgement: The Missing Link in the JFK Assassination Conspiracy*, que documenta los múltiples vínculos entre la agencia de inteligencia israelí, el Mossad, y el asesinato del presidente John F. Kennedy, fue duramente atacado por el lobby israelí, pero se ha consolidado como uno de los libros más convincentes y entusiastas jamás escritos sobre el tema. En 1991, la eminente Dar El Ilm Lilmalayin, con sede en Beirut, publicó la primera traducción al árabe de El *Juicio* Final. En 2004, el libro se publicó en inglés en Malasia y se está publicando también en malayo y japonés. Los otros libros de Piper, *The High Priests of War*, un estudio de la red neoconservadora proisraelí que orquestó la guerra de Estados Unidos contra Irak, y *The New Jerusalem*, una visión completa y actualizada de la riqueza y el poder de la comunidad sionista en Estados Unidos, han sido ampliamente distribuidos aquí y en el extranjero y se han publicado en Malasia tanto en inglés como en malayo. Está previsto que *The High Priests of War* se publique en árabe.

CONTEXTO PERSONAL Y EDUCATIVO

Nacido en Pensilvania, Estados Unidos, el 16 de julio de 1960. Hijo de Thomas M. Piper (fallecido) y de Gloria Armstrong Piper (fallecida).

Licenciado en Ciencias Políticas. Cursó un año de estudios jurídicos. Piper es de origen alemán, irlandés, holandés y nativo americano.

Es tataranieto del famoso constructor de puentes "Coronel" John L. Piper, uno de los primeros socios comerciales y figura paterna del gigante industrial estadounidense Andrew Carnegie. Aunque Piper no tiene hijos propios, es el orgulloso padrino de dos niños, uno afroamericano y otro japonés-americano. Piper es un gran defensor de los animales y un virulento crítico de las brutales e inhumanas prácticas de sacrificio kosher.

PROFESIONALES

- En 1979, siendo estudiante, hizo prácticas en el equipo nacional de campaña del Comité John Connally para Presidente. Connally, que fue Gobernador de Texas y Secretario del Tesoro bajo la presidencia de Richard M. Nixon y resultó herido en el asesinato del Presidente John F. Kennedy en Dallas en 1963, se vio obligado a retirarse de la carrera presidencial después de que sus críticas abiertas al favoritismo de Estados Unidos hacia Israel y su parcialidad hacia el mundo árabe le valieran numerosos ataques de los medios de comunicación estadounidenses.

- Empezó a trabajar a tiempo parcial en 1980 como estudiante, y luego a tiempo completo en 1983 para Liberty Lobby, un grupo de presión ciudadano con sede en Washington D.C. que había sido durante mucho tiempo el objetivo número uno de la Liga Antidifamación (ADL) de B'nai B'rith debido a las críticas de Liberty Lobby al favoritismo de Estados Unidos hacia Israel. Siguió trabajando para Liberty Lobby y su semanario, *The Spotlight*, hasta el 27 de junio de 2001, cuando Liberty Lobby cerró sus puertas. Nota: aunque Liberty Lobby era una entidad próspera, se vio obligada a declararse en quiebra a raíz de una demanda civil.

- El 16 de julio de 2001, Piper se unió a antiguos empleados del Liberty Lobby y a otras personas para lanzar un nuevo semanario nacional,

American Free Press, que tiene unos 50.000 lectores semanales en todo el país. Corresponsal semanal habitual del periódico, participa activamente en sus programas de recaudación de fondos por correo directo y de aumento de suscripciones, redacta cartas promocionales, material publicitario de libros y vídeos, y prepara numerosos proyectos especiales. Ha sido tesorero y miembro del consejo de administración de la empresa que publica *American Free Press*.

- En septiembre de 1994, Piper ayudó a lanzar la histórica revista mensual (ahora quincenal) *The Barnes* Review, que se publica desde entonces.

Es redactor colaborador y antiguo miembro del consejo de la Foundation for Economic Liberty, empresa que publica *The Barnes Review*. La revista tiene unos 9.000 suscriptores de pago (entre ellos muchos de todo el mundo). Hasta su reciente fallecimiento, Issa Nakleh, durante mucho tiempo representante del Alto Comité Árabe para Palestina ante las Naciones Unidas, formó parte, junto con Piper, del consejo editorial de *The Barnes Review*. En los últimos años, el Sr. Nakleh ha citado ampliamente los escritos del Sr. Piper en diversas cartas, comunicados de prensa y otros documentos publicados en apoyo de la causa palestina.

ESCRITOS, CONFERENCIAS, APARICIONES EN RADIO

- En 25 años, Piper ha escrito unos 4.000 artículos y reportajes para *The Spotlight* y ahora *American Free Press*, además de docenas de artículos de fondo para la revista *The Barnes Review*. Muchos de sus artículos se han centrado en las actividades y la influencia del lobby israelí en Estados Unidos y temas afines, aunque su trabajo también ha abarcado una amplia variedad de temas, como la legislación del Congreso de Estados Unidos, el crimen organizado, la historia política, la libertad de expresión, la parcialidad y la censura de los medios de comunicación estadounidenses, entre otros. Sus trabajos también se han publicado en *Zeitenschrift*, editada en Suiza, y en la revista *The European*.

- Piper ha participado en más de cien programas de radio y ha sido invitado a decenas de foros públicos, a menudo como orador principal. También ha dado charlas en institutos y universidades, donde sus presentaciones han sido muy bien recibidas.

- En enero de 2002, Piper fue uno de los ponentes de la Primera Conferencia Internacional sobre Problemas Globales de la Historia Mundial, celebrada en la Academia Social Humanitaria de Moscú (Rusia) bajo los auspicios de Oleg Platonov y el Consejo Editorial de la *Enciclopedia de la Civilización Rusa* y *la Barnes* Review.

- El 11 de marzo de 2003, Piper fue el orador principal en el Centro Zayed de Coordinación y Seguimiento de Abu Dhabi (Emiratos Árabes Unidos), donde habló del papel del lobby sionista a la hora de influir en la cobertura mediática estadounidense del problema palestino y el conflicto árabe-israelí. La conferencia del Sr. Piper apareció en varias publicaciones inglesas y árabes, entre ellas *Gulf News*, *Khaleeq Times* y *Al-Wahda*.

Posteriormente, el Centro Zayed publicó un informe sobre la conferencia del Sr. Piper en inglés y árabe. Durante su visita, Piper también tuvo el honor de ser recibido en audiencia por el Viceprimer Ministro de los Emiratos Árabes Unidos, Sheikh Sultan bin Zayed al Nahyan, en su palacio de Abu Dhabi. La conferencia del Sr. Piper (y otras) causó revuelo entre las organizaciones de presión israelíes, como la Liga Antidifamación (ADL) y el Instituto de Investigación de Medios de Comunicación de Oriente Medio (MEMRI), hasta el punto de que estas organizaciones mencionaron la conferencia del Sr. Piper en numerosos comunicados de prensa y en quejas a la administración Bush, lo que llevó a la administración a presionar al gobierno de Abu Dhabi, que, criticado, cortó la financiación del Centro Zayed.

Se han distribuido unas 10000 reimpresiones del discurso del Sr. Piper en Abu Dhabi en Estados Unidos y en todo el mundo, y se ha reproducido en muchos lugares de Internet.

- En agosto de 2004, Piper fue invitado a Kuala Lumpur (Malasia), donde se publicaron sus libros *Juicio final* y *Los sumos sacerdotes de la guerra*. Durante su estancia en Malasia, Piper habló en varios lugares con gran éxito.

- En noviembre de 2004, Piper fue invitado a Tokio, Japón, donde habló bajo los auspicios de un destacado nacionalista japonés, el Dr. Ryu Ohta, que tradujo al japonés una versión abreviada del libro de Piper, *Los sumos sacerdotes de la guerra*. También está en marcha una traducción al japonés del libro de Piper, *Juicio final*.

- A finales de 2004 y principios de 2005, el Sr. Piper habló en numerosos lugares de Canadá, desde Toronto en el este hasta Vancouver en el oeste, bajo los auspicios de la Asociación Canadiense para la Libertad de Expresión.

- El 23 de junio de 1986, en *The Spotlight*, Piper fue el primer periodista que identificó a Roy Bullock, de San Francisco (California), como informante encubierto durante mucho tiempo de la Liga Antidifamación (ADL) de B'nai B'rith. Aunque Bullock negó la acusación y amenazó a Piper con una demanda por difamación, la verdad sobre las actividades de Bullock dentro de la ADL fue desenmascarada oficialmente en una investigación ampliamente difundida del FBI y del Departamento de Policía de San Francisco sobre la ADL a finales de 1992, más de siete años después de que Piper estableciera por primera vez un vínculo adecuado entre Bullock y la ADL. Bullock reconoció posteriormente que el artículo *Spotlight* de Piper puso en marcha los acontecimientos que condujeron a la investigación del FBI y al consiguiente escándalo que empañó la imagen pública de la ADL.

Más tarde, Piper editó y escribió la introducción de un libro que describía el escándalo de la ADL, titulado *The Garbage Man: The Strange World of Roy Edward Bullock (El basurero: el extraño mundo de Roy Edward Bullock)*, que incorporaba documentos oficiales del FBI y de la policía en los que se describían las actividades de espionaje de la ADL contra los árabe-americanos y otras personas señaladas por el lobby israelí.

Cuando el excongresista Paul N. (Pete) McCloskey (republicano de California) presentó una demanda contra la ADL en nombre de personas que habían sido objeto de sus ataques, Piper facilitó -a petición de McCloskey- documentos de investigación utilizados por McCloskey en su demanda. El pleito fue resuelto recientemente por la ADL, que pagó daños y perjuicios a sus víctimas.

JUICIO FINAL - MUY CONTROVERTIDO

El libro de Piper, Final Judgment: The Missing Link in the JFK Assassination Conspiracy, se publicó por primera vez en 1994. En la actualidad se han impreso unos 35.000 ejemplares de este libro de 768 páginas (cuya sexta edición se ha ampliado y actualizado para incluir más de 1.000 notas a pie de página).

El libro incluye una introducción del Dr. Robert L. Brock, veterano del activismo político afroamericano. Como se informó anteriormente, una importante editorial árabe publicó en 2001 una edición en árabe, aunque, para decepción de Piper, la empresa no parece haber hecho ningún esfuerzo importante por promocionarla, según fuentes de Piper en Oriente Medio. En Estados Unidos, sin embargo, *Juicio Final* fue muy controvertido y objeto de numerosos debates.

- En septiembre de 1997, una conferencia que Piper iba a dar en el Saddleback College de Orange County, California, sobre el tema del libro, fue interrumpida y cancelada a raíz de una dura campaña de presión de la ADL. El escándalo ocupó la portada del *LA Times* y dio lugar a la publicación de artículos en toda América. A pesar de la polémica, los editores del periódico del Saddleback College desafiaron al grupo de presión de la ADL e invitaron a Piper a dar una charla privada al personal del periódico.

- A principios de 2000, *Juicio Final* volvió a suscitar una amplia controversia pública en el área metropolitana de Chicago, Illinois, cuando la ADL intentó sin éxito impedir que el libro se colocara en la Biblioteca Pública de Schaumburg, Illinois, uno de los sistemas bibliotecarios más renombrados del estado. En mayo de 2001, Piper se presentó en persona en la biblioteca y dio una charla sobre el libro y la polémica que lo rodea ante unas 200 personas. El caso apareció en numerosas publicaciones del área de Chicago y fue objeto de una referencia nacional en el Journal of the American Library Association.

- *Juicio Final* ha sido respaldado públicamente no sólo por un antiguo alto funcionario del Departamento de Estado de EE.UU. , cuya entusiasta reseña del libro fue autopublicada por el diplomático en amazon.com, sino también por un antiguo alto funcionario del Pentágono, un conocido guionista de Hollywood, un respetado funcionario de una fundación estadounidense y un autor ampliamente publicado, entre otros.

- *Juicio Final* se reimprimió en su sexta edición ampliada a principios de 2004 (y en una segunda impresión ligeramente revisada y actualizada de la sexta edición en 2005) y se vendieron unos 5.000

ejemplares más, con muchos compradores adquiriendo hasta 16 ejemplares (en cajas a granel) a la vez. Durante el breve periodo en que el volumen estuvo temporalmente agotado, se vendieron ediciones de segunda mano del libro (en rústica) en Internet por hasta 185 dólares el ejemplar, lo que demuestra la demanda de este "bestseller clandestino" tan controvertido.

LOS SUMOS SACERDOTES DE LA GUERRA LOS BELICISTAS NEOCONSERVADORES

- El libro de Michael Collins Piper *The High Priests of War (Los sumos sacerdotes de la guerra)*, publicado en 2003, ha vendido más de 20.000 ejemplares y ha recibido críticas favorables en varios sitios web. El libro examina "la historia secreta de cómo los 'neoconservadores' trotskistas [proisraelíes] estadounidenses llegaron al poder y orquestaron la guerra contra Irak, el primer paso en su búsqueda de un imperio global".

Este libro de 128 páginas, que incluye una detallada sección fotográfica, se ha publicado en Malasia en inglés y malayo, y actualmente está siendo editado en árabe por una importante editorial de Arabia Saudí. También se ha publicado una edición abreviada en japonés.

LA NUEVA JERUSALÉN: EL PODER SIONISTA EN AMÉRICA

- *The New Jerusalem* - un estudio de 184 páginas sobre el poder sionista en Estados Unidos, que incluye un perfil detallado de la familia Bronfman, resúmenes de los nombres y datos de 200 de las familias sionistas más poderosas de Estados Unidos, y amplias citas (procedentes exclusivamente de fuentes sionistas) sobre el alcance de la influencia sionista en la política, el gobierno, los medios de comunicación, las finanzas y la cultura de Estados Unidos. El libro se ha publicado en inglés y malayo en Malasia.

- **Piper también ha escrito introducciones a los siguientes libros publicados:**

- *Out of Debt, Out of Danger,* del fallecido excongresista estadounidense Jerry Voorhis (un estudio crítico del Sistema de la Reserva Federal de Estados Unidos)

- *The Third Rome: Holy Russia, Tsarism & Orthodoxy*, del Dr. M. *Raphael Johnson, una historia de la Rusia zarista*

- *A Primer on Money*, del difunto excongresista estadounidense Wright Patman (D-Texas) - otro estudio crítico del sistema de la Reserva Federal de EE.UU.); y

- *La Pasión de Oberammergau* - una reimpresión del difunto W. T. Stead sobre la representación cristiana de la Pasión de Cristo que tiene lugar cada diez años en Oberammergau, Alemania.

Otros títulos

⊘MNIAVERITAS   Omnia Veritas Ltd presenta:

HISTORIA PROSCRITA
I
LOS BANQUEROS Y LAS
REVOLUCIONES

POR

VICTORIA FORNER

Los procesos revolucionarios necesitan agentes, organización y, sobre todo, financiación, dinero.

LAS COSAS NO SON A VECES LO QUE APARENTAN...

⊘MNIAVERITAS   Omnia Veritas Ltd presenta:

HISTORIA PROSCRITA
II
LA HISTORIA SILENCIADA
DE ENTREGUERRAS

POR

VICTORIA FORNER

"El verdadero crimen es acabar una guerra con el fin de hacer inevitable la próxima."

EL TRATADO DE VERSALLES FUE "UN DICTADO DE ODIO Y DE LATROCINIO"

⊘MNIAVERITAS   Omnia Veritas Ltd presenta:

HISTORIA PROSCRITA
III
LA II GUERRA MUNDIAL
Y LA POSGUERRA

POR

VICTORIA FORNER

Distintas fuerzas trabajaban para la guerra en los países europeos

MUCHOS AGENTES SERVÍAN INTERESES DE UN PARTIDO BELICISTA TRANSNACIONAL

Omnia Veritas Ltd presenta:

KEVIN MACDONALD

LA CULTURA DE LA CRÍTICA

LOS JUDÍOS Y LA CRÍTICA RADICAL DE LA CULTURA GENTIL

Sus análisis revelan la influencia cultural preponderante de los judíos y su deseo de socavar las naciones en las que viven, para dominar mejor la sociedad diversa que propugnan sin dejar de ser ellos mismos un grupo etnocéntrico y homogéneo, hostil a los intereses de los pueblos blancos.

Un análisis evolutivo de la participación judía en los movimientos políticos e intelectuales del siglo XX.

OMNIA VERITAS LTD PRESENTA:

LA DIPLOMACIA DEL ENGAÑO

UN RELATO DE LA TRAICIÓN DE LOS GOBIERNOS DE INGLATERRA Y LOS ESTADOS UNIDOS

POR JOHN COLEMAN

La historia de la creación de las Naciones Unidas es un caso clásico de diplomacia del engaño

OMNIA VERITAS LTD PRESENTA:

EL CLUB DE ROMA

EL THINK TANK DEL NUEVO ORDEN MUNDIAL

Los numerosos acontecimientos trágicos y explosivos del siglo XX no se produjeron por sí solos, sino que se planificaron según un patrón bien establecido...

POR JOHN COLEMAN

¿Quiénes fueron los planificadores y creadores de estos grandes acontecimientos?

OMNIA VERITAS
OMNIA VERITAS LTD PRESENTA:
LA JERARQUÍA DE LOS CONSPIRADORES
HISTORIA DEL COMITÉ DE LOS 300
por John Coleman
Esta conspiración abierta contra Dios y el hombre incluye la esclavización de la mayoría de los humanos...

OMNIA VERITAS
OMNIA VERITAS LTD PRESENTA:
LA DICTADURA del ORDEN MUNDIAL SOCIALISTA
Todos estos años, mientras nuestra atención se centraba en los males del comunismo en Moscú, los socialistas de Washington estaban ocupados robando a Estados Unidos...
POR JOHN COLEMAN
"Hay que temer más al enemigo de Washington que al de Moscú"

OMNIA VERITAS
OMNIA VERITAS LTD PRESENTA:
La GUERRA de las DROGAS contra AMÉRICA
El narcotráfico no puede ser erradicado porque sus gestores no permitirán que se les arrebate el mercado más lucrativo del mundo...
POR JOHN COLEMAN
Los verdaderos promotores de este maldito comercio son las "élites" de este mundo

OMNIA VERITAS® OMNIA VERITAS LTD PRESENTA:

JOHN COLEMAN

LA DINASTÍA ROTHSCHILD

LA DINASTÍA ROTHSCHILD

por John Coleman

Los acontecimientos históricos suelen ser causados por una "mano oculta"...

OMNIA VERITAS® OMNIA VERITAS LTD PRESENTA:

JOHN COLEMAN

EL INSTITUTO TAVISTOCK de RELACIONES HUMANAS

EL INSTITUTO TAVISTOCK de RELACIONES HUMANAS

La formación de la decadencia moral, espiritual, cultural, política y económica de los Estados Unidos de América

Sin Tavistock no habrían existido la Primera y la Segunda Guerra Mundial

por John Coleman

Los secretos del Tavistock Institute for Human Relations

OMNIA VERITAS® OMNIA VERITAS LTD PRESENTA:

LA MAYORÍA DESPOSEÍDA

LA MAYORÍA DESPOSEÍDA

EL TRÁGICO Y HUMILLANTE DESTINO DE LA MAYORÍA ESTADOUNIDENSE

OMNIA VERITAS OMNIA VERITAS LTD PRESENTA:

ROGER GARAUDY

ROGER GARAUDY

LOS MITOS FUNDACIONALES DEL ESTADO DE ISRAEL

LOS MITOS FUNDACIONALES DEL ESTADO DE ISRAEL

¿Quién es culpable? ¿Quién comete el crimen o quién lo denuncia?

OMNIA VERITAS. OMNIA VERITAS LTD PRESENTA:

LOS AUTORES OCULTOS de la REVOLUCIÓN FRANCESA

LOS AUTORES OCULTOS de la REVOLUCIÓN FRANCESA

Parece", dijo una vez Robespierre a Amar, "que nos lleva una mano invisible que escapa a nuestro control..."

por HENRI POGGET DE SAINT-ANDRÉ

Cuanto más estudiamos la historia de la Revolución Francesa, más nos topamos con enigmas....

OMNIA VERITAS OMNIA VERITAS LTD PRESENTA:

ANTONY SUTTON

LA TRILOGÍA WALL $TREET

LA TRILOGÍA WALL $TREET

"'El profesor Sutton será recordado por su trilogía: Wall St. y la revolución bolchevique, Wall St. y FDR, y Wall St. y el ascenso de Hitler."

POR ANTONY SUTTON

Esta trilogía describe la influencia del poder financiero en tres acontecimientos clave de la historia reciente

OMNIA VERITAS®
Omnia Veritas Ltd presenta:
LAS OBRAS COMPLETAS DE HERVÉ RYSSEN
HERVÉ RYSSEN
EL FANATISMO JUDÍO
HERVÉ RYSSEN
Las Esperanzas Planetarianas
HERVÉ RYSSEN
PSICOANÁLISIS del JUDAÍSMO
HERVÉ RYSSEN
La Mafia Judía
HERVÉ RYSSEN
Los millardos de ISRAEL
HERVÉ RYSSEN
Historia del antisemitismo

OMNIA VERITAS®
EL RASTRO DE LA SERPIENTE
Un intento de rastrear el culto de la antigua Serpiente, el Principio Creador, el Dios de todos los iniciados de los gnósticos y cabalistas, emanado de los judíos helenizados de Alejandría.
EL RASTRO DE LA SERPIENTE

OMNIA VERITAS®
www.omnia-veritas.com

www.ingramcontent.com/pod-product-compliance
Lightning Source LLC
Chambersburg PA
CBHW061723270326
41928CB00011B/2095